全国环境影响评价工程师职业资格考试系列参考资料

环境影响评价相关法律法规基础过关 800 题

（2024 年版）

贾　佳　主编

中国环境出版集团・北京

图书在版编目（CIP）数据

环境影响评价相关法律法规基础过关 800 题 ：2024 年版 / 贾佳主编. -- 17 版. -- 北京 ： 中国环境出版集团, 2024.2

全国环境影响评价工程师职业资格考试系列参考资料

ISBN 978-7-5111-5805-5

Ⅰ. ①环… Ⅱ. ①贾… Ⅲ. ①环境影响评价法－中国－资格考试－习题集 Ⅳ. ①D922.68-44

中国国家版本馆 CIP 数据核字(2024)第 039713 号

出 版 人 武德凯
策划编辑 黄晓燕
责任编辑 孔　锦
封面设计 宋　瑞

出版发行 中国环境出版集团
（100062　北京市东城区广渠门内大街 16 号）
网　　址：http://www.cesp.com.cn
电子邮箱：bjgl@cesp.com.cn
联系电话：010-67112765（编辑管理部）
010-67112735（第一分社）
发行热线：010-67125803，010-67113405（传真）
印　　刷 玖龙（天津）印刷有限公司
经　　销 各地新华书店
版　　次 2007 年 1 月第 1 版　2024 年 2 月第 17 版
印　　次 2024 年 2 月第 1 次印刷
开　　本 787×960　1/16
印　　张 15
字　　数 280 千字
定　　价 45.00 元

本书编委会

主　编　贾　佳

副主编　刘玉龙　王永平

成　员　成西娟　徐　菲　刘　亮

张智锋　张　涛　李书琳

韩　艳　王　杰　王晓云

前　言

环境影响评价是我国环境管理制度之一，是从源头上预防环境污染的主要手段。环境影响评价工程师职业资格考试制度是提高环境影响评价水平的一种有效举措，自 2005 年实施以来，对于整体提高我国环境影响评价从业人员的专业素质起到了很大的推进作用。考试科目设《环境影响评价相关法律法规》《环境影响评价技术导则与标准》《环境影响评价技术方法》《环境影响评价案例分析》共四科，其中前三个科目的考试全部采用客观题，包括单项选择题和不定项选择题。

为帮助广大考生省时高效地复习应考，我们在总结多年来考试试题的基础上，以最新的法律、法规、各种技术导则、标准和方法为依据，严格按照本年度考试大纲要求，精心编写了本书。本书的全部试题完全按照历年考试试题的形式和考试要求编写，题目涵盖了大纲所有的考点，知识点突出、覆盖面广、仿真性强，部分练习在答案中附有详细解析，方便考生使用。

本书的编写原则是强调实战，急考生之所急，有的放矢，在短时间内帮助考生快速提高应考能力。因为在复习过程中，做练习是检验复习效果的有效方法，也是提高考试成绩的理想途径。

本书可作为环境影响评价工程师考试的辅导材料，并可供高等院校环境科学、环境工程等相关专业教学时参考。

本书在编写的过程中得到了中圣环境科技发展有限公司领导和同事给予的协助和大力支持，在此表示衷心的感谢。同时感谢中国环境出版集团黄晓燕编辑及其同事们为本书付出的劳动。本书编写过程中还参阅了部分国内相关文献和书籍，在此一并感谢。

尽管我们为本书的编写付出了大量的精力，但由于编者水平有限，本书的内容仍然可能存在疏漏，不足之处在所难免，敬请同行和读者批评指正。编者联系方式：zhifzhang@qq.com。

编　者

2024 年 2 月

目　录

第一章　环境保护法

一、单项选择题（每题的备选选项中，只有一个最符合题意）

1.《中华人民共和国环境保护法》所称的环境是指影响人类生存和发展的各种（　　）的总体。

A. 自然因素和社会因素　　B. 社会因素和文化因素

C. 经济因素和自然因素　　D. 天然的和经过人工改造的自然因素

2. 根据《中华人民共和国环境保护法》，下列环境因素中不属于人工改造的自然因素是（　　）。

A. 城市　　B. 名胜古迹

C. 农村　　D. 湿地

3. 根据《中华人民共和国环境保护法》中所称“环境”的含义，下列环境因素中属于经过人工改造的自然因素是（　　）。

A. 矿藏　　B. 野生生物

C. 人文遗迹　　D. 自然遗迹

4. 根据《中华人民共和国环境保护法》，环境保护坚持的原则是（　　）。

A. 保护优先、预防为主、防治结合、公众参与、污染者担责

B. 保护优先、预防为主、因地制宜、合理利用

C. 保护优先、预防为主、综合治理、公众参与、损害担责

D. 全面规划、合理布局、综合利用、污染者担责

5. 根据《中华人民共和国环境保护法》，下列关于依法进行环境影响评价的有关说法，错误的是（　　）。

A. 编制有关开发利用规划应当依法进行环境影响评价

B. 建设对环境有影响的项目，应当依法进行环境影响评价

C. 未依法进行环境影响评价的开发利用规划，可以组织实施

D. 未依法进行环境影响评价的建设项目，不得开工建设

6. 根据《中华人民共和国环境保护法》，国家在重点生态功能区、生态环境敏感区和脆弱区等区域（　　）。

A. 禁止开发　　B. 划定生态保护红线，实行严格保护

C. 限制开发　　D. 允许开发

7. 根据《中华人民共和国环境保护法》，对具有代表性的各种类型的自然生态系统区域，珍稀、濒危的野生动植物自然分布区域，应当采取措施加以保护，严禁破坏。该行为的法律责任主体是（　　）。

A. 县级人民政府　　B. 省级人民政府

C. 各级人民政府　　D. 地方各级人民政府

8. 根据《中华人民共和国环境保护法》，各级人民政府应当采取措施加以保护，严禁破坏的区域是（　　）。

A. 河流、湖泊　　B. 各种类型的自然生态系统

C. 具有科学文化价值的地形地貌　　D. 珍稀、濒危野生动物自然分布区

9. 下列各种区域中，《中华人民共和国环境保护法》明文规定应当采取措施加以保护，严禁破坏的是（　　）。

A. 温泉　　B. 半干旱半湿润区

C. 重要的水源涵养区　　D. 平原微丘区

10. 下列各选项中，属于《中华人民共和国环境保护法》明文规定的各级人民政府应采取措施加以保护，严禁破坏的是（　　）。

A. 引进的观赏花木物种

B. 具有重大科学文化价值的自然遗迹和人文遗迹

C. 畜禽养殖场所

D. 农田和草场

11. 根据《中华人民共和国环境保护法》，（　　）应当对具有代表性的自然生态系统区域，珍稀濒危的野生动植物自然分布区域、古树名木等采取措施加以保护，严禁破坏。

A. 各级人民政府　　B. 国务院林业行政主管部门

C. 地方野生动植物保护主管部门　　D. 国务院环境保护行政主管部门

12. 根据《中华人民共和国环境保护法》，开发利用自然资源，应当合理开发，（　　），保障生态安全，依法制定有关生态保护和恢复治理方案并予以实施。

A. 保护生态系统多样性　　B. 保护物种多样性

C. 保护基因多样性　　D. 保护生物多样性

13. 根据《中华人民共和国环境保护法》，下列关于开发利用自然资源的说法，错误的是（　　）。

A. 应当合理开发

B. 保护生物多样性、保障生态安全

C. 应当限制开发

D. 制定有关生态保护和恢复治理方案并予以实施

14. 根据《中华人民共和国环境保护法》，（　　）应当采取措施，防止对生物多样性的破坏。

A. 引进外来物种

B. 研究、开发和利用生物技术

C. 引进外来物种以及研究、开发和利用生物技术

D. 开发利用自然资源

15. 根据《中华人民共和国环境保护法》，下列关于加强对农业环境的保护，说法正确的是（　　）。

A. 各级人民政府应当加强对农业环境的保护，促进农业环境保护新技术的使用，加强对农业污染源的监测预警

B. 各级人民政府及其农业等有关部门和机构应当加强对农业环境的保护，促进农业环境保护新技术的使用，加强对农业污染源的监测预警

C. 各级农业主管部门应当加强对农业环境的保护，促进农业环境保护新技术的使用，加强对农业污染源的监测预警

D. 各级农业机构应当加强对农业环境的保护，促进农业环境保护新技术的使用，加强对农业污染源的监测预警

16. 根据《中华人民共和国环境保护法》，（　　）应当提高农村环境保护公共服务水平，推动农村环境综合整治。

A. 各级人民政府　　B. 县级、乡级人民政府

C. 各级农业管理部门　　D. 各级环境保护主管部门

17. 根据《中华人民共和国环境保护法》，下列关于农业、农村环境保护的说法，错误的是（　　）。

A. 不符合农用标准和环境保护标准的固体废物、废水禁止施入农田

B. 畜禽养殖场、养殖小区、定点屠宰企业等的选址、建设和管理应当符合有关法律法规规定

C. 限制施用农药、化肥等农业投入品，科学处置农用薄膜、农作物秸秆等农业废弃物，防止农业面源污染

D. 从事畜禽养殖和屠宰的单位和个人应当采取措施，对畜禽粪便、尸体和污水等废弃物进行科学处置，防止污染环境

18. 根据《中华人民共和国环境保护法》，下列关于农业、农村环境保护的说法，错误的是（　　）。

A. 科学处置农用薄膜、农作物秸秆等农业废弃物

B. 从事畜禽养殖和屠宰的单位和个人应当采取措施，对畜禽粪便、尸体和污水

等废弃物进行科学处置，防止污染环境

C．各级人民政府及其农业等有关部门和机构应当指导农业生产经营者科学种植和养殖，科学合理施用农药、化肥等农业投入品

D．县级、乡级人民政府负责组织农村生活废弃物的处置工作

19．根据《中华人民共和国环境保护法》，下列关于农业生产经营环境保护的相关规定，正确的是（　　）。

A．农业生产经营者要科学种植和养殖，限制施用农药、化肥等农业投入品

B．严格限制将不符合农用标准和环境保护标准的固体废物、废水施入农田

C．农业生产经营者要科学处置农用薄膜、农作物秸秆等农业废弃物，防止农业面源污染

D．农业生产经营者负责组织农村生活废弃物的处置工作

20．根据《中华人民共和国环境保护法》，（　　）应当采取措施，推广清洁能源的生产和使用。

A．国务院有关部门和地方各级人民政府

B．地方各级人民政府

C．地方经济主管部门和环境保护主管部门

D．国务院环境保护行政主管部门和地方各级人民政府

21．根据《中华人民共和国环境保护法》“三同时”规定，建设项目防治污染的设施必须（　　）。

A．到上一级环保行政主管部门申报登记

B．符合经批准的环境影响评价文件的要求，不得擅自拆除或者闲置

C．经上一级环保行政主管部门验收合格后方可投入生产、使用

D．经原审批环境影响评价文件的环保行政主管部门验收合格后，方可投入生产、使用

22．根据《中华人民共和国环境保护法》，建设项目防止污染设施，必须与主体工程（　　）。

A．同时设计、同时施工、同时投产使用

B．同时设计、同时施工、同时竣工环保验收

C．同时设计、同时投产使用、同时竣工环保验收

D．同时施工、同时投产使用、同时竣工环保验收

23．根据《中华人民共和国环境保护法》，排放污染物的企业事业单位，应当建立（　　）制度，明确单位负责人和相关人员的责任。

A．安全卫生　　　　B．生产规模控制

C．环境保护责任　　D．计划目标责任

24．根据《中华人民共和国环境保护法》，（　　）应当采取措施，防治在生产建设或者其他活动中产生的废气、废水、废渣等对环境的污染和危害。

A．地方人民政府

B．地方环境保护行政主管部门

C．国务院环境保护行政主管部门

D．排放污染物的企业事业单位和其他生产经营者

25．根据《中华人民共和国环境保护法》，（　　）应当按照国家有关规定和监测规范安装使用监测设备，保证监测设备正常运行，保存原始监测记录。

A．排污单位　　B．地方监控的重点排污单位

C．重点排污单位　　D．国家监控的重点排污单位

26．根据《中华人民共和国环境保护法》，国家实行（　　）排放总量控制制度。

A．重点污染物　　B．一般污染物

C．所有污染物　　D．主要污染物

27．根据《中华人民共和国环境保护法》，重点污染物排放总量控制指标由国务院下达，（　　）分解落实。

A．省、自治区、直辖市环境保护主管部门

B．省、自治区、直辖市人民政府

C．各级人民政府

D．各级环境保护行政主管部门

28．根据《中华人民共和国环境保护法》，对超过国家重点污染物排放总量控制指标或者未完成国家确定的环境质量目标的地区，省级以上人民政府环境保护主管部门应当（　　）。

A．暂停审批其新增污染物排放总量的建设项目环境影响评价文件

B．暂停审批其重点污染物排放总量的建设项目环境影响评价文件

C．暂停审批其新增重点污染物排放总量的建设项目环境影响评价文件

D．停止审批其新增重点污染物排放总量的建设项目环境影响报告书

29．根据《中华人民共和国环境保护法》，下列关于严重污染环境的工艺、设备和产品的管理规定，正确的是（　　）。

A．国家对严重污染环境的材料、工艺、设备和产品实行淘汰制度

B．任何单位和个人不得生产、销售或者转移、使用严重污染环境的工艺、设备和产品

C．限制引进不符合我国环境保护规定的技术、设备、材料和产品

D．任何单位和个人不得生产、转移、使用污染环境的工艺、设备和产品

30．根据《中华人民共和国环境保护法》，企业事业单位应当按照国家有关规定制定突发环境事件应急预案，报环境保护主管部门和有关部门（　　）。

A．审批　　B．备案　　C．核准　　D．审查

31．根据《中华人民共和国环境保护法》，当发生突发环境事件时，必须立即采取措施处理，及时通报可能受到污染危害的单位和居民的部门或单位是（　　）。

A．当地县级人民政府　　B．当地公安行政主管部门

C．造成突发环境事件的单位　　D．当地县级环境保护行政主管部门

32．某企业发生了化学反应釜爆炸，可能造成环境污染事故。根据《中华人民共和国环境保护法》，该企业必须立即采取措施处理，及时通报（　　）。

A．当地环境保护行政主管部门，并向当地政府报告，接受调查处理

B．当地人民政府，并向当地环境保护行政主管部门报告，接受调查处理

C．可能受到危害的单位和居民，并向环境保护主管部门和有关部门报告

D．可能受到危害的单位和居民，并向审批该项目环境影响报告书的环境保护行政主管部门和有关部门报告，接受调查处理

33．根据《中华人民共和国环境保护法》，下列关于突发环境事件的规定，正确的是（　　）。

A．仅企业事业单位应当依照《突发事件应对法》的规定，做好突发环境事件的风险控制、应急准备、应急处置和事后恢复等工作

B．县级以上环境保护主管部门应当建立环境污染公共监测预警机制，组织制定预警方案

C．企业事业单位应当按照国家有关规定制定突发环境事件应急预案，报环境保护主管部门和有关部门审批

D．在发生或者可能发生突发环境事件时，企业事业单位应当立即采取措施处理，及时通报可能受到危害的单位和居民，并向环境保护主管部门和有关部门报告

34．根据《中华人民共和国环境保护法》，（　　）应当建立环境污染公共监测预警机制，组织制定预警方案。

A．当地县级人民政府　　B．县级以上人民政府

C．当地公安行政主管部门　　D．县级以上环境保护主管部门

35．根据《中华人民共和国环境保护法》，对依法应当编制（　　）的建设项目，建设单位应当在编制时向可能受影响的公众说明情况，充分征求意见。

A．环境影响报告书　　B．环境影响报告表

C．环境影响登记表　　D．可行性研究

36．根据《中华人民共和国环境保护法》，负责审批建设项目环境影响评价文件的部门在收到建设项目环境影响报告书后，（　　）。

A．应当公开报告书的简本

B．应当全文公开，涉及国家秘密和商业秘密的事项除外

C．应当公开报告书的提纲

D．应当书面公开报告书的全文

37．根据《中华人民共和国环境保护法》，建设单位未依法提交建设项目环境影响评价文件，擅自开工建设的，由（　　）责令停止建设，处以罚款，并可以责令恢复原状。

A．审批环境影响评价文件的环境保护主管部门

B．审批环境影响评价文件的部门

C．当地环境保护主管部门

D．负有环境保护监督管理职责的部门

38．根据《中华人民共和国环境保护法》，某建设单位的环境影响评价文件未经批准，擅自开工建设，由负有环境保护监督管理职责的部门（　　）。

A．责令停止建设，限期补办手续

B．逾期不补办手续的，可以处于 5 万元以上 20 万以下的罚款

C．责令停止建设，处以罚款，并可以责令恢复原状

D．责令停止建设，处于 5 万元以上 20 万以下的罚款

39．根据《中华人民共和国环境保护法》，某建设项目未依法进行环境影响评价，被责令停止建设，但仍拒不执行，由（　　）对其直接负责的主管人员和其他直接责任人员进行拘留。

A．县级以上人民政府环境保护主管部门或者其他有关部门

B．县级以上人民政府

C．县级以上人民政府环境保护主管部门或者其他有关部门将案件移送公安机关

D．县级以上人民政府环境保护主管部门或者其他有关部门将案件移送司法机关

40．根据《中华人民共和国环境保护法》，环境影响评价机构在环境服务活动中弄虚作假，对造成的环境污染和生态破坏负有责任的，除依照有关法律法规规定予以处罚外，还应当与造成环境污染和生态破坏的其他责任者承担（　　）。

A．行政处罚责任　　B．连带责任

C．行政拘留责任　　D．赔偿责任

二、不定项选择题（每题的备选项中至少有一个符合题意）

1．根据《中华人民共和国环境保护法》，下列环境因素中属于天然的因素有（　　）。

A．沼泽　　B．滩涂　　C．乡村　　D．土地

2. 根据《中华人民共和国环境保护法》，属于影响人类生存和发展的各种经过人工改造的自然因素有（　　）。

A. 城市　　B. 乡村　　C. 自然遗迹　　D. 人文遗迹

3. 根据《中华人民共和国环境保护法》，下列属于环境保护坚持的原则有（　　）。

A. 谁污染、谁治理　　B. 污染者担责

C. 损害担责　　D. 公众参与

4. 根据《中华人民共和国环境保护法》，下列属于环境保护坚持的原则有（　　）。

A. 保护优先　　B. 防治结合

C. 预防为主　　D. 污染者付费

5. 根据《中华人民共和国环境保护法》，下列属于环境保护坚持的原则有（　　）。

A. 综合治理　　B. 损害担责

C. 公众参与　　D. 合理利用

6. 根据《中华人民共和国环境保护法》，下列关于依法进行环境影响评价的有关规定，正确的是（　　）。

A. 编制专项规划，应当依法进行环境影响评价

B. 建设对环境有影响的项目，应当依法进行环境影响评价

C. 所有建设项目，应当依法进行环境影响评价

D. 编制综合性规划，应当依法进行环境影响评价

7. 根据《中华人民共和国环境保护法》，下列关于依法进行环境影响评价的有关规定，正确的是（　　）。

A. 未依法进行环境影响评价的建设项目，不得开工建设

B. 未依法进行环境影响评价的建设项目，可以补办环境影响评价

C. 未依法进行环境影响评价的开发利用规划，不得组织实施

D. 未依法进行环境影响评价的开发利用规划，审批机关可以审批

8. 根据《中华人民共和国环境保护法》，国家在（　　）划定生态保护红线，实行严格保护。

A. 重点生态功能区　　B. 生态环境敏感区

C. 主体功能区　　D. 生态环境脆弱区

9. 根据《中华人民共和国环境保护法》，下列应当由各级人民政府采取措施加以保护，严禁破坏的是（　　）。

A. 具有重大科学文化价值的地质构造　　B. 重要的水源涵养区域

C. 人文遗迹、古树名木　　D. 著名溶洞和化石分布区

10. 根据《中华人民共和国环境保护法》，下列关于防止生物多样性保护的破坏的有关规定，正确的是（　　）。

A．引进外来物种，应当采取措施　　B．研究生物技术，应当采取措施

C．开发生物技术，应当采取措施　　D．利用生物技术，应当采取措施

11．根据《中华人民共和国环境保护法》，各级人民政府应加强对农业环境的保护，农业环境保护包括（　　）。

A．防治地面沉降　　B．防治植被破坏

C．防治土壤污染、土地沙化、石漠化　　D．水体富营养化

12．根据《中华人民共和国环境保护法》，加强农业环境保护的有关规定包括（　　）。

A．防治水土流失　　B．防治水源枯竭、种源灭绝

C．推广植物病虫害的综合防治　　D．防治土地沙化、盐渍化、贫瘠化

13．根据《中华人民共和国环境保护法》，加强农业环境保护及污染防治的要求包括（　　）。

A．科学合理施用化肥

B．禁止使用农药

C．科学处置农用薄膜、农作物秸秆等农业废弃物

D．推广植物病虫害的综合防治

14．根据《中华人民共和国环境保护法》，下列关于企业在清洁生产和资源循环利用方面的说法，正确的是（　　）。

A．应当优先使用清洁能源

B．采用资源利用率高、污染物排放量少的工艺、设备

C．废弃物综合利用技术和污染物无害化处理技术

D．经济合理的废弃物利用技术和污染物处理技术

15．根据《中华人民共和国环境保护法》，下列关于企业在清洁生产和资源循环利用方面的说法，正确的是（　　）。

A．废弃物综合利用技术　　B．资源利用率适中的设备和工艺

C．污染排放量适中的设备和工艺　　D．污染物无害化处理技术

16．根据《中华人民共和国环境保护法》，关于建设项目防治污染设施“三同时”的规定包括（　　）。

A．公用工程应当与主体工程同时投产使用

B．防治污染的设施应当与主体工程同时施工

C．防治污染的设施应当与主体工程同时设计

D．防治污染的设施应当与主体工程同时投产使用

17．根据《中华人民共和国环境保护法》，下列关于建设项目防治污染设施“三同时”的规定，正确的是（　　）。

A．建设项目中防治污染的设施，必须与主体工程同时设计、同时施工、同时投产使用

B．防治污染的设施应当符合经批准的环境影响评价文件的要求，不得擅自拆除或者闲置

C．防治污染的设施必须经原审批环境影响报告书的环境保护行政主管部门验收合格后，该建设项目方可投入生产或者使用

D．防治污染的设施不得擅自拆除或者闲置，确有必要拆除或者闲置的，必须征得所在地环境保护行政主管部门同意

18．根据《中华人民共和国环境保护法》，排放污染物的企业事业单位和其他生产经营者，应当采取措施，防治在生产建设或者其他活动中产生的（　　）对环境的污染和危害。

A．废气、废水、废渣　　B．粉尘、恶臭气体、电磁辐射

C．噪声、振动、放射性物质　　D．医疗废物、光辐射

19．根据《中华人民共和国环境保护法》，下列（　　）排污单位应当采取措施，防治在生产建设或者其他活动中产生的废气、废水、废渣等对环境的污染和危害。

A．企业　　B．国有事业单位

C．民办非企业单位　　D．个体工商户

20．根据《中华人民共和国环境保护法》，下列关于排污者防治污染责任的规定，（　　）行为是禁止的。

A．通过暗管、渗井、渗坑、灌注排放污染物

B．篡改、伪造监测数据违法排放污染物

C．修改在线监测设备的参数，将超标排放变成“达标”排放

D．在在线监测设备的采样管上私接稀释装置，造成样品失真

21．根据《中华人民共和国环境保护法》，下列关于排污者防治污染责任的规定，（　　）是错误的。

A．排放污染物的事业单位可以不采取措施，防治在生产建设或者其他活动中产生的各种污染物对环境的污染和危害

B．严禁通过篡改、伪造监测数据违法排放污染物

C．排放污染物的企业事业单位，应当建立环境保护责任制度，明确单位负责人和相关人员的责任

D．排污单位应当按照国家有关规定和监测规范安装使用监测设备，保存原始监测记录

22．根据《中华人民共和国环境保护法》，下列关于国家实行重点污染物排放

总量控制的规定，正确的是（ ）。

A．重点污染物排放总量控制指标由国务院环境保护主管部门下达

B．重点污染物排放总量控制指标由省、自治区、直辖市人民政府分解落实

C．企业事业单位在执行国家和地方污染物排放标准的同时，应当遵守分解落实到本单位的重点污染物排放总量控制指标

D．企业事业单位只需执行国家和地方污染物排放标准的同时，对于分解落实到本单位的重点污染物排放总量控制指标可以不管

23．根据《中华人民共和国环境保护法》，对（ ），省级以上人民政府环境保护主管部门应当暂停审批其新增重点污染物排放总量的建设项目环境影响评价文件。

A．超过国家和地方污染物排放标准的地区

B．超过国家重点污染物排放总量控制指标的地区

C．未完成国家确定的生态功能区指标的地区

D．未完成国家确定的环境质量目标的地区

24．根据《中华人民共和国环境保护法》，各级人民政府及其有关部门和企业事业单位，应当依照《突发事件应对法》的规定，做好突发环境事件的（ ）等工作。

A．风险控制　　B．应急准备　　C．应急处置　　D．事后恢复

25．某企业发生化学品储罐泄漏，造成环境污染事故。根据《中华人民共和国环境保护法》，该企业处理这一突发事件正确的做法应当包括（ ）。

A．接受有关部门的调查处理

B．立即采取措施处理污染事故

C．及时通报可能受到污染危害的单位和居民

D．污染事故得到有效控制后，不再向当地环境保护行政主管部门和有关部门报告

26．根据《中华人民共和国环境保护法》，下列关于突发环境事件的说法，正确的是（ ）。

A．环境受到污染，可能影响公众健康和环境安全时，县级以上人民政府依法及时公布预警信息，启动应急措施

B．突发环境事件应急处置工作中，有关人民政府应当立即组织评估事件造成的环境影响和损失，并及时将评估结果向社会公布

C．企业事业单位应当按照国家有关规定制定突发环境事件应急预案，报当地人民政府备案

D．企业事业单位应当建立环境污染公共监测预警机制，组织制定预警方案

27. 根据《中华人民共和国环境保护法》，依法应当编制环境影响报告书的建设项目，下列关于环境影响评价的信息公开和公众参与的规定，错误的是（　　）。

A. 建设单位应当在编制后向可能受影响的公众说明情况，充分征求意见

B. 建设单位应当在编制时向可能受影响的公众说明情况，充分征求意见

C. 环评单位应当在编制时向可能受影响的公众说明情况，充分征求意见

D. 建设单位应当在编制时向 2 km 范围内的公众说明情况，充分征求意见

28. 根据《中华人民共和国环境保护法》，下列关于环境影响评价的信息公开和公众参与的规定，正确的是（　　）。

A. 负责审批建设项目环境影响评价文件的部门在收到建设项目环境影响报告书后，应当全文公开

B. 负责审批建设项目环境影响评价文件的部门在收到建设项目环境影响报告书后，除涉及国家秘密和商业秘密的事项外，应当全文公开

C. 环评文件审批机关发现建设项目未充分征求公众意见的，应当把环评报告书退回建设单位，要求建设单位征求公众意见

D. 当地环境保护主管部门在收到建设项目环境影响报告书后，除涉及国家秘密和商业秘密的事项外，应当全文公开

29. 根据《中华人民共和国环境保护法》，对（　　）情况，由负有环境保护监督管理职责的部门责令停止建设，处以罚款，并可以责令恢复原状。

A. 建设单位未依法提交建设项目环境影响评价文件，擅自开工建设的

B. 建设单位未进行“三同时”验收的

C. 环境影响评价文件未经批准，擅自开工建设的

D. 建设单位改变了工艺、产能的

30. 根据《中华人民共和国环境保护法》，建设单位未依法提交建设项目环境影响评价文件或者环境影响评价文件未经批准，擅自开工建设的，由负有环境保护监督管理职责的部门可以进行的处罚形式有（　　）。

A. 限期补办环评手续　　B. 责令停止建设

C. 处以罚款　　D. 责令恢复原状

31. 根据《中华人民共和国环境保护法》，对（　　）情况，企业事业单位和其他生产经营者尚不构成犯罪的，需行政拘留。

A. 建设项目未依法进行环境影响评价，被责令停止建设，拒不执行的

B. 环境影响评价文件未经批准，擅自开工建设的

C. 违反法律规定，未取得排污许可证排放污染物，被责令停止排污，拒不执行的

D. 生产、使用国家明令禁止生产、使用的农药，被责令改正，拒不改正的

32. 根据《中华人民共和国环境保护法》，国家对严重污染环境的（　　）实

行淘汰制度。

A. 工艺　　B. 设备　　C. 材料　　D. 产品

33. 根据《中华人民共和国环境保护法》，任何单位和个人不得（　　）严重污染环境的工艺、设备和产品。

A. 生产　　B. 销售　　C. 转移　　D. 使用

34. 根据《中华人民共和国环境保护法》，禁止引进不符合我国环境保护规定的（　　）。

A. 技术　　B. 设备　　C. 材料　　D. 产品

35. 根据《中华人民共和国环境保护法》，（　　）应当依照《突发事件应对法》的规定，做好突发环境事件的风险控制、应急准备、应急处置和事后恢复等工作。

A. 各级人民政府　　B. 有关部门　　C. 企业单位　　D. 事业单位

36. 根据《中华人民共和国环境保护法》，各级人民政府及其有关部门和企业事业单位，应当依照《突发事件应对法》的规定，做好突发环境事件的（　　）等工作。

A. 风险控制　　B. 事后恢复　　C. 应急准备　　D. 应急处置

37. 根据《中华人民共和国环境保护法》，下列关于农业生产经营环境保护的规定，错误的是（　　）。

A. 县级环境保护主管部门负责组织农村生活废弃物的处置工作

B. 严格限制使用农用薄膜，科学处置农作物秸秆等农业废弃物，防止农业面源污染

C. 从事畜禽养殖和屠宰的单位和个人应当采取措施，对畜禽粪便、尸体和污水等废弃物进行科学处置，防止污染环境

D. 畜禽养殖场、养殖小区、定点屠宰企业等的选址、建设和管理应当符合有关法律法规规定

38. 各级人民政府应当在财政预算中安排资金，支持（　　）等环境保护工作。

A. 农村饮用水水源地保护　　B. 生活污水和其他废弃物处理

C. 畜禽养殖和屠宰污染防治　　D. 大气污染防治

参考答案

一、单项选择题

1. D 【解析】《中华人民共和国环境保护法》对环境的定义采取概括加列举的方式，本法对环境作广义的理解，可以将环境分为天然环境和人工环境。只受人

类轻微干预，尚保持自然风貌的环境也属于自然环境。

2．D 【解析】《中华人民共和国环境保护法》在列举的环境要素中增加了“湿地”。湿地是指陆地和水域的过渡地带，包括沼泽、滩涂、湿草地等，也包括低潮时水深不超过 6 m 的水域。它具有净化水源、蓄洪抗旱、提供野生生物良好栖息地等功能。湿地也被称为“地球之肾”。

3．C 4．C 5．C 6．B 7．C

8．D 【解析】对于“各种类型的自然生态系统”应具有“代表性”。当“地质构造、著名溶洞和化石分布区、冰川、火山、温泉等自然遗迹”应具有“重大科学文化价值”时，才须采取措施加以保护、严禁破坏。

9．C 【解析】选项 A 前面应加上“重大科学文化价值”几个字才正确。

10．B 11．A

12．D 【解析】生物多样性包括生态系统、物种、基因的多样性。

13．C 14．C

15．A 【解析】第三十三条：各级人民政府应当加强对农业环境的保护，促进农业环境保护新技术的使用，加强对农业污染源的监测预警。

16．B 【解析】第三十三条明确了具体担负起提高农村环境保护公共服务水平的责任主体是县级、乡级人民政府。县级、乡级人民政府更加接近基层，方便开展此项工作。注意区别第四十九条的责任主体。第四十九条：各级人民政府及其农业等有关部门和机构应当指导农业生产经营者科学种植和养殖，科学合理施用农药、化肥等农业投入品，科学处置农用薄膜、农作物秸秆等农业废弃物，防止农业面源污染。另外，注意“农业”和“农村”用词的不同。

17．C

18．D 【解析】第四十九条：县级人民政府负责组织农村生活废弃物的处置工作。

19．C 【解析】选项 A 的正确说法是：各级人民政府及其农业等有关部门和机构应当指导农业生产经营者科学种植和养殖，科学合理施用农药、化肥等农业投入品，科学处置农用薄膜、农作物秸秆等农业废弃物，防止农业面源污染。选项 B 的正确说法是：禁止将不符合农用标准和环境保护标准的固体废物、废水施入农田。选项 D 的正确说法是：县级人民政府负责组织农村生活废弃物的处置工作。

20．A

21．B 【解析】选项 D 是旧环保法的内容，新《中华人民共和国环境保护法》第四十一条没有明确规定。

22．A 23．C 24．D

25．C 【解析】重点排污单位包括国家监控的重点排污单位和地方监控的重点排污单位，具体名录由生态环境部和地方生态环境主管部门公布。

26. A 【解析】第四十四条：国家实行重点污染物排放总量控制制度。重点污染物在每个时期是不同的，如“十二五”期间，国家控制重点污染物为化学需氧量、氨氮、二氧化硫、氮氧化物。

27. B

28. C 【解析】对于节能减排不增加重点污染物排放总量的建设项目，不受影响，因此，选项B不能选。环境影响评价文件包括报告书、报告表、登记表。

29. B 【解析】第四十六条：国家对严重污染环境的工艺、设备和产品实行淘汰制度。任何单位和个人不得生产、销售或者转移、使用严重污染环境的工艺、设备和产品。禁止引进不符合我国环境保护规定的技术、设备、材料和产品。

30. B 31. C 32. C

33. D 【解析】选项A的正确说法是：各级人民政府及其有关部门和企业事业单位，应当依照《突发事件应对法》的规定，做好突发环境事件的风险控制、应急准备、应急处置和事后恢复等工作。选项B的正确说法是：县级以上人民政府应当建立环境污染公共监测预警机制，组织制定预警方案。选项C的正确说法是：企业事业单位应当按照国家有关规定制定突发环境事件应急预案，报环境保护主管部门和有关部门备案。

34. B

35. A 【解析】《中华人民共和国环境保护法》只规定了编制环境影响报告书的建设项目，需要公众参与。报告表和登记表没有强制要求。

36. B 【解析】《中华人民共和国环境保护法》并没有规定全文公开的形式，可以是书面的，也可以是电子的。

37. D 【解析】执法主体是环境保护监督管理职责的部门。这里不限于环境保护部门，还包括其他有审批环境影响评价文件的部门，如海洋环境保护部门；也不限于有审批环境影响评价文件的部门，有可能是审批环境影响评价文件的部门的上级部门，或者受原审批环境影响评价文件部门的委托的部门。

38. C 【解析】第六十一条：建设单位未依法提交建设项目环境影响评价文件或者环境影响评价文件未经批准，擅自开工建设的，由负有环境保护监督管理职责的部门责令停止建设，处以罚款，并可以责令恢复原状。

39. C 【解析】行政拘留权只能由县级以上公安机关行使。

40. B 【解析】如果环境影响评价机构接受委托后，与委托人恶意串通，在环境影响评价活动中弄虚作假，致使环评结果严重失实，或者环境影响评价机构虽未与委托人恶意串通，但为了保住自己的市场地位，明知委托人提供的材料虚假，却故意做出有利于委托人的评价，致使评价结果严重失实。无论哪种情况，委托人获得环评批复后，其经营行为造成了环境污染或者生态破坏，除依照有关法律规定对委托人和环评机构予以处罚外，环评机构还应当与委托人对给第三人造成的损害承担连带责任。

二、不定项选择题

1．ABD 【解析】沼泽、滩涂、湿草地等属于湿地的一种类型。

2．ABD

3．CD 【解析】本法的“损害”是指有污染环境和破坏生态的行为。污染者担责原则只体现了污染者的责任，不能涵盖生态破坏者的责任。

4．AC

5．ABC 【解析】“保护优先、预防为主、综合治理、公众参与、损害担责”原则可以从不同的方式命题，需记住。

6．ABD 【解析】编制有关开发利用规划，应当依法进行环境影响评价。这里的有关开发利用规划包括综合性规划和专项规划，综合性规划编制环境影响篇章或者说明，专项规划编制环境影响报告书。

7．AC 【解析】未依法进行环境影响评价的建设项目，《中华人民共和国环境影响评价法》可以补办环境影响评价，但《中华人民共和国环境保护法》不能补办，环保法是后法，与前法不一致时，以后法为准。

8．ABD 【解析】所谓重点生态功能区，是水源涵养、土壤保护、防风固沙、生物多样性保护和洪水调蓄五类关系国家或区域生态安全的地域空间。所谓生态环境敏感区，是指对外界干扰和环境保护反应敏感，易于发生生态退化的区域。包括土壤侵蚀敏感区、沙漠化敏感区、盐渍化敏感区、石漠化敏感区和冻融侵蚀敏感区等。所谓生态环境脆弱区，也称生态交错区，是指两种不同类型生态系统交界过渡区域。

9．ABCD 【解析】《中华人民共和国环境保护法》中规定，重要的水源涵养区域包括具有重大科学文化价值的地质构造、著名溶洞和化石分布区、冰川、火山、温泉等自然遗迹，以及人文遗迹、古树名木，应当采取措施予以保护，严禁破坏。注意“具有重大科学文化价值”这几个字。

10．ABCD 【解析】《中华人民共和国环境保护法》中规定的是“研究、开发和利用生物技术”，目前主要的生物技术是转基因技术。

11．ABCD 【解析】《中华人民共和国环境保护法》对于农业环境的保护的规定进行了进一步的完善，增加了“石漠化”“水体富营养化”等情形。

12．ABCD

13．ACD 【解析】此题结合《中华人民共和国环境保护法》的第三十三条和

第四十九条的内容出题。

14. ABC 【解析】第四十条：企业应当优先使用清洁能源，采用资源利用率高、污染物排放量少的工艺、设备以及废弃物综合利用技术和污染物无害化处理技术，减少污染物的产生。

15. AD

16. BCD 【解析】《中华人民共和国环境保护法》第四十一条对“三同时”制度再次给予确认：建设项目中防治污染的设施，应当与主体工程同时设计、同时施工、同时投产使用。防治污染的设施应当符合经批准的环境影响评价文件的要求，不得擅自拆除或者闲置。

17. AB 【解析】《中华人民共和国环境保护法》对于防治污染的设施的验收和拆除或者闲置，由哪级环境保护行政主管部门执行，没有明确的规定，目的是为整合环保审批环节、简化审批程序留下余地。“三同时”验收可以与第45条有排污许可管理制度的规定结合进行管理。

18. ABCD 【解析】《中华人民共和国环境保护法》第四十二条列举了11种污染，增加了“医疗废物”“光辐射”。

19. ABCD 【解析】四个选项都属于“排放污染物的企业事业单位和其他生产经营者”。

20. ABCD 【解析】第四十二条第四款：严禁通过暗管、渗井、渗坑、灌注或者篡改、伪造监测数据，或者不正常运行防治污染设施等逃避监管的方式违法排放污染物。选项CD属于“不正常运行防治污染设施等逃避监管的方式”。

21. AD 【解析】并不是所有的排污单位都要求安装使用监测设备。

22. BC 【解析】重点污染物排放总量控制指标由国务院下达。

23. BD 【解析】第四十四条第二款：对超过国家重点污染物排放总量控制指标或者未完成国家确定的环境质量目标的地区，省级以上人民政府环境保护主管部门应当暂停审批其新增重点污染物排放总量的建设项目环境影响评价文件。

24. ABCD

25. BC 【解析】《中华人民共和国环境保护法》中没有A选项的内容。

26. A 【解析】选项B的正确说法是：突发环境事件应急处置工作结束后，有关人民政府应当立即组织评估事件造成的环境影响和损失，并及时将评估结果向社会公布。企业、事业单位应当按照国家有关规定制定突发环境事件应急预案，报环境保护主管部门和有关部门备案。公共监测预警机制应当是政府该做的事，不是企业、事业单位能做的。

27. ACD 【解析】第五十六条：对依法应当编制环境影响报告书的建设项目，建设单位应当在编制时向可能受影响的公众说明情况，充分征求意见。这条应注意

“一个坚持”“三个新发展”。“一个坚持”是指编制环境影响报告书的建设项目需执行公众参与环节。“三个新发展”是指：第一，公众参与的时间应当在编制时；第二，公众参与的范围是可能受影响的公众，并不是所有的公众；第三，对公众参与的程度作了要求，是“充分”。

28. BC 【解析】选项C的意思是：审批机关发现建设项目未充分征求公众意见的，应当责成建设单位征求公众意见。选项D的错误在于并不是所有的环境保护主管部门都有审批权限。

29. AC

30. BCD 【解析】《中华人民共和国环境保护法》没有“限期补办环评手续”的规定。《中华人民共和国环境影响评价法》与《中华人民共和国环境保护法》规定不一致的，适用《中华人民共和国环境保护法》。对于一般的未批先建行为，应当责令停止建设，处以罚款；对于情形恶劣的，严重不符合环保管理要求的，在责令停止建设，处以罚款的同时，还应当拆除已经建成的部分。

31. ACD 【解析】第六十三条规定了四种进行行政拘留的情形。除本题3个选项以外，还有一种情形也会受到行政拘留：通过暗管、渗井、渗坑、灌注或者篡改、伪造监测数据，或者不正常运行防治污染设施等逃避监管的方式违法排放污染物的。

32. ABD 33. ABCD 34. ABCD

35. ABCD 【解析】各级人民政府及其有关部门和企业事业单位，应当依照《中华人民共和国突发事件应对法》的规定，做好突发环境事件的风险控制、应急准备、应急处置和事后恢复等工作。

36. ABCD

37. AB 【解析】选项A的正确说法是：县级人民政府负责组织农村生活废弃物的处置工作。选项B的正确说法是：科学处置农用薄膜、农作物秸秆等农业废弃物，防止农业面源污染。

38. ABC

第二章　环境影响评价法及规划环评

一、单项选择题（每题的备选选项中，只有一个最符合题意）

1．《中华人民共和国环境影响评价法》中所称环境影响评价，是指对规划和建设项目实施后可能造成的环境影响进行分析、预测和评估，提出（　　）不良环境影响的对策和措施，进行跟踪监测的方法与制度。

A．预防或者减轻　　B．预防

C．减轻　　D．预防和减轻

2．《中华人民共和国环境影响评价法》中所称环境影响评价，是指对（　　）实施后可能造成的环境影响进行分析、预测和评估，提出预防或者减轻不良环境影响的对策和措施，进行跟踪监测的方法与制度。

A．规划项目　　B．建设项目

C．规划和建设项目　　D．计划项目

3．《中华人民共和国环境影响评价法》中所称环境影响评价，是指对规划和建设项目实施后可能造成的环境影响进行（　　），提出预防或者减轻不良环境影响的对策和措施，进行跟踪监测的方法与制度。

A．分析和预测　　B．评估

C．预测和评估　　D．分析、预测和评估

4．《中华人民共和国环境影响评价法》中所称环境影响评价，是指对规划和建设项目实施后可能造成的环境影响进行分析、预测和评估，提出预防或者减轻不良环境影响的对策和措施，进行跟踪监测的（　　）。

A．方法　　B．方法与制度　　C．制度　　D．规章

5．《中华人民共和国环境影响评价法》中所称环境影响评价，是指对规划和建设项目实施后可能造成的环境影响进行分析、预测和评估，提出预防或者减轻不良环境影响的对策和措施，进行（　　）的方法与制度。

A．监测　　B．跟踪监测　　C．跟踪调查　　D．后评价

6．《中华人民共和国环境影响评价法》规定：环境影响评价必须（　　），综合考虑规划或者建设项目实施后对各种环境因素及其所构成的生态系统可能造成的影响，为决策提供科学依据。

A．客观、公开、公正　　B．公平、公开、公正

C．客观、公开　　D．科学、公开、公平

7．根据《中华人民共和国环境影响评价法》，环境影响评价必须客观、公开、公正，综合考虑规划或者建设项目实施后对各种环境因素及其所构成的（　　）可能造成的影响，为决策提供科学依据。

A．生境　　B．生物群落　　C．生态景观　　D．生态系统

8．根据《中华人民共和国环境影响评价法》，国务院有关部门、设区的市级以上地方人民政府及其有关部门，对其组织编制的（　　），应当在规划编制过程中，组织进行环境影响评价，编写该规划有关环境影响的篇章或者说明。

A．海域的建设、开发利用规划　　B．经济技术开发区有关专项规划

C．农业专项规划　　D．环境保护规划

9．根据《中华人民共和国环境影响评价法》，对（　　）应当在规划编制过程中组织环境影响评价，编写该规划有关环境影响的篇章或者说明。

A．土地利用的有关规划　　B．钢铁生产规划

C．能源规划　　D．文化教育发展规划

10．根据《中华人民共和国环境影响评价法》，规划的环境影响评价分为（　　）。

A．编写规划有关环境影响的篇章与说明书

B．编写规划有关环境影响的说明与报告表

C．编写规划有关环境影响的篇章或者说明和提出环境影响报告书

D．编写规划有关环境影响报告书和报告表

11．根据《中华人民共和国环境影响评价法》，下列需要编制专项规划环境影响报告书的是（　　）。

A．省级旅游区的总体规划　　B．教育发展规划

C．网络发展规划　　D．防止自然灾害规划

12．根据《中华人民共和国环境影响评价法》，编制机关应当在报送审查的规划环境影响报告书中附具对（　　）的说明。

A．公众意见采纳或不采纳　　B．公众概况

C．听证会概况　　D．网站公示情况

13．根据《中华人民共和国环境影响评价法》，专项规划的编制机关对可能造成不良环境影响并直接涉及公众权益的规划，应当在规划草案（　　）举行论证会、听证会，征求有关单位、专家和公众意见。

A．报送审批前　　B．报送审批后

C．报送审批期间　　D．规划编制前

14．根据《中华人民共和国环境影响评价法》，专项规划的编制机关在报批规

划草案时，未附送该法规定有关文件，审批机关将（　　）。

A．不予审批　　B．受理登记　　C．给予审批　　D．注册处理

15．根据《中华人民共和国环境影响评价法》，国务院有关部门、设区的市级以上地方人民政府及其有关部门，对其组织编制的土地利用的有关规划、区域、流域、海域的建设开发利用规划，应当在规划编制过程中组织进行环境影响评价，编写（　　）。

A．环境影响报告表　　B．环境影响登记表

C．环境影响报告书　　D．有关环境影响的篇章或说明

16．根据《中华人民共和国环境影响评价法》，某设区的市级人民政府组织编制工业专项规划时进行了环境影响评价，所编制环境影响评价文件应提交给（　　）审查。

A．该市行业主管部门　　B．该市生态环境主管部门

C．该市人民政府　　D．上一级环保行政主管部门

17．根据《中华人民共和国环境影响评价法》，专项规划的编制机关对可能造成不良环境影响并直接涉及公众环境权益的规划，应当在该规划草案（　　），征求公众对环境影响报告书草案的意见。

A．报送审批后　　B．报送审批前

C．正式批准前　　D．报送审批过程中

18．设区的某市发改委组织编制工业发展规划。报送审查的环评报告书草案的公众意见作采纳或者不采纳说明的单位应当是（　　）。

A．该市环保局　　B．该市规划局

C．该市发改委　　D．该规划的审批机关

19．专项规划的编制机关对可能造成不良环境影响并直接涉及公众环境权益的规划，应当在该规划草案报送审批前，举行论证会、听证会，或者采取其他形式，征求（　　）对环境影响报告书草案的意见。

A．专家　　B．公众及政府单位

C．有关单位及公众　　D．有关单位、专家和公众

20．根据《中华人民共和国环境影响评价法》，对环境有重大影响的规划实施后，编制机关应当及时组织（　　），并将结果报告审批机关。

A．环境审计　　B．公众参与

C．专家小组审议　　D．环境影响跟踪评价

21．根据《中华人民共和国环境影响评价法》，设区的某市发改委组织编制该市高新技术产业规划。该市人民政府在审批专项规划草案，做出决策前，应当先由（　　）指定生态环境主管部门或者其他部门召集有关部门代表和专家组成审查小

组，对环境影响报告书进行审查。

A．该市发改委　　B．该市人民政府

C．该市的上级人民政府　　D．该市的上级生态环境主管部门

22．某设区的市人民政府拟制定煤炭发展规划。根据《中华人民共和国环境影响评价法》及其配套规章，该市政府应当组织进行该规划的环境影响评价，编制该规划的（　　）。

A．环境影响登记表　　B．环境影响篇章或说明

C．环境影响报告表　　D．环境影响报告书

23．根据《中华人民共和国环境影响评价法》，专项规划环境影响评价过程中进行公众参与的主体是（　　）。

A．规划编制机关　　B．规划审批机关

C．规划的环境影响评价单位　　D．环境保护行政主管部门

24．某省人民政府拟报送一流域水电规划草案。根据《中华人民共和国环境影响评价法》和《规划环境影响评价条例》，该省人民政府在报送该规划草案时，应当（　　）。

A．将该规划的环境影响报告书一并附送规划审批机关审查

B．只将审查小组对该规划的环境影响报告书的审查意见一并附送规划审批机关审查

C．将该规划的环境影响篇章或说明作为规划草案的组成部分报送规划审批机关

D．只将有关单位、专家和公众对该规划的环境影响报告书的意见一并附送规划审批机关审查

25．审查小组在审查某省跨流域调水规划环境影响报告书时，发现其中未就跨流域调水对生态系统的影响进行评价。根据《规划环境影响评价条例》，审查小组提出的审查意见应当是（　　）。

A．对该规划的环境影响报告书进行修改并重新审查

B．对该规划的环境影响报告书进行修改并重新征求公众意见

C．对该规划的环境影响报告书进行修改并报环境保护主管部门审批

D．对该规划的环境影响报告书进行修改并与规划草案一并报送规划审批机关审批

26．某设区的市级人民政府在审批电镀行业规划草案时，拟不采纳审查小组对环境影响报告书的审查意见。根据《中华人民共和国环境影响评价法》，该市人民政府应当（　　）。

A．对该规划草案提出重新审查的要求

B．要求规划编制机关重新编制该规划的环境影响报告书

C．对不采纳审查小组的审查意见的理由做出说明，并存档备查

D. 对不采纳审查小组的审查意见做出说明，并重新审查该规划的环境影响报告书

27. 根据《规划环境影响评价条例》，环境保护主管部门发现某规划在实施过程中产生重大不良环境影响时，应当（　　）。

A. 及时对该规划的环境影响进行核查

B. 及时组织该规划环境影响的跟踪评价

C. 要求重新编制该规划的环境影响报告书

D. 取消编制该规划环境影响报告书的技术机构的资质

28. 根据“关于进一步加强规划环境影响评价工作的通知”，以下说法错误的是（　　）。

A. 建设项目环境影响评价的内容可以根据规划环评的分析论证情况适当简化

B. 对可能造成不良环境影响的规划方案，应根据环境影响评价的建议和结论及时进行优化调整

C. 规划编制机关在报送审批专项规划草案时，应当将环境影响报告书和其审查意见一并附送规划审批机关

D. 对规划实施过程中产生重大不良环境影响的，应当及时进行核查，并向规划审批机关提出采取改进措施或者修订规划的建议

29. 国务院有关部门、设区的市级以上（　　）及其有关部门，对其组织编制的土地利用的有关规划，区域、流域、海域的建设、开发利用规划，应当在规划编制过程中组织进行环境影响评价，编写该规划有关环境影响的篇章或者说明。

A. 环境保护局　　B. 地方人民政府

C. 环境保护主管部门　　D. 规划局

30. 根据《中华人民共和国环境影响评价法》有关规定，下列规划应当编制环境影响篇章或者说明的是（　　）。

A. 设区的市级以上流域水电规划

B. 设区的市级以上跨流域调水规划

C. 设区的市级以上防洪、治涝、灌溉规划

D. 设区的市级以上地下水资源开发利用规划

31. 某市人民政府编制了土地资源开发整理规划。根据《中华人民共和国环境影响评价法》，该规划的环境影响评价文件的形式应当是（　　）。

A. 环境影响登记表　　B. 环境影响报告表

C. 环境影响报告书　　D. 环境影响的篇章或者说明

32. 根据《中华人民共和国环境影响评价法》，国务院有关部门、设区的市级以上地方人民政府及其有关部门，对其组织编制的土地利用的有关规划，区域、流

域、海域的建设及开发利用规划，应当在规划编制过程中组织进行环境影响评价，编写（　　）。

A．环境影响报告表　　B．环境影响登记表

C．环境影响报告书　　D．有关环境影响的篇章或者说明

33．根据《中华人民共和国环境影响评价法》，某下设两个区的城市在制定种植业发展规划时，须编制（　　）。

A．环境影响报告书　　B．环境影响报告表

C．环境影响登记表　　D．环境影响篇章或者说明

34．根据《中华人民共和国环境影响评价法》，组织进行专项规划环境影响评价的时间应当是（　　）。

A．规划实施中　　B．规划实施后

C．规划草案上报审批后　　D．规划草案上报审批前

35．根据《中华人民共和国环境影响评价法》，国务院有关部门、设区的市级以上地方人民政府及其有关部门，对其组织编制的土地利用的有关规划，区域、流域、海域的建设，开发利用规划，应当在规划（　　）组织进行环境影响评价，编写该规划有关环境影响的篇章或者说明。

A．编制完成后　　B．编制完成前

C．大纲完成后　　D．编制过程中

36．规划编制机关在报送审批综合性规划草案和专项规划中的指导性规划草案时，应当将（　　）作为规划草案的组成部分一并报送规划审批机关。

A．环境影响报告书　　B．环境影响报告表

C．环境影响篇章或者说明　　D．环境影响篇章

37．根据《中华人民共和国环境影响评价法》，进行环境影响评价的规划的具体范围，由（　　）会同国务院有关部门规定，报国务院批准。

A．国务院环境保护行政主管部门　　B．省级以上环境保护行政主管部门

C．市级以上环境保护行政主管部门　　D．当地环境保护行政主管部门

38．根据《中华人民共和国环境影响评价法》，对可能造成不良环境影响并直接涉及公众环境权益的规划，征求公众对环境影响报告书草案意见的时间应当在（　　）。

A．规划报送审批后　　B．规划报送审批前

C．规划正式批准前　　D．规划报送审批过程中

39．根据《中华人民共和国环境影响评价法》，某专项规划环境影响评价过程中进行公众参与的主体是（　　）。

A．规划编制机关　　B．当地规划审批机关

C．规划的环境影响评价单位　　D．当地环境保护行政主管部门

40．根据《规划环境影响评价条例》，规划编制机关对可能造成不良环境影响并直接涉及公众环境权益的专项规划，应当在（　　），采取调查问卷、座谈会、论证会、听证会等形式，公开征求有关单位、专家和公众对环境影响报告书的意见。

A．规划草案报送审批后　　B．规划草案编制前

C．规划草案报送审批前　　D．规划草案编制时

41．根据《规划环境影响评价条例》，有关单位、专家和公众的意见与规划环境影响评价结论有重大分歧的，（　　）应当采取论证会、听证会等形式进一步论证。

A．环境影响评价编制单位　　B．规划审批机关

C．规划编制机关　　D．环境影响评价审批机关

42．根据《规划环境影响评价条例》，某省农业厅负责组织编制某项农业发展的专项规划草案，环境影响评价单位是某省环境科学研究院，审批机关是农业农村部，如需征求公众意见，则公众意见的征求单位是（　　）。

A．某省环境科学研究院　　B．某省农业厅

C．农业农村部　　D．以上三个单位都可以

43．根据《中华人民共和国环境影响评价法》，需编制环境影响的篇章或者说明的规划，编制机关在报送规划草案时，应当将环境影响的篇章或者说明（　　）。

A．先报送规划审批机关

B．先报送当地环境保护行政主管部门

C．作为规划草案的组成部分一并报送规划审批机关

D．作为规划草案的组成部分一并报送当地的环境保护行政主管部门

44．根据《规划环境影响评价条例》，下列专项规划在该规划草案报送审批前，应当将编制的环境影响报告书草案征求公众意见（国家规定需要保密的情况除外）的是（　　）。

A．设区的市级以上防洪、治涝、灌溉规划

B．设区的市级以上种植业发展规划

C．设区的市级以上海域建设、开发利用规划

D．设区的市级以上土地利用总体规划

45．根据《规划环境影响评价条例》，（　　）应当在报送审查的环境影响报告书中附具对公众意见采纳与不采纳情况及其理由的说明。

A．环境影响评价编制单位　　B．规划审批机关

C．环境影响评价审批机关　　D．规划编制机关

46．《中华人民共和国环境影响评价法》中所说的公众参与时机是（　　）。

A. 规划草案的环境影响报告书草案形成之后，规划草案报送审批机关审批之前

B. 规划草案的环境影响报告书草案形成之前，规划草案报送审批机关审批之前

C. 规划草案的环境影响报告书草案和规划草案报送审批机关审批之后

D. 规划草案的环境影响报告书草案审批之前，规划草案审批之后

47. 根据《中华人民共和国环境影响评价法》，某下设四区的市级人民政府在审批电镀行业规划草案时，拟不采纳审查小组对环境影响报告书的审查意见。根据该法，该市人民政府应当（　　）。

A. 对该电镀行业规划草案提出重新审查的要求

B. 提出重新编制该规划有关环境影响报告书的要求

C. 对不采纳审查小组的审查意见做出说明，并重新审查

D. 对不采纳环境影响报告书结论以及审查小组的审查意见做出说明，并存档备查

48. 《中华人民共和国环境影响评价法》中所说的公众参与提意见的对象是（　　）。

A. 审批后专项规划

B. 专项规划草案

C. 规划草案的环境影响报告书草案

D. 规划草案的环境影响报告书草案和专项规划草案

49. 根据《中华人民共和国环境影响评价法》，编制专项规划的机关对有关单位、专家和公众对环境影响报告书草案的意见，应当在报送审查的环境影响报告书中（　　）。

A. 采纳　　B. 不采纳

C. 附具对意见采纳或者不采纳的说明　　D. 以上三项都可以

50. 根据《中华人民共和国环境影响评价法》，设区的市级以上人民政府在审批专项规划草案，做出决策前，应当先由人民政府指定的生态环境主管部门或者其他部门召集有关部门代表和专家组成（　　），对环境影响报告书进行（　　）。

A. 审议小组　审议　　B. 审查小组　审批

C. 审批小组　审批　　D. 审查小组　审查

51. 根据《规划环境影响评价条例》，设区的市级以上人民政府审批的专项规划，在审批前由其（　　）召集有关部门代表和专家组成审查小组，对环境影响报告书进行审查。

A. 环境保护行政主管部门　　B. 规划审批部门

C. 其他部门　　D. 规划编制部门

52. 根据《中华人民共和国环境影响评价法》，由省级以上人民政府有关部门

负责审批的专项规划，其环境影响报告书的审查办法，由（　　）制定。

A．省级生态环境主管部门会同省级政府有关部门

B．省级人民政府

C．国务院生态环境主管部门会同国务院有关部门

D．国务院办公厅

53．根据《规划环境影响评价条例》，审查小组中专家人数不得少于审查小组总人数的（　　）。

A．三分之一　　B．二分之一　　C．四分之一　　D．四分之三

54．根据《规划环境影响评价条例》，审查小组的成员应当（　　）对环境影响报告书提出书面审查意见。

A．客观、公正、科学地　　B．客观、公正、公平地

C．客观、科学、公平地　　D．客观、公正、独立地

55．根据《专项规划环境影响报告书审查办法》，专项规划编制机关在报批专项规划草案时，应依法将环境影响报告书（　　）。

A．单独呈送审批机关　　B．一并附送环保行政机关

C．单独呈送环保行政机关　　D．一并附送审批机关

56．根据《专项规划环境影响报告书审查办法》，专项规划的审批机关在做出审批专项规划草案的决定前，应当将专项规划环境影响报告书送（　　），由（　　）会同专项规划的审批机关对环境影响报告书进行审查。

A．上级环境保护行政主管部门　上级环境保护行政主管部门

B．同级环境保护行政主管部门　同级环境保护行政主管部门

C．省级环境保护行政主管部门　同级环境保护行政主管部门

D．同级环境保护行政主管部门　上级环境保护行政主管部门

57．根据《专项规划环境影响报告书审查办法》，设区的市级以上人民政府在审批专项规划草案，做出决策前，应当先由人民政府（　　）的环境保护行政主管部门或者其他部门召集有关部门代表和专家组成审查小组，对环境影响报告书进行审查。审查小组应当提出书面审查意见。

A．下属　　B．管辖　　C．指定　　D．主管

58．根据《专项规划环境影响报告书审查办法》，环境保护行政主管部门应当自收到专项规划环境影响报告书之日起（　　）日内，会同专项规划审批机关召集有关部门代表和专家组成审查小组，对专项规划环境影响报告书进行审查。

A．30　　B．60　　C．10　　D．90

59．根据《规划环境影响评价条例》，规划审批机关在审批专项规划草案时，应当将（　　）作为决策的重要依据。

A．环境影响报告书结论　　B．审查意见

C．环境影响报告书结论以及审查意见　　D．规划草案结论

60．根据《规划环境影响评价条例》，（　　）对环境影响报告书结论以及审查意见不予采纳的，应当逐项就不予采纳的理由做出书面说明，并存档备查。

A．规划审批机关　　B．规划编制机关

C．市级以上人民政府　　D．市级以上环保主管部门

61．根据《规划环境影响评价条例》，对环境有重大影响的规划实施后，编制机关应当及时组织环境影响的（　　），并将评价结果报告审批机关；发现有明显不良环境影响的，应当及时提出改进措施。

A．跟踪评价　　B．后评价　　C．监理　　D．检查

62．根据《规划环境影响评价条例》，（　　）应对规划环境影响进行跟踪评价。

A．规划的审批机关　　B．规划的编制机关

C．有资质的环境影响评价单位　　D．环境保护行政主管部门

63．根据《规划环境影响评价条例》，规划实施过程中产生重大不良环境影响的，（　　）应当及时提出改进措施。

A．规划审批机关　　B．环境影响文件编制机构

C．规划编制机关　　D．环境保护主管部门

64．根据《规划环境影响评价条例》，环境保护主管部门发现规划实施过程中产生重大不良环境影响的，应当及时进行核查。经核查属实的，向（　　）提出采取改进措施或者修订规划的建议。

A．规划审批机关　　B．环境影响文件编制机构

C．规划编制机关　　D．环境保护主管部门

65．根据《规划环境影响评价条例》，规划实施过程中产生重大不良环境影响的，规划编制机关应当及时提出改进措施，向（　　）报告，并通报（　　）等有关部门。

A．规划审批机关　环境保护

B．规划审批机关　环境影响文件编制机构

C．环境保护主管部门　规划审批机关

D．环境保护主管部门　当地政府

66．根据《规划环境影响评价条例》，规划实施区域的（　　），应当暂停审批该规划实施区域内新增该重点污染物排放总量的建设项目的环境影响评价文件。

A．重点污染物排放浓度超过国家或者地方排放标准的

B．一般污染物排放总量超过国家或者地方规定的总量控制指标的

C. 重点污染物排放总量超过国家或者地方规定的总量控制指标的

D. 一般污染物排放浓度超过国家或者地方排放标准的

67. 根据《规划环境影响评价条例》，规划实施区域的重点污染物排放总量超过国家或者地方规定的总量控制指标的，应当（　　）审批该规划实施区域内新增该重点污染物排放总量的建设项目的环境影响评价文件。

A. 禁止　　B. 暂停　　C. 限制　　D. 继续

68. 根据《中华人民共和国环境影响评价法》，规划编制机关组织环境影响评价时弄虚作假或者有失职行为，造成环境影响评价严重失实的，应当由上级机关或者监察机关对直接负责的主管人员和其他直接责任人员（　　）。

A. 给予通报批评　　B. 给予经济处罚

C. 建议移交司法机关处理　　D. 依法给予行政处分

69. 根据《规划环境影响评价条例》，规划环境影响评价技术机构弄虚作假或者有失职行为，造成环境影响评价文件严重失实的，由国务院环境保护主管部门予以（　　）。

A. 通报　　B. 刑事责任　　C. 行政处分　　D. 降低评价等级

70. 对可能导致区域环境质量下降、生态功能退化，实施（　　）年以上且未发生重大调整的规划，产业园区管理机构应及时开展环境影响跟踪评价工作，编制规划环境影响跟踪评价报告。

A. 五　　B. 三　　C. 四　　D. 六

71. 下列规划应编制环境影响篇章或者说明的是（　　）。

A. 省级矿产资源总体规划

B. 设区的市级矿产资源总体规划

C. 设区的市级以上矿产资源开发利用专项规划

D. 县级矿产资源规划

72. 根据《中华人民共和国环境影响评价法》，（　　）应当加强对建设项目环境影响报告书、环境影响报告表编制单位的监督管理和质量考核。

A. 设区的市级以上人民政府

B. 县级人民政府

C. 设区的市级以上人民政府生态环境主管部门

D. 生态环境主管部门

73. 根据《关于实施“三线一单”生态环境分区管控的指导意见（试行）》，下列不属于该意见的基本原则的是（　　）。

A. 分类管控，系统指导　　B. 坚守底线，严格管理

C. 共享共用，提升效能　　D. 更新调整，持续优化

74．根据《关于实施“三线一单”生态环境分区管控的指导意见（试行）》，下列不属于该意见的主要目标的是（　　）。

A．到2023年，数据共享与应用系统服务功能基本完善

B．到2025年，数据共享与应用系统服务效能显著提升

C．到2025年，应用领域不断拓展，应用机制更加有效

D．到2025年，“三线一单”生态环境分区管控制度基本完善，更新调整、跟踪评估、成果数据共享服务等机制基本确立

75．根据《中华人民共和国环境影响评价法》，（　　）应对建设项目环境影响报告书、环境影响报告表的（　　）负责。

A．建设单位　内容　　B．项目环评编制单位　内容和结论

C．建设单位　结论　　D．建设单位　内容和结论

76．根据《中华人民共和国环境影响评价法》，（　　）应当对建设项目投入生产或者使用后所产生的环境影响进行跟踪检查，对造成严重环境污染或者生态破坏的，应当查清原因、查明责任。

A．生态环境主管部门　　B．建设项目审批

C．环评报告编制部门　　D．建设单位

77．根据《中华人民共和国环境影响评价法》，建设项目环境影响报告书、环境影响报告表存在基础资料明显不实，内容存在重大缺陷、遗漏或者虚假，环境影响评价结论不正确或者不合理等严重质量问题的，由设区的市级以上人民政府生态环境主管部门对建设单位处（　　）的罚款。

A．五十万以上一百万以下　　B．五十万以上

C．一百万以上两百万以下　　D．五十万以上两百万以下

78．根据《中华人民共和国环境影响评价法》，审批部门应当自收到环境影响报告书之日起（　　）内，做出审批决定并书面通知建设单位。国家对环境影响登记表实行（　　）。

A．六十日　备案审查　　B．三十日　备案管理

C．六十日　备案管理　　D．三十日　备案审查

79．根据《中华人民共和国环境影响评价法》，生态环境主管部门应当对建设项目投入生产或者使用后所产生的环境影响进行（　　），对造成严重环境污染或者生态破坏的，应当查清原因、查明责任。

A．跟踪监督　　B．跟踪检查

C．跟踪监测　　D．跟踪监督和检查

80．根据《关于在产业园区规划环评中开展碳排放评价试点的通知》（环办环评函〔2021〕471号），试点工作应坚持以（　　）为基础，将碳排放评价纳入评价

工作全流程，以探索产业园区层面减污降碳协同增效的技术方法和工作路径为主要目标。

A. 规划环评文本及结论　　B. 规划环评审查意见

C. 导则和相关环评技术要求　　D. 规划环境影响评价制度

81. 根据《关于进一步加强公路水路交通运输规划环境影响评价工作的通知》（环发〔2012〕49号），涉及航电枢纽建设的，要贯彻落实“（　　）”基本原则，重点关注规划实施可能产生的重大生态环境影响。

A. 保护优先、统筹考虑、禁止开发、确保底线

B. 生态优先、统筹考虑、禁止开发、确保底线

C. 生态优先、统筹考虑、适度开发、确保底线

D. 保护优先、统筹考虑、禁止开发、确保安全

82. 根据《关于进一步加强水利规划环境影响评价工作的通知》（环发〔2014〕43号），水利规划环境影响评价，应当树立尊重自然、顺应自然、保护自然的生态文明理念，坚持（　　）为主的方针，落实流域统筹、综合规划要求，促进干支流、上下游科学有序开发。

A. 节约优先、保护优先、自然恢复

B. 预防为主、防治结合、综合治理

C. 预防为主、防治结合

D. 节约优先、保护优先

83. 根据《关于贯彻实施国家主体功能区环境政策的若干意见》（环发〔2015〕92号），按照（　　）原则，执行最严格的生态环境保护措施，保持环境质量的自然本底状况，恢复和维护区域生态系统结构和功能的完整性，保持生态环境质量、生物多样性状况和珍稀物种的自然繁衍，保障未来可持续生存发展空间。

A. 依法管理、强制保护　　B. 依法管理、优先保护

C. 优先管理、强制保护　　D. 优先管理、优先保护

84. 下列选项不属于煤电基地规划环境影响评价总体要求的是（　　）。

A. 科学调控发展规模　　B. 推广可行的污染防治措施

C. 统筹区域内相关产业结构　　D. 优化煤电基地发展布局

二、不定项选择题（每题的备选项中至少有一个符合题意）

1. 《中华人民共和国环境影响评价法》规定：国务院有关部门、设区的市级以上地方人民政府及其有关部门，对其组织编制的（　　）及建设，应当在规划编制过程中组织进行环境影响评价，编写该规划有关环境影响的篇章或者说明。

A. 土地利用规划　　B. 区域开发利用规划

C．流域开发利用规划　　D．海域开发利用规划

2．根据《中华人民共和国环境影响评价法》中的规定，（　　）对其组织编制的土地利用的有关规划，区域、流域、海域的建设、开发利用规划，可以由省、自治区、直辖市人民政府根据本地的实况决定是否进行环境影响评价。

A．省（自治区）　　B．市（州）（不设区）

C．县（市）　　D．乡（镇）

3．根据《中华人民共和国环境影响评价法》中的关于“规划实施后的环境影响的篇章或者说明”的评价要求是（　　）。

A．对规划实施后可能造成的环境影响做出分析

B．对规划实施后可能造成的环境影响做出预测

C．对规划实施后可能造成的环境影响做出评估

D．提出预防或者减轻不良环境影响的对策和措施

4．根据《规划环境影响评价条例》，下列专项规划应在草案上报审批前提出环境影响报告书的是（　　）。

A．设区的市级以上流域水电规划

B．设区的市级以上跨流域调水规划

C．设区的市级以上煤炭发展规划

D．设区的市级以上地下水资源开发利用规划

5．根据《规划环境影响评价条例》，下列专项规划在草案上报审批前编写该规划有关环境影响的篇章或者说明的是（　　）。

A．设区的市级以上海域建设、开发利用规划

B．设区的市级以上防洪、治涝、灌溉规划

C．设区的市级以上土地利用总体规划

D．设区的市级以上种植业发展规划

6．根据《规划环境影响评价条例》，下列专项规划在草案上报审批前编写该规划有关环境影响的篇章或者说明的有（　　）。

A．设区的市级以上矿产资源勘查规划　B．设区的市级以上城镇体系规划

C．设区的市级以上风景名胜区总体规划　D．设区的市级以上煤炭发展规划

7．根据《规划环境影响评价条例》，下列专项规划在草案上报审批前编写该规划有关环境影响的篇章或者说明的有（　　）。

A．设区的市级以上农业发展规划

B．设区的市级以上商品林造林规划（暂行）

C．设区的市级以上森林公园开发建设规划

D．设区的市级以上电力发展规划（流域水电规划除外）

8．根据《中华人民共和国环境影响评价法》，某下设两区的市级人民政府在审批该市的旅游区发展总体规划草案时，应当将该规划的（　　）作为决策的重要依据。

A．环境影响的说明

B．环境影响的篇章

C．环境影响报告书结论

D．环境影响报告书审查小组的审查意见

9．根据《规划环境影响评价条例》，对规划进行环境影响评价，应当分析、预测和评估（　　）。

A．规划实施的经济效益、社会效益与环境效益之间的关系

B．规划实施可能对环境和人群健康产生的长远影响

C．规划实施可能对相关区域、流域、海域生态系统产生的整体影响

D．规划实施的当前利益与长远利益之间的关系

10．根据《规划环境影响评价条例》，对规划进行环境影响评价时，应当分析、预测和评估规划实施可能对相关（　　）生态系统产生的整体影响。

A．区域　　B．流域　　C．陆地　　D．海域

11．根据《规划环境影响评价条例》，专项规划的环境影响报告书应当包括（　　）。

A．实施该规划对环境可能造成影响的分析、预测和评估

B．预防或者减轻不良环境影响的对策和措施

C．实施该规划对环境可能造成影响的预测和评估

D．环境影响评价的结论

12．根据《规划环境影响评价条例》，规划环境影响篇章或者说明应当包括（　　）。

A．资源环境承载能力分析

B．不良环境影响的分析和预测

C．预防或者减轻不良环境影响的政策、管理或者技术等措施

D．与相关规划的环境协调性分析

13．根据《规划环境影响评价条例》，规划环境影响评价报告书的环境影响评价结论主要包括（　　）。

A．规划草案的环境、经济合理性和可行性

B．规划草案的环境合理性和可行性

C．预防或者减轻不良环境影响的对策和措施的合理性和有效性

D．规划草案的调整建议

14．根据《规划环境影响评价条例》，规划环境影响评价文件可由（　　）编制。

A．规划审批机关　　B．规划编制机关

C．当地环境保护行政主管部门　　D．组织规划环境影响评价技术机构

15．《中华人民共和国环境影响评价法》中所说的公众参与形式有（　　）。

A．听证会　　B．论证会　　C．座谈会　　D．调查问卷

16．对已经批准的规划，对（　　）的情况规划编制机关应当依照《规划环境影响评价条例》的规定重新或者补充进行环境影响评价。

A．实施范围有重大调整　　B．适用期限进行重大修订

C．规划规模进行重大调整　　D．结构和布局进行重大修订

17．根据《规划环境影响评价条例》，下列关于专项规划环境影响报告书审查的有关规定，正确的是（　　）。

A．参与环境影响报告书编制的专家，可以作为该环境影响报告书审查小组的成员

B．审查小组中专家人数少于审查小组总人数的二分之一的，审查小组的审查意见无效

C．审查小组应当提交书面审查意见

D．审查小组的成员应当客观、公正、独立地对环境影响报告书提出书面审查意见

18．根据《规划环境影响评价条例》，专项规划环境影响报告书审查意见应当包括（　　）。

A．预防或者减轻不良环境影响的对策和措施的合理性和有效性

B．环境影响分析、预测和评估的可靠性

C．公众意见采纳与不采纳情况及其理由的说明的合理性

D．基础资料、数据的真实性

19．根据《规划环境影响评价条例》，有下列（　　）情形，审查小组应当提出对环境影响报告书进行修改并重新审查的意见。

A．内容存在其他重大缺陷或者遗漏的

B．规划实施可能造成重大不良环境影响，并且无法提出切实可行的预防或者减轻对策和措施的

C．环境影响评价结论错误的

D．依据现有知识水平和技术条件，对规划实施可能产生的不良环境影响的范围不能做出科学判断的

20．根据《规划环境影响评价条例》，有下列（　　）情形，审查小组应当提

出对环境影响报告书进行修改并重新审查的意见。

A．环境影响评价结论不明确、不合理

B．基础资料、数据失实的

C．对不良环境影响的分析、预测和评估不准确、不深入，需要进一步论证的

D．预防或者减轻不良环境影响的对策和措施存在严重缺陷的

21．根据《规划环境影响评价条例》，有下列（　　）情形，审查小组应当提出不予通过环境影响报告书的意见。

A．内容存在其他重大缺陷或者遗漏的

B．规划实施可能造成重大不良环境影响，并且无法提出切实可行的预防或者减轻对策和措施的

C．依据现有知识水平和技术条件，对规划实施可能产生的不良环境影响的程度不能做出科学判断的

D．环境影响评价结论错误的

22．根据《规划环境影响评价条例》，有下列（　　）情形，审查小组应当提出对环境影响报告书进行修改并重新审查的意见。

A．环境影响评价结论不明确

B．环境影响评价结论错误的

C．环境影响评价结论不合理

D．未附具对公众意见不采纳情况及其理由的说明，或者不采纳公众意见的理由明显不合理的

23．根据《规划环境影响评价条例》，下列关于专项规划环境影响报告书结论及审查意见采纳的有关规定，（　　）的说法是错误的。

A．有关单位、专家可以申请查阅不予采纳环境影响报告书结论以及审查意见的理由，但公众不可以

B．规划编制机关对环境影响报告书结论以及审查意见不予采纳的，应当逐项就不予采纳的理由做出书面说明，并存档备查

C．规划审批机关在审批专项规划草案时，只将审查意见作为决策的重要依据

D．规划审批机关对环境影响评价审查意见不予采纳的，应当就不予采纳的理由做出一个总体的书面说明，并存档备查

24．根据《规划环境影响评价条例》，规划环境影响的跟踪评价应当包括（　　）。

A．跟踪评价的结论

B．公众对规划实施所产生的环境影响的意见

C．规划实施中所采取的预防或者减轻不良环境影响的对策和措施有效性的分析和评估

D．规划实施后实际产生的环境影响与环境影响评价文件预测可能产生的环境影响之间的比较分析和评估

25．根据《规划环境影响评价条例》，规划编制机关对规划环境影响进行跟踪评价时，应当采取（　　）等形式征求有关单位、专家和公众的意见。

A．现场走访　　B．调查问卷

C．座谈会　　D．论证会

26．根据《规划环境影响评价条例》，规划环境影响评价技术机构因失职行为造成环境影响评价文件严重失实的，视情节可处所收费用（　　）倍的罚款。

A．1　　B．2　　C．3　　D．5

27．根据《规划环境影响评价条例》，规划环境影响评价技术机构弄虚作假或者有失职行为，造成环境影响评价文件严重失实的，可以受到（　　）处罚。

A．处所收费用 1 倍以上 3 倍以下的罚款

B．由国务院环境保护主管部门予以通报

C．构成犯罪的，依法追究刑事责任

D．由国务院环境保护主管部门予以行政处分

28．根据《规划环境影响评价条例》，规划编制机关在组织环境影响评价时弄虚作假或者有失职行为，造成环境影响评价严重失实的，对（　　）依法给予处分。

A．间接负责的主管人员　　B．直接负责的主管人员

C．其他直接责任人员　　D．其他间接责任人员

29．根据《关于学习贯彻〈规划环境影响评价条例〉加强规划环境影响评价工作的通知》，下列关于规划环境影响评价与项目环境影响评价的联动机制的叙述，正确的是（　　）。

A．规划环评结论是规划所包含建设项目环评的重要依据

B．未进行环境影响评价的规划所包含的建设项目，不予受理其环境影响评价文件

C．已经批准的规划在实施范围方面进行重大调整或者修订的，应当重新或者补充进行环境影响评价，未开展环评的，不予受理其规划中建设项目的环境影响评价文件

D．已经开展了环境影响评价的规划，其包含的建设项目环境影响评价的内容可以根据规划环境影响评价的分析论证情况予以适当简化

30．根据《关于学习贯彻〈规划环境影响评价条例〉加强规划环境影响评价工作的通知》，关于推进重点领域规划环境影响评价的要求，下列说法正确的是（　　）。

A．努力提高城市规划环评质量，把规划环评早期介入城市总体规划及有关建设规划编制，实现与规划的全过程互动作为切入点

B．严格规范交通及重要基础设施、矿产资源开发规划环评

C．认真做好交通及重要基础设施规划环评，把协调好规划布局与重要生态环境敏感区的关系作为着力点

D．不断强化矿产资源开发规划环评的实效性，把保障资源开发区域的生态服务功能作为落脚点

31．根据《关于学习贯彻〈规划环境影响评价条例〉加强规划环境影响评价工作的通知》，严格规范各类开发区及工业园区规划环评，把（　　）的环境合理性作为评价工作的重中之重。

A．园区布局　　B．产业结构

C．重要环保基础设施建设方案　　D．投资规模

32．根据《规划环境影响评价条例》，关于规划实施后环境影响跟踪评价，下列说法正确的有（　　）。

A．规划的审批机关发现规划实施后有明显不良环境影响的，应当及时提出改进措施

B．所有需要编制环境影响报告书的规划实施后都要进行跟踪评价

C．组织跟踪评价的是规划的组织编制机关

D．跟踪评价的评价结果应当报告该规划的原审批机关

33．根据《规划环境影响评价条例》，规划编制机关违反《中华人民共和国环境影响评价法》的有关规定，组织环境影响评价时弄虚作假或者有失职行为，造成环境影响评价严重失实的，对直接负责的主管人员和其他直接责任人员，由（　　）依法给予行政处分。

A．规划编制机关的上级机关　　B．上级环境保护行政主管部门

C．规划编制机关　　D．监察机关

34．根据《中华人民共和国环境影响评价法》，环境影响评价是指对规划和建设项目实施后可能造成的环境影响（　　）。

A．进行分析、预测和评估

B．提出预防或者减轻不良环境影响的对策和措施

C．提出跟踪监测的方法与制度

D．提出对违法行为的处罚要求

35．根据《规划环境影响评价条例》，符合公众参与有关规定的是（　　）。

A．规划编制机关应当就规划的环境影响报告书公开征求意见

B．规划编制机关应当就规划的环境影响篇章或说明公开征求意见

C．规划编制机关应当采取调查问卷、座谈会、论证会、听证会等形式，公开征求意见

D．规划环境影响评价技术机构应当就其编制的规划环境影响报告书公开征求意见

36．根据《规划环境影响评价条例》，审查小组提出的对规划环境影响报告书的审查意见应当包括（　　）。

A．评价方法的适当性
B．基础资料、数据的真实性
C．环境影响评价结论的科学性
D．环境影响经济损益分析的合理性

37．根据《规划环境影响评价条例》，审查小组提出不予通过环境影响报告书的情形包括（　　）。

A．对不良环境影响的分析、预测和评估不准确、不深入，需要进一步论证的

B．规划实施可能造成重大不良环境影响，并且无法提出切实可行的预防或者减轻对策和措施的

C．报告书未附具对公众意见采纳与不采纳情况及其理由的说明，或者不采纳公众意见的理由明显不合理的

D．依据现有知识水平和技术条件，对规划实施可能产生的不良环境影响的程度或者范围不能做出科学判断的

38．根据《规划环境影响评价条例》，规划环境影响跟踪评价的内容应当包括（　　）。

A．跟踪评价的结论

B．对规划提出的修订建议

C．公众对规划实施所产生的环境影响的意见

D．规划实施中所采取的预防不良环境影响的措施有效性的分析和评估

39．根据《规划环境影响评价条例》，规划编制机关在组织环境影响评价时失职，造成环境影响评价严重失实的，由上级机关或监察机关（　　）。

A．对规划编制机关处以罚款

B．对规划编制机关予以通报批评

C．对直接负责的主管人员，给予口头批评

D．对直接负责的主管人员，依法给予处分

40．根据《规划环境影响评价条例》及其配套的规范性文件，对规划所包含的建设项目环境影响评价文件不予受理的情形包括（　　）。

A．规划未进行环境影响评价

B．规划内的建设项目，其环境影响评价文件的内容未进行简化

C．规划已批准，但规划的布局发生重大调整后未重新或者补充进行环境影响评价

D．规划已批准，但规划的总规模发生重大调整后未重新或者补充进行环境影响

评价

41．农业的有关专项规划应编制环境影响报告书的有（　　）。

A．设区的市级以上农业发展规划

B．设区的市级以上种植业发展规划

C．省级及设区的市级渔业发展规划

D．省级及设区的市级乡镇企业发展规划

42．国务院有关部门在组织编制有关全国交通指导性专项规划的过程中，编写的该规划有关环境影响的篇章内容应包括（　　）。

A．规划审批建议

B．对规划实施后可能造成的环境影响进行后评价

C．提出预防或减轻不良环境影响的对策和措施

D．对规划实施后可能造成的环境影响做出分析、预测评估

43．《中华人民共和国环境影响评价法》的立法目的包括（　　）。

A．预防因规划和建设项目实施后对环境造成不良影响

B．实施可持续发展战略

C．发展循环经济和建设环境友好型社会

D．促进经济、社会和环境的协调发展

44．根据《关于实施“三线一单”生态环境分区管控的指导意见（试行）》，下列属于该意见的实施与应用的是（　　）。

A．优化生态环境保护空间格局　　B．服务高质量发展

C．推进高水平保护　　D．协同推动减污降碳

45．根据《关于实施“三线一单”生态环境分区管控的指导意见（试行）》，下列不属于该意见的实施与应用的是（　　）。

A．强化实施监管　　B．协同推动减污降霾

C．强化“两高”行业源头管控　　D．构建更新调整机制

46．建设项目环境影响报告书、环境影响报告表存在基础资料明显不实，内容存在重大缺陷、遗漏或者虚假，环境影响评价结论不正确或者不合理等严重质量问题的，由设区的市级以上人民政府生态环境主管部门对建设单位处五十万元以上二百万元以下的罚款，并对建设单位的（　　）处五万元以上二十万元以下的罚款。

A．法定代表人　　B．主要负责人

C．直接负责的主管人员　　D．其他直接责任人员

47．接受委托编制建设项目环境影响报告书、环境影响报告表的技术单位违反国家有关环境影响评价标准和技术规范等规定，致使其编制的建设项目环境影响报告书、环境影响报告表存在基础资料明显不实，内容存在重大缺陷、遗漏或者虚假，

环境影响评价结论不正确或者不合理等严重质量问题的，以下处置方法正确的有（　　）。

A. 由设区的市级以上人民政府生态环境主管部门对技术单位处所收费用三倍以上五倍以下的罚款

B. 情节严重的，禁止从事环境影响报告书、环境影响报告表编制工作

C. 由设区的市级以上人民政府对技术单位处所收费用三倍以上五倍以下的罚款

D. 有违法所得的，没收违法所得

48. 根据《关于进一步加强产业园区规划环境影响评价工作的意见》（环环评〔2020〕65 号），规划环评应重点围绕产业园区（　　）实施时序以及产业园区重大基础设施建设等内容，从生态环境保护角度提出优化调整建议和减缓不良环境影响的对策措施。

A. 产业定位　　B. 产业布局

C. 产业结构　　D. 产业规模

49. 根据《关于进一步加强产业园区规划环境影响评价工作的意见》（环环评〔2020〕65 号），产业园区开发建设规划应符合国家政策和相关法律法规要求，规划发生重大调整或修订的，应当依法（　　）。

A. 重新或补充开展规划环评工作　　B. 及时对规划环评进行优化调整

C. 开展跟踪评价　　D. 开展现状评估工作

50. 根据《关于进一步加强公路水路交通运输规划环境影响评价工作的通知》（环发〔2012〕49 号），需编写环境影响篇章或说明的公路水路交通运输规划主要包括（　　）。

A. 港口布局规划　　B. 航道布局规划

C. 公路运输枢纽总体布局规划　　D. 其他指导性的交通运输规划

51. 根据《关于进一步加强水利规划环境影响评价工作的通知》（环发〔2014〕43 号），需编写环境影响篇章或说明的水利规划有（　　）。

A. 水资源战略（综合）规划及水中长期供求规划等涉及水利可持续发展的战略规划

B. 水利发展规划

C. 防洪、治涝、抗旱、灌溉、采砂管理等专业规划或专项规划

D. 流域综合规划

52. 根据《关于进一步加强水利规划环境影响评价工作的通知》（环发〔2014〕43 号），需编写环境影响报告书的水利规划包括（　　）。

A. 流域综合规划

B. 水力发电、水资源开发利用（含供水）等专业规划

C．河口整治

D．防洪、治涝、抗旱、灌溉、采砂管理等专业规划或专项规划

53．根据《关于做好煤电基地规划环境影响评价工作的通知》（环办〔2014〕60号），煤电基地规划环境影响评价应重点做好的工作，包括（　　）。

A．与相关规划等的协调性分析

B．区域生态环境现状分析和回顾性评价

C．资源环境承载力分析

D．规划优化调整建议

54．根据《关于贯彻实施国家主体功能区环境政策的若干意见》（环发〔2015〕92号），按照（　　）原则，对已建自然保护区进行整合，通过建立生态廊道，增强自然保护区间的连通性，完善自然保护区建设管理的体制和机制。

A．强制保护　　B．多物种的栖息地综合保护

C．自然地理单元　　D．依法管理

55．产业园区规划的环境影响评价应体现（　　）的原则。

A．合理布局　　B．统一监管

C．总量控制　　D．分散治理

56．根据《关于进一步加强规划环境影响评价工作的通知》（环发〔2011〕99号），下列说法正确的是（　　）。

A．规划环境影响评价工作应在规划编制完成后适时组织进行

B．规划编制机关在报送审批专项规划草案时，应当将环境影响报告书和其审查意见一并附送规划审批机关

C．在审批专项规划草案时，将环境影响报告书结论和审查意见作为规划审批决策的重要依据

D．建设项目环境影响评价的内容可以根据规划环评的分析论证情况适当简化，具体简化的内容应在审查意见中明确

57．规划环境影响报告书原则上应包含下列内容（　　）。

A．规划实施的环境资源制约因素分析

B．规划与相关政策、法律法规以及其他相关规划的协调性分析

C．预防或减轻不良环境影响的对策及措施

D．公众参与以及对公众参与采纳与否的说明

58．根据《关于加强规划环境影响评价与建设项目环境影响评价联动工作的意见》，各级环保部门在召集审查小组对规划环境影响报告书进行审查时，应将（　　）作为审查的重点。

A．规划环评工作任务完成情况

B．措施有效性

C．资源环境承载力分析

D．规划环评结论的科学性

59．根据《规划环境影响评价技术导则　产业园区》，以（　　）等重点碳排放行业为主导产业的产业园区，应调查碳排放控制水平与行业碳达峰要求的差距和降碳潜力。作为审查的重点。

A．电力　　B．钢铁　　C．建材　　D．有色

参考答案

一、单项选择题

1．A　2．C　3．D　4．B　5．B　6．A　7．D

8．A　【解析】《中华人民共和国环境影响评价法》规定“一地，三域，十个专项”的规划需要进行规划环评。“一地（土地），三域（区域、海域、流域）”编写该规划有关环境影响的篇章或者说明。

9．A　10．C　11．A　12．A　13．A　14．A　15．D　16．B　17．B　18．C　19．D　20．D　21．B

22．B　【解析】根据《编制环境影响报告书的规划的具体范围（试行）》和《编制环境影响篇章或说明的规划的具体范围（试行）》，设区的市级以上煤炭发展规划属于能源性专项规划，应编制环境影响篇章或说明。

23．A

24．A【解析】《中华人民共和国环境影响评价法》第十二条：专项规划的编制机关在报批规划草案时，应当将环境影响报告书一并附送审批机关审查；未附送环境影响报告书的，审批机关不予审批。

25．A　26．C　27．A　28．B

29．B　【解析】考查规划环评的组织者。

30．C　【解析】选项 ABD 都属于“编制环境影响报告书”的规划。这种题每年都有 2～3 个，考生务必要注意。具体哪些规划需编制报告书、哪些需编制环境影响篇章和说明，参见《关于印发〈编制环境影响报告书的规划的具体范围（试行）〉和〈编制环境影响篇章或说明的规划的具体范围（试行）〉的通知》（环发〔2004〕98 号）。

31．C　32．D　33．A　34．D

35．D　【解析】考查规划环评的评价时机。“规划编制过程中”是指所评价

的规划在形成初步方案至上报审批前。

36．C

37．A　【解析】《中华人民共和国环境影响评价法》第九条：依照本法第七条、第八条的规定进行环境影响评价的规划的具体范围，由国务院环境保护行政主管部门会同国务院有关部门规定，报国务院批准。

38．B　39．A　40．C　41．C　42．B　43．C

44．B　【解析】此题灵活性较大。《中华人民共和国环境影响评价法》的第十一条中规定了允许或者不允许公众参与环境影响评价的尺度应当是“对可能造成不良环境影响并直接涉及公众环境权益的规划”，因此，指导性的专项规划不需要征求公众意见，国家规定需保密的规划也不需要征求公众意见。选项ACD属于“编制环境影响篇章和说明”的规划。土地利用的有关规划和区域、流域、海域的建设、开发利用规划为综合性规划，工业、农业、畜牧业、林业、能源、水利、交通、城市建设、旅游、自然资源开发为专项规划。

45．D　46．A　47．D

48．C　【解析】规划编制机关对可能造成不良环境影响并直接涉及公众环境权益的专项规划，应当在规划草案报送审批前，采取调查问卷、座谈会、论证会、听证会等形式，公开征求有关单位、专家和公众对环境影响报告书的意见。但是依法需要保密的除外。

49．C

50．D　【解析】审查小组的性质仅是咨询，提出的意见仅供政府领导决策时参考，最终的决策者还是政府领导，所以用了“审查”两字，而非“审批”。

51．A　【解析】《规划环境影响评价条例》对召集人有了更为明确的规定。而《中华人民共和国环境影响评价法》中规定的召集人可以是其他部门。

52．C　53．B　54．D　55．D　56．B

57．C　【解析】用“指定”两字，根据全国人民代表大会宪法和法律委员会负责人在宪法和法律委员会上的解释，主要考虑到对规划的编制、审批和开展环境影响评价涉及“级别管辖”问题。

58．A　59．C　60．A

61．A　【解析】所谓跟踪评价，是指对环境有重大影响的规划实施后，该规划的组织编制机关应当及时组织力量，对该规划的环境影响进行检查、分析、评估，并采取相应对策的制度。“后评价”是建设项目环境影响评价的概念。

62．B　63．C　64．A　65．A　66．C　67．B　68．D

69．A　【解析】规划环境影响评价文件的编制暂时不需要资质。

70．A　【解析】根据《关于进一步加强产业园区规划环境影响评价工作的意见》，对可能导致区域环境质量下降、生态功能退化，实施五年以上且未发生重大调整的规划，产业园区管理机构应及时开展环境影响跟踪评价工作，编制规划环境影响跟踪评价报告。

71．C 【解析】根据《关于做好矿产资源规划环境影响评价工作的通知》，需编写环境影响篇章或说明的矿产资源规划包括：全国矿产资源规划，全国及省级地质勘查规划，设区的市级矿产资源总体规划，重点矿种等专项规划。需编制环境影响报告书的矿产资源规划包括：省级矿产资源总体规划，设区的市级以上矿产资源开发利用专项规划，国家规划矿区、大型规模以上矿产地开发利用规划。县级矿产资源规划原则上不开展规划环境影响评价，各省级人民政府有规定的按照其规定执行。

72．C 73．A 74．D

75．D 【解析】《中华人民共和国环境影响评价法》第二十条：建设单位应当对建设项目环境影响报告书、环境影响报告表的内容和结论负责，接受委托编制建设项目环境影响报告书、环境影响报告表的技术单位对其编制的建设项目环境影响报告书、环境影响报告表承担相应责任。

76．A 【解析】《中华人民共和国环境影响评价法》第二十八条：生态环境主管部门应当对建设项目投入生产或者使用后所产生的环境影响进行跟踪检查，对造成严重环境污染或者生态破坏的，应当查清原因、查明责任。

77．D 【解析】《中华人民共和国环境影响评价法》第三十二条：建设项目环境影响报告书、环境影响报告表存在基础资料明显不实，内容存在重大缺陷、遗漏或者虚假，环境影响评价结论不正确或者不合理等严重质量问题的，由设区的市级以上人民政府生态环境主管部门对建设单位处五十万元以上二百万元以下的罚款。

78．C 【解析】《中华人民共和国环境影响评价法》第二十二条：审批部门应当自收到环境影响报告书之日起六十日内，收到环境影响报告表之日起三十日内，分别做出审批决定并书面通知建设单位。国家对环境影响登记表实行备案管理。

79．B 【解析】《中华人民共和国环境影响评价法》第二十八条：生态环境主管部门应当对建设项目投入生产或者使用后所产生的环境影响进行跟踪检查，对造成严重环境污染或者生态破坏的，应当查清原因、查明责任。

80．D 【解析】根据《关于在产业园区规划环评中开展碳排放评价试点的通知》（环办环评函〔2021〕471号），坚持以现有规划环境影响评价制度为基础，将碳排放评价纳入评价工作全流程，鼓励在碳排放评价内容、指标、方法等方面大胆创新，探索形成产业园区减污降碳协同增效的技术方法和工作路径，促进产业园区低碳绿色发展。

81．C 【解析】涉及航电枢纽建设的，要贯彻落实“生态优先、统筹考虑、适度开发、确保底线”基本原则，重点关注规划实施可能产生的重大生态环境影响。

82．A 【解析】水利规划环境影响评价，应当树立尊重自然、顺应自然、保护自然的生态文明理念，坚持节约优先、保护优先、自然恢复为主的方针，落实流域统筹、综合规划要求，促进干支流、上下游科学有序开发。

83．A 【解析】按照依法管理、强制保护原则，执行最严格的生态环境保护措施，保持环境质量的自然本底状况，恢复和维护区域生态系统结构和功能的完整性，保持生态环境质量、生物多样性状况和珍稀物种的自然繁衍，保障未来可持续生存发展空间。

84．B

二、不定项选择题

1．ABCD 【解析】考查需进行环境影响评价的规划的类别。

2．BCD 【解析】对于选项 BCD，在《中华人民共和国环境影响评价法》中没有明确规定需要进行环境影响评价。

3．ABCD 【解析】考查需进行环境影响评价的规划的环评要求。与对规划草案的环境影响报告书相比，“规划实施后的环境影响的篇章或者说明”的内容简单，不需要“环境影响评价的结论”。

4．ABD 【解析】编制报告书和篇章或者说明的具体范围见下表。请各位考生注意总结一下容易混淆的一些规划，单独挑出来重点记忆。

编制环境影响报告书和篇章或说明的规划的具体范围

规划	编制环境影响报告书的规划的具体范围（试行）	编制环境影响篇章或说明的规划的具体范围（试行）
土地利用的有关规划		设区的市级以上土地利用总体规划
区域的建设、开发利用规划		国家经济区规划
流域的建设、开发利用规划		1．全国水资源战略规划 2．全国防洪规划 3．设区的市级以上防洪、治涝、灌溉规划
海域的建设、开发利用规划		设区的市级以上海域建设、开发利用规划
工业的有关专项规划	省级及设区的市级工业各行业规划	全国工业有关行业发展规划

规划	编制环境影响报告书的规划的具体范围（试行）	编制环境影响篇章或说明的规划的具体范围（试行）
农业的有关专项规划	1. 设区的市级以上种植业发展规划 2. 省级及设区的市级渔业发展规划 3. 省级及设区的市级乡镇企业发展规划	1. 设区的市级以上农业发展规划 2. 全国乡镇企业发展规划 3. 全国渔业发展规划
畜牧业的有关专项规划	1. 省级及设区的市级畜牧业发展规划 2. 省级及设区的市级草原建设、利用规划	1. 全国畜牧业发展规划 2. 全国草原建设、利用规划
林业指导性专项规划		1. 设区的市级以上商品林造林规划（暂行） 2. 设区的市级以上森林公园开发建设规划
能源的有关专项规划	1. 油（气）田总体开发方案 2. 设区的市级以上流域水电规划	1. 设区的市级以上能源重点专项规划 2. 设区的市级以上电力发展规划（流域水电规划除外） 3. 设区的市级以上煤炭发展规划 4. 油（气）发展规划
水利的有关专项规划	1. 流域、区域涉及江河、湖泊开发利用的水资源开发利用综合规划和供水、水力发电等专业规划 2. 设区的市级以上跨流域调水规划 3. 设区的市级以上地下水资源开发利用规划	
交通的有关专项规划	1. 流域（区域）、省级内河航运规划 2. 国道网、省道网及设区的市级交通规划 3. 主要港口和地区性重要港口总体规划 4. 城际铁路网建设规划 5. 集装箱中心站布点规划 6. 地方铁路建设规划	1. 全国铁路建设规划 2. 港口布局规划 3. 民用机场总体规划
城市建设的有关专项规划	直辖市及设区的市级城市专项规划	1. 直辖市及设区的市级城市总体规划（暂行） 2. 设区的市级以上城镇体系规划 3. 设区的市级以上风景名胜区总体规划
旅游的有关专项规划	省级及设区的市级旅游区的发展总体规划	全国旅游区的总体发展规划
自然资源开发的有关专项规划	1. 矿产资源：设区的市级以上矿产资源开发利用规划 2. 土地资源：设区的市级以上土地开发整理规划 3. 海洋资源：设区的市级以上海洋自然资源开发利用规划 4. 气候资源：气候资源开发利用规划	设区的市级以上矿产资源勘查规划

5．ABC　6．ABCD　7．ABCD　8．CD　9．ABCD　10．ABD　11．ABD

12．ABCD　【解析】在《中华人民共和国环境影响评价法》中对规划环境影响篇章或者说明的内容也有叙述，但不详细。《规划环境影响评价条例》第十一条有具体的内容。

13．BCD　14．BD

15．ABCD　【解析】《中华人民共和国环境影响评价法》第十一条中所说的公众参与形式是“举行论证会、听证会，或者采取其他形式，征求有关单位、专家和公众对环境影响报告书草案的意见”，其中“采取其他形式”包括“座谈会、书面征求意见、调查问卷、个别了解情况等”。

16．ABCD　【解析】对已经批准的规划在实施范围、适用期限、规模、结构和布局等方面进行重大调整或者修订的，规划编制机关应当依照本条例的规定重新或者补充进行环境影响评价。

17．BCD

18．ABCD　【解析】《规划环境影响评价条例》规定了审查意见应当包括 6 个方面内容。除本题的 4 个方面外，还有“评价方法的适当性”“环境影响评价结论的科学性”也属于审查意见。

19．AC　【解析】选项 B 和 D 的内容属于审查小组应当提出不予通过环境影响报告书的意见的情形。

20．ABCD　21．BC　22．ABCD

23．ACD　【解析】注意：规划审批机关对环境影响报告书结论以及审查意见不予采纳的，应当逐项就不予采纳的理由做出书面说明，而不是总体说明。

24．ABCD

25．BCD　【解析】规划编制机关对可能造成不良环境影响并直接涉及公众环境权益的专项规划，应当在规划草案报送审批前，采取调查问卷、座谈会、论证会、听证会等形式，公开征求有关单位、专家和公众对环境影响报告书的意见。

26．ABC　27．ABC　28．BC　29．ABCD　30．ACD　31．ABC

32．BCD　【解析】选项 A 的正确说法是：规划的组织编制机关发现规划实施后有明显不良环境影响的，应当及时提出改进措施。《中华人民共和国环境影响评价法》第十五条：对环境有重大影响的规划实施后，编制机关应当及时组织环境影响的跟踪评价。也就是说跟踪评价的对象是所有对环境有重大影响的规划，跟踪评价的对象既包括综合性规划，也包括专项规划；在专项规划中，既包括指导性的专项规划，也包括非指导性的专项规划。因此，B 是正确的。

33. AD　34. ABC　35. AC　36. ABC　37. BD　38. ACD　39. D　40. ACD　41．BCD　42．CD　43．ABD　44．ABCD　45．ABD

46. ABCD 【解析】《中华人民共和国环境影响评价法》第三十二条：建设项目环境影响报告书、环境影响报告表存在基础资料明显不实，内容存在重大缺陷、遗漏或者虚假，环境影响评价结论不正确或者不合理等严重质量问题的，由设区的市级以上人民政府生态环境主管部门对建设单位处五十万元以上二百万元以下的罚款，并对建设单位的法定代表人、主要负责人、直接负责的主管人员和其他直接责任人员，处五万元以上二十万元以下的罚款。

47. ABD 【解析】《中华人民共和国环境影响评价法》第三十二条：接受委托编制建设项目环境影响报告书、环境影响报告表的技术单位违反国家有关环境影响评价标准和技术规范等规定，致使其编制的建设项目环境影响报告书、环境影响报告表存在基础资料明显不实，内容存在重大缺陷、遗漏或者虚假，环境影响评价结论不正确或者不合理等严重质量问题的，由设区的市级以上人民政府生态环境主管部门对技术单位处所收费用三倍以上五倍以下的罚款；情节严重的，禁止从事环境影响报告书、环境影响报告表编制工作；有违法所得的，没收违法所得。

48. ABCD 【解析】根据《关于进一步加强产业园区规划环境影响评价工作的意见》（环环评〔2020〕65 号），规划环评应重点围绕产业园区产业定位、布局、结构、规模、实施时序以及产业园区重大基础设施建设等内容，从生态环境保护角度提出优化调整建议和减缓不良环境影响的对策措施。

49. A 【解析】根据《关于进一步加强产业园区规划环境影响评价工作的意见》（环环评〔2020〕65 号），产业园区开发建设规划应符合国家政策和相关法律法规要求，规划发生重大调整或修订的，应当依法重新或补充开展规划环评工作。

50. ABCD 【解析】需编写环境影响篇章或说明的公路水路交通运输规划主要包括：港口布局规划、航道布局规划、公路运输枢纽总体布局规划、其他指导性的交通运输规划（即以发展战略为主要内容，提出预测性、参考性指标的一类规划）。

51. ABC 【解析】需编写环境影响篇章或说明的水利规划包括：水资源战略（综合）规划及水中长期供求规划等涉及水利可持续发展的战略规划；水利发展规划；防洪、治涝、抗旱、灌溉、采砂管理等专业规划。

52. ABC 【解析】需编制环境影响报告书的水利规划包括：流域综合规划；水力发电、水资源开发利用（含供水）等专业规划；河口整治、水库建设、跨流域调水等专项规划。作为一项整体建设项目的水利规划，按照建设项目进行环境影响评价，不进行规划的环境影响评价，其具体范围的界定标准由水利部会同环境保护部制定发布后实施。

53. ABCD

54．BC　【解析】按照自然地理单元和多物种的栖息地综合保护原则，对已建自然保护区进行整合，通过建立生态廊道，增强自然保护区间的连通性，完善自然保护区建设管理的体制和机制。

55．ABC　56．BCD　57．ABCD　58．AD　59．ABCD

第三章　建设项目环境影响评价

一、单项选择题（每题的备选选项中，只有一个最符合题意）

1．根据《建设项目环境影响评价分类管理名录》，国家根据建设项目特征和所在区域的环境敏感程度，综合考虑建设项目可能对环境产生的影响，对建设项目的环境影响评价实行（　　）。

A．分类管理　　B．分级管理　　C．分步管理　　D．垂直管理

2．根据《中华人民共和国环境影响评价法》，可能造成重大环境影响的建设项目，应当编制（　　），对产生的环境影响进行（　　）评价。

A．环境影响报告书　全面　　B．环境影响报告表　全面

C．环境影响登记表　全面　　D．环境影响报告书　部分

3．根据《中华人民共和国环境影响评价法》，可能造成轻度环境影响的建设项目，应当编制（　　），对产生的环境影响进行分析或者专项评价。

A．环境影响报告书　　B．环境影响登记表

C．环境影响报告表　　D．B 和 C 都可以

4．根据《中华人民共和国环境影响评价法》，对环境影响很小、不需要进行环境影响评价的建设项目，（　　）。

A．无须经环境保护行政主管部门审批　　B．无须填报环境影响登记表

C．应当填报环境影响报告表　　D．应当填报环境影响登记表

5．根据《中华人民共和国环境影响评价法》，建设项目的环境影响评价分类管理名录，由（　　）制定并公布。

A．省级生态环境主管部门

B．设区以上的市级生态环境主管部门

C．国务院办公厅

D．国务院生态环境主管部门

6．根据《中华人民共和国环境影响评价法》，对建设项目的环境影响评价应当按（　　）实行分类管理。

A．建设项目的投资规模　　B．建设项目的投资主体

C．建设项目的资金来源　　D．建设项目对环境的影响程度

7. 根据《建设项目环境影响评价分类管理名录》，建设内容涉及名录中两个及以上项目类别的建设项目，其环境影响评价类别确定方法是（　　）。

A. 按其中单项等级最高的确定

B. 由省级生态环境主管部门确定

C. 由国务院生态环境主管部门认定

D. 按不同行业评价类别分别确定

8. 对于《建设项目环境影响评价分类管理名录》未作规定的建设项目，下列说法中正确的是（　　）。

A. 均应填报环境影响登记表

B. 由省级生态环境主管部门确定环境影响评价类别，报国务院生态环境主管部门备案

C. 不纳入建设项目环境影响评价管理

D. 由省级生态环境主管部门提出环境影响评价类别建议，报省级人民政府批准后实施，并抄报国务院生态环境主管部门

9. 建设涉及环境敏感区的项目，应当按照《建设项目环境影响评价分类管理名录》确定其环境影响评价类别，（　　）。

A. 不得擅自改变环境影响评价类别

B. 不得擅自提高环境影响评价类别

C. 不得擅自降低环境影响评价类别

D. 不得擅自降低环境影响评价类别，但可以据实际情况提高类别

10. 根据《建设项目环境影响评价分类管理名录》，环境影响评价文件应当就该项目（　　）作重点分析。

A. 对周边居住区的影响　　B. 产业政策

C. 对环境敏感区的影响　　D. 清洁生产

11. 《建设项目环境影响评价分类管理名录》未作规定的建设项目，（　　）认为确有必要纳入建设项目环境影响评价管理的，可以根据建设项目的污染因子、生态影响因子特征及其所处环境的敏感性质和敏感程度提出建议，报（　　）认定。

A. 省级生态环境主管部门　生态环境部

B. 市级生态环境主管部门　省级生态环境主管部门

C. 县级生态环境主管部门　市级生态环境主管部门

D. 省级生态环境主管部门　国务院

12. 《建设项目环境影响评价分类管理名录》未作规定的建设项目，确有必要纳入建设项目环境影响评价管理的，其环境影响评价类别最终由（　　）认定。

A. 省级生态环境主管部门　　B. 县级生态环境主管部门

C．生态环境部　　D．市级生态环境主管部门

13．根据《中华人民共和国环境影响评价法》，环境影响报告表的内容和格式，由（　　）制定。

A．国务院生态环境主管部门　　B．省级生态环境主管部门

C．设区的地级市生态环境主管部门　　D．上述三个部门都可

14．根据《环境影响评价公众参与办法》，建设项目环境影响报告书报送审批前向公众公告的次数和持续公开期限分别是（　　）。

A．2次、10天　　B．2次、10个工作日

C．3次、10天　　D．3次、10个工作日

15．根据《中华人民共和国环境影响评价法》，除国家规定需要保密的情形外，下列建设项目需征求有关单位、专家和公众的意见的有（　　）。

A．编制环境影响报告表的建设项目

B．编制环境影响报告书的建设项目

C．填报环境影响登记表的建设项目

D．编制环境影响报告书和环境影响报告表的建设项目

16．根据《中华人民共和国环境影响评价法》，对环境可能造成重大影响、应当编制环境影响报告书的建设项目，（　　）应当在报批建设项目环境影响报告书前，举行论证会、听证会，或者采取其他形式，征求有关单位、专家和公众的意见。

A．环境影响评价单位　　B．建设主管单位

C．建设单位　　D．地方生态环境主管部门

17．根据《建设项目环境保护管理条例》，建设单位编制环境影响报告书，应当依照有关法律规定，征求建设项目所在地（　　）的意见。

A．政府和居民　　B．生态环境主管部门和居民

C．建设主管部门和居民　　D．有关单位和居民

18．根据《中华人民共和国环境影响评价法》，作为一项整体建设项目的规划进行环境影响评价时，下列说法中正确的是（　　）。

A．不进行规划的环境影响评价，按照建设项目进行环境影响评价

B．建设项目的环境影响评价可以简化

C．规划的环境影响评价内容可适当简化

D．建设项目环境影响评价应落实规划环境影响评价中提出的要求

19．根据《中华人民共和国环境影响评价法》，下列关于已经进行了环境影响评价的规划所包含的具体建设项目的说法，正确的是（　　）。

A．其环境影响评价内容建设单位可以简化

B．规划的环境影响评价结论应当作为建设项目环境影响评价的重要依据，建设

项目环境影响评价的内容应当根据规划的环境影响评价审查意见予以简化

C．不进行建设项目的环境影响评价

D．建设项目环境影响评价应落实规划环境影响评价中提出的要求

20．下列不属于《建设项目环境影响报告表》格式中的主要章节的是（　　）。

A．环境质量状况　　B．建设项目工程分析

C．环境影响分析　　D．公众参与

21．根据《中华人民共和国环境影响评价法》，建设项目的（　　）由建设单位按照国务院的规定报有审批权的生态环境主管部门审批。

A．环境影响报告书、报告表　　B．环境影响报告书、报告表、登记表

C．环境影响报告书、登记表　　D．报告表、登记表

22．根据《中华人民共和国环境影响评价法》，下列不属于建设项目的环境影响报告书的内容的是（　　）

A．环境影响评价的结论　　B．水土保持

C．对环境影响的经济损益分析　　D．对建设项目实施环境监测的建议

23．对国家规定实行备案制的建设项目，建设单位提交环境影响评价文件的时限应当为（　　）。

A．提交项目申请报告前　　B．报送可行性研究报告前

C．办理备案手续后至开工前　　D．申请竣工环境保护验收前

24．根据《中华人民共和国环境影响评价法》，建设项目的环境影响评价文件，由建设单位按照国务院的规定报（　　）审批。

A．当地生态环境主管部门　　B．行业主管部门

C．有审批权的生态环境主管部门　　D．建设单位主管部门

25．根据《中华人民共和国环境影响评价法》，建设项目如有行业主管部门的，其环境影响报告书或者环境影响报告表应当（　　）。

A．环境保护行政主管部门预审，行业主管部门审批

B．应当经行业主管部门预审后，报有审批权的生态环境主管部门审批

C．由建设单位按照国务院的规定报有审批权的生态环境主管部门审批

D．行业主管部门审核，生态环境主管部门审批

26．国家对环境影响登记表实行（　　）。

A．登记管理　　B．行政审批管理

C．评估管理　　D．备案管理

27．根据《中华人民共和国环境影响评价法》，审批环境影响评价文件的部门应当自收到环境影响报告书之日起（　　）内，收到环境影响报告表之日起（　　）内，分别做出审批决定并书面通知建设单位。

A. 60日　30日　B. 50日　20日　C. 70日　30日　D. 40日　20日

28. 根据《中华人民共和国环境影响评价法》，下列关于环境影响评价文件审批的说法，正确的是（　　）。

A. 审批建设项目环境影响报告书，需收取一定的费用

B. 审批建设项目环境影响报告书、报告表，需收取一定的费用

C. 预审、审核建设项目环境影响评价文件，不得收取任何费用，但审批可以收费

D. 预审、审核、审批建设项目环境影响评价文件，不得收取任何费用

29. 根据《建设项目环境影响评价文件分级审批规定》，下列类型建设项目的环境影响评价文件，应当由环境保护部负责审批的是（　　）。

A. 涉及国家级自然保护区的建设项目

B. 垃圾焚烧等可能造成重大环境影响的建设项目

C. 由国务院有关部门备案的对环境可能造成重大影响的特殊性质的建设项目

D. 公众参与中争议较大、省级环境保护行政主管部门认为难以决策的建设项目

30. 根据《中华人民共和国环境影响评价法》，建设项目可能造成跨行政区域的不良环境影响，有关生态环境行政主管部门对该项目的环境影响评价结论有争议的，其环境影响评价文件由（　　）审批。

A. 省级生态环境行政主管部门　B. 共同的上一级生态环境主管部门

C. 国务院生态环境行政主管部门　D. 地级以上生态环境行政主管部门

31. 根据《中华人民共和国环境影响评价法》，应当将建设项目的环境影响评价文件报原审批部门重新审核的情形是（　　）。

A. 建设项目的规模发生重大变动

B. 建设项目采用的生产工艺发生重大变动

C. 环境影响评价文件自批准之日起超过五年方决定开工建设

D. 环境影响评价文件自批准之日起超过三年方决定开工建设

32. 根据《中华人民共和国环境影响评价法》，收到建设项目的环境影响评价文件自批准之日起超过五年，方决定该项目开工建设的，其环境影响评价文件应当报原审批部门（　　）。

A. 重新备案　B. 重新报批　C. 重新审核　D. 报废

33. 根据《中华人民共和国环境影响评价法》，建设项目的环境影响评价文件自批准之日起超过（　　）年，方决定该项目开工建设的，其环境影响评价文件应当报原审批部门重新审核。

A. 四　B. 三　C. 六　D. 五

34. 根据《中华人民共和国环境影响评价法》，对需重新审核的建设项目的环境影响评价文件，原审批部门应当自收到建设项目环境影响评价文件之日起（　　）

日内，将审核意见书面通知建设单位。

A．10 B．20 C．30 D．15

35．根据《中华人民共和国环境影响评价法》，对需重新审核的建设项目的环境影响评价文件，原审批机关应当自收到建设项目环境影响评价文件之日起 10 日内，将审核意见（ ）建设单位。

A．口头通知 B．书面通知 C．电话通知 D．上述三项都可以

36．某市在人口密集地拟建一个具有 150 个床位的肿瘤医院，根据该项目的特点和社区的环境，需要说明放射性医疗废弃物对环境的影响。根据《中华人民共和国环境影响评价法》，该建设项目的环境影响评价文件应是（ ）。

A．环境影响报告书 B．环境影响登记表

C．附有专家评价的环境影响登记表 D．附有专项评价的环境影响报告表

37．某建设单位拟在严重缺水地区，建设年产 15 万 m^3 的采沙场，在报批该建设项目的环境影响评价文件前，拟举行论证会、听证会，根据《中华人民共和国环境影响评价法》，征求有关单位、专家和公众意见的主持单位应当是（ ）。

A．评价单位 B．建设单位

C．当地人民政府 D．当地生态环境主管部门

38．根据《中华人民共和国环境影响评价法》，建设项目环境影响评价文件，由（ ）按照国务院的规定报有审批权的生态环境主管部门审批。

A．评价单位 B．专家评审组

C．建设单位 D．地方人民政府

39．根据《中华人民共和国海洋环境保护法》，某建设单位拟建海岸工程建设项目，并编制了环境影响报告书，该环境影响报告书需（ ）。

A．报海洋行政主管部门审核并审批

B．报环境保护行政主管部门审核并审批

C．经环境保护行政主管部门审核并签署意见后，报海洋行政主管部门审批

D．环境保护行政主管部门在批准环境影响报告书（表）之前，必须征求海洋、海事、渔业行政主管部门和军队环境保护部门的意见。

40．根据《中华人民共和国环境影响评价法》，某农药制造项目，在运行过程中产生了不符合经审批的环境影响报告书的情形，建设单位应当组织（ ），采取改进措施，并报原环境影响报告书审批部门和建设项目审批部门备案

A．专家论证 B．公众听证

C．环境影响后评价 D．编制环境影响报告表

41．根据《中华人民共和国环境影响评价法》和《环境影响评价公众参与办法》，下列关于公众参与时机的说法中，错误的是（ ）。

A．建设单位向生态环境主管部门报批环境影响报告书前，应当组织编写建设项目环境影响评价公众参与说明

B．建设单位向生态环境主管部门报批环境影响报告书前，应当通过网络平台，公开拟报批的环境影响报告书全文

C．建设单位应当在确定了承担环境影响评价工作的评价机构后 7 日内，向公众公告有关信息

D．对公众意见较大的建设项目，环境保护行政主管部门在公开征求公众意见后，可以组织开展深度公众参与

42．根据《中华人民共和国环境影响评价法》，建设单位组织编制的环境影响后评价文件应当（　　）。

A．由建设单位直接存档备查

B．报建设项目所在地生态环境主管部门审批

C．报原环境影响评价文件审批部门和建设项目审批部门备案

D．报原环境影响评价文件审批部门审批，并报建设项目所在地人民政府备案

43．根据《中华人民共和国环境影响评价法》，对有行业主管部门的建设项目编制的环境影响报告表，有审批权的生态环境主管部门应当（　　）做出审批决定。

A．自收到环境影响报告表之日起 15 日内

B．自收到环境影响报告表之日起 30 日内

C．自收到行业主管部门预审意见之日起 15 日内

D．自收到行业主管部门预审意见之日起 30 日内

44．某煤矿环境影响报告书审批后，由于首采工作面移动了位置，致使采空区上方民房出现裂缝。根据《中华人民共和国环境影响评价法》，该建设单位的下列做法中，正确的是（　　）。

A．重新报批该项目的环境影响评价文件

B．组织该项目的环境影响后评价，采取改进措施

C．将该项目环境影响评价文件报原审批部门重新审核

D．在项目建成后，申请竣工环境保护验收时向原审批部门做出书面说明

45．根据环境保护部发布的《关于印发环评管理中部分行业建设项目重大变动清单的通知》（环办〔2015〕52 号），下列界定建设项目为重大变动的情况，说法正确的是（　　）。

A．建设项目的性质、规模、地点、生产工艺和环境保护措施五个因素中的一项或一项以上发生重大变动

B．建设项目的性质、规模、地点、生产工艺和环境保护措施五个因素中的一项或一项以上发生重大变动，且可能导致环境影响显著变化（特别是不利环境

影响加重）的

C．建设项目的性质、规模、地点、生产工艺和环境保护措施五个因素中的两项以上发生重大变动

D．建设项目的性质、规模、地点、生产工艺和环境保护措施五个因素中的两项以上发生重大变动，且可能导致环境影响显著变化（特别是不利环境影响加重）的

46．根据《关于实施“三线一单”生态环境分区管控的指导意见（试行）》，省级生态环境主管部门应在更新完成后（　　）个工作日内完成成果数据自检并报送至国家“三线一单”数据共享系统。

A．15　　B．30　　C．60　　D．10

47．省级生态环境主管部门应在调整方案发布后（　　）个月内完成成果数据自检并报送至国家“三线一单”数据共享系统。

A．1　　B．2　　C．3　　D．4

48．根据《建设项目危险废物环境影响评价指南》，下列（　　）不属于产生危险废物建设项目环境影响评价的原则。

A．科学划定，切实落地　　B．重点评价，科学估算

C．全程评价，规范管理　　D．科学评价，降低风险

49．根据《建设项目危险废物环境影响评价指南》，下列对于固体废物属性的判定的说法错误的是（　　）。

A．列入《国家危险废物名录》的直接判定为危险废物

B．环境影响报告书（表）中应对照《国家危险废物名录》明确危险废物的类别、行业来源、代码、名称、危险特性

C．未列入《国家危险废物名录》的固体废物可直接认定为一般固体废物

D．环评阶段不具备开展危险特性鉴别条件的可能含有危险特性的固体废物，环境影响报告书（表）中应明确疑似危险废物的名称、种类、可能的有害成分，并明确暂按危险废物从严管理

50．根据《建设项目危险废物环境影响评价指南》，下列关于工程分析中危险废物污染防治措施的说法，错误的是（　　）。

A．应给出危险废物收集、贮存、运输、利用、处置环节采取的污染防治措施

B．在项目生产工艺流程图中应标明危险废物的产生环节

C．危险废物贮存应关注“四防”（防风、防雨、防晒、防渗漏），明确防渗措施和渗漏收集措施，以及危险废物堆放方式、警示标识等方面内容

D．在厂区布置图中应标明危险废物贮存场所（设施）、自建危险废物处置设施的位置

51．根据《建设项目危险废物环境影响评价指南》，下列（　　）不属于危险废物建设项目产生量核算方法。

A．物料衡算法　　B．产排污系数法

C．类比法　　D．资料引用法

52．根据《关于做好环境影响评价制度与排污许可制衔接相关工作的通知》，下列说法中错误的是（　　）。

A．纳入排污许可管理的建设项目，可能造成重大环境影响、应当编制环境影响报告书的，原则上实行排污许可重点管理

B．可能造成轻度环境影响、应当编制环境影响报告表的，原则上实行排污许可简化管理

C．分期建设的项目，建设单位应分期申请排污许可证

D．改扩建项目的环境影响评价，应当将排污许可证执行情况作为现有工程回顾评价的唯一依据

53．根据《关于做好环境影响评价制度与排污许可制衔接相关工作的通知》，申请排污许可证的前提和重要依据是（　　）。

A．环境影响评价制度　　B．环保竣工验收制度

C．总量控制制度　　D．事中事后监督制度

54．根据《关于做好环境影响评价制度与排污许可制衔接相关工作的通知》，下列说法中正确的是（　　）。

A．建设项目验收合格之前，排污单位应当按照国家环境保护相关法律法规以及排污许可证申请与核发技术规范要求，不得无证排污或不按证排污

B．环境影响报告书（表）获得批准的建设项目，其环境影响报告书（表）以及审批文件中与污染物排放相关的主要内容应当纳入排污许可证

C．建设项目无证排污或不按证排污的，环保部门不得出具该项目验收合格的意见，验收报告中与污染物排放相关的主要内容应当纳入该项目验收完成当年排污许可证执行年报

D．排污许可证执行报告、台账记录以及自行监测执行情况等应作为开展建设项目环境影响后评价的重要依据

55．依据《建设项目环境影响评价文件分级审批规定》，下列类型建设项目的环境影响评价文件，应当由生态环境部负责审批的是（　　）。

A．涉及国家级自然保护区的建设项目

B．垃圾焚烧等可能造成重大环境影响的建设项目

C．由国务院有关部门备案的对环境可能造成重大影响的特殊性质的建设项目

D．公众参与中争议较大、省级环境保护行政主管部门认为难以决策的建设项目

56．下列（　　）不属于生态环境部审批环境影响评价文件类型。

A．在跨界河流、跨省（区、市）河流上建设的项目

B．国务院有关部门核准的煤炭开发项目

C．绝密工程

D．年产超过 50 万 t 的煤制油项目

57．根据《建设项目环境保护管理条例》，下列（　　）不属于环境影响报告书、环境影响报告表审批重点审查的内容。

A．环境影响分析预测评估的可靠性

B．环境影响评价结论的科学性

C．环境保护措施的有效性

D．公众参与的代表性

58．根据《建设项目环境保护管理条例》，下列（　　）不属于环境影响报告书、环境影响报告表审批重点审查的内容。

A．建设项目的环境可行性　　B．工程分析源强的准确性

C．环境保护措施的有效性　　D．环境影响分析预测评估的可靠性

59．根据《建设项目环境保护管理条例》，下列（　　）不属于环境保护行政主管部门对环境影响报告书做出不予批准的情形。

A．工程分析部分源强估算不准确

B．基础资料数据明显不实

C．环境影响评价结论不明确

D．所在区域环境质量未达到国家环境质量标准

60．根据《建设项目环境保护管理条例》，某技改项目编制的环境影响报告书，不属于环境保护行政主管部门对其做出不予批准的情形的是（　　）。

A．未针对项目原有环境污染和生态破坏提出有效防治措施

B．公众参与的代表性不够

C．采取的污染防治措施无法确保污染物排放达到地方排放标准

D．建设项目类型不符合环境保护法律法规和相关法定规划

61．根据《关于规划环境影响评价加强空间管制、总量管控和环境准入的指导意见（试行）》，加强总量管控，是指应以推进（　　）为目标，明确区域（流域）及重点行业污染物排放总量上限，作为调控区域内产业规模和开发强度的依据。

A．环境功能区　　B．环境质量改善

C．总量控制　　D．污染物达标排放

62．根据《关于规划环境影响评价加强空间管制、总量管控和环境准入的指导意见（试行）》，加强环境准入，是指在符合（　　）要求的基础上，提出区域（流

域）产业发展的环境准入条件，推动产业转型升级和绿色发展。

A. 空间管制和总量管控　　B. 区域管制和总量管控

C. 污染管制和总量管控　　D. 总量管控

63. 根据《关于规划环境影响评价加强空间管制、总量管控和环境准入的指导意见（试行）》，规划区域已经划定生态保护红线的，应将（　　）作为生态空间的核心部分。

A. 总量管控　　B. 环境质量改善

C. 生态保护红线区　　D. 环境保护要求

64. 根据《建设项目环境影响登记表备案管理办法》，建设项目环境影响登记表备案采用（　　）方式。

A. 纸质备案　　B. 网上备案

C. 纸质或网上备案　　D. 提交纸质备案并网上备案

65. 根据《建设项目环境影响登记表备案管理办法》，下列关于建设项目环境影响登记表备案的说法，正确的是（　　）。

A. 填报环境影响登记表需有环评资质的单位编写

B. 编写单位对其填报的建设项目环境影响登记表内容的真实性、准确性和完整性负责

C. 县级环境保护主管部门负责本行政区域内的建设项目环境影响登记表备案管理

D. 建设项目的建设地点涉及多个县级行政区域的，建设单位应当向建设地点所在地的上一级环境保护主管部门备案

66. 根据《建设项目环境影响登记表备案管理办法》，建设单位未依法备案建设项目环境影响登记表的，由县级环境保护主管部门（　　）。

A. 责令备案　　B. 责令备案，处五万元以下的罚款

C. 责令备案，处一万元以下的罚款　　D. 处五万元以下的罚款

67. 根据《“十三五”环境影响评价改革实施方案》，下列关于提高建设项目环评效能的说法，错误的是（　　）。

A. 涉及自然保护区、饮用水水源保护区、风景名胜区等法定保护区域的项目，在符合法律法规规定的前提下，不将主管部门意见作为环评审批的前置

B. 对未列入分类管理名录且环境影响或环境风险较大的新兴产业，由省级环保部门确定其环评分类，报环境保护部备案；对未列入分类管理名录的其他项目，无须履行环评手续

C. 将公参意见作为完善和强化建设项目环保措施的决策依据

D. 在项目环评中建立“三线一单”约束机制，强化准入管理

68. 建设单位未依法报批建设项目环境影响报告书、报告表，或者未依照规定重新报批或者报请重新审核环境影响报告书、报告表，擅自开工建设的，由（　　）责令停止建设，根据违法情节和危害后果，处建设项目总投资额（　　）的罚款，并可以责令恢复原状；对建设单位直接负责的主管人员和其他直接责任人员，依法给予行政处分。

A. 环境保护主管部门　百分之一以上百分之五以下

B. 县级以上环境保护行政主管部门　百分之一以上百分之五以下

C. 环境保护主管部门　百分之五以上百分之十以下

D. 县级以上环境保护行政主管部门　百分之五以上百分之十以下

69. 根据《关于建设项目“未批先建”违法行为法律适用问题的意见》（环政法函〔2018〕31号），违法行为在（　　）内未被发现的，不再给予行政处罚。法律另有规定的除外。

A. 三年　B. 四年　C. 一年　D. 两年

70. 根据《关于加强“未批先建”建设项目环境影响评价管理工作的通知》，各级环境保护部门要按照“（　　）”原则，对“未批先建”建设项目进行拉网式排查并依法予以处罚。

A. 属地管理　B. 垂直管理

C. 属地管理、垂直管理　D. 统一领导与指挥原则

71. 根据环境保护部《关于印发制浆造纸等十四个行业建设项目重大变动清单的通知》，合成氨或尿素、硝酸铵等主要氮肥产品生产能力增加（　　）及以上被列入重大变动清单。

A. 30%　B. 20%　C. 10%　D. 40%

72. 根据环境保护部《关于印发制浆造纸等十四个行业建设项目重大变动清单的通知》，对于纺织印染建设项目重大变动清单中，建设规模发生的变动包括：纺织品制造洗毛、染整、脱胶或缫丝规模增加（　　）及以上，其他原料加工（编织物及其制品制造除外）规模增加（　　）及以上。

A. 30%　40%　B. 30%　50%　C. 40%　30%　D. 40%　20%

73. 根据环境保护部《关于印发制浆造纸等十四个行业建设项目重大变动清单的通知》，对于钢铁建设项目重大变动清单中，建设规模发生的变动包括：烧结、炼铁、炼钢工序生产能力增加（　　）及以上；球团、轧钢工序生产能力增加（　　）及以上。

A. 10%　20%　B. 20%　30%　C. 15%　30%　D. 10%　30%

74. 根据《在国家级自然保护区修筑设施审批管理暂行办法》，在国家级自然保护区修筑设施的相关规定，下列说法错误的是（　　）。

A．国家林业局负责全国国家级自然保护区修筑设施的监督检查工作；县级以上地方人民政府林业主管部门负责本行政区域内国家级自然保护区修筑设施的监督检查工作

B．准予修筑设施的行政许可决定的有效期为两年

C．修筑设施的单位或者个人应当向国家林业局提出申请，国家林业局应当自受理之日起20日内做出是否准予行政许可的决定，出具准予行政许可决定书或者不予行政许可决定书，并告知申请人

D．未经批准擅自在国家级自然保护区修筑设施的，国家林业局应当责令停止建设或者使用设施，并采取补救措施

75．下列关于油气田项目环评报告类型说法，错误的是（　　）。

A．油气开采项目原则上应当以区块为单位开展环评

B．滚动开发区块产能建设项目环评文件中还应对现有工程环境影响进行回顾性评价，对存在的生态环境问题和环境风险隐患提出有效防治措施

C．未确定产能建设规模的陆地油气开采新区块，建设勘探井应当依法编制环境影响报告表

D．海洋油气勘探工程应当依法编制环境影响报告表

76．下列关于化工园区环境保护工作说法，错误的是（　　）。

A．禁止在人口集中居住区、重要生态功能区、自然保护区、饮用水水源保护区、基本农田保护区以及其他环境敏感区域内设立园区

B．已经批准的园区规划在实施范围、适用期限、建设规模、结构与布局等方面进行重大调整或修订的，应当及时重新开展规划环境影响评价工作

C．规划实施三年以上的园区，应组织开展环境影响跟踪评价

D．入园项目必须开展环境影响评价工作

77．根据《关于进一步加强环境影响评价管理防范环境风险的通知》，（　　）是环境风险防范的责任主体。

A．建设单位及其所属企业　　B．环评单位

C．生态环境保护主管部门　　D．环境监理单位

78．下列哪家单位可以作为编制环境影响报告书（表）的技术单位（　　）。

A．建设单位具备环境影响评价技术能力的，可以自行对其建设项目开展环境影响评价，编制环境影响报告书（表）

B．个体工商户、农村承包经营户，可以自行对其建设项目开展环境影响评价，编制环境影响报告书（表）

C．由生态环境主管部门出资的单位，可以自行对其建设项目开展环境影响评价，编制环境影响报告书（表）

D．由其他负责审批环境影响报告书（表）的部门出资的单位，可以自行对其建设项目开展环境影响评价，编制环境影响报告书（表）

79．失信行为和失信记分相关情况在信用平台的公开期限为（　　）。禁止从事环境影响报告书（表）编制工作的技术单位和终身禁止从事环境影响报告书（表）编制工作的编制人员，其失信行为和失信记分公开期限为（　　）。

A．三年　永久　　B．五年　十年

C．五年　永久　　D．三年　十年

80．信用管理对象列入《建设项目环境影响报告书（表）编制监督管理》（生态环境部令第 9 号）办法规定的守信名单、重点监督检查名单、限期整改名单和“黑名单”的相关情况在信用平台的公开期限为（　　）。

A．一年　　B．二年　　C．三年　　D．五年

81．以“两高”行业为主导产业的园区规划环评应增加（　　），推动园区绿色低碳发展。

A．碳排放分析　　B．污染物减排潜力分析

C．绿色低碳分析　　D．碳排放与减排潜力分析

82．新建、扩建“两高”项目应采用先进适用的工艺技术和装备，单位产品物耗、能耗、水耗等达到清洁生产（　　）水平，依法制定并严格落实（　　）措施。

A．先进　防治大气污染　　B．基本　防治土壤与地下水污染

C．基本　防治大气污染　　D．先进　防治土壤与地下水污染

83．所在区域、流域控制单元环境质量未达到国家或者地方环境质量标准的，建设项目应提出有效的区域削减方案，主要污染物实行（　　）削减，所在区域、流域控制单元环境质量达到国家或者地方环境质量标准的，原则上建设项目主要污染物实行区域（　　）削减。

A．等量　倍量　　B．倍量　等量

C．倍量　倍量　　D．等量　等量

84．依照《建设项目环境影响评价分类管理名录》环评类别为环境影响报告书（表）且已纳入《名录》，并且原矿、中间产品、尾矿、尾渣或者其他残留物中（　　）超过 1 Bq/g 的矿产资源开发利用建设项目，建设单位应当组织编制辐射环境影响评价专篇。

A．铀（钍）系单个核素活度　　B．铀（钍）系单个核素活度浓度

C．铀（钍）系单个核素浓度　　D．铀（钍）系单个核素放射性

85．根据《建设项目环境影响报告书（表）编制监督管理办法》，编制单位和编制人员应当通过信用平台提交本单位和本人的基本情况信息，相关信息发生变化的，应当自发生变化之日起（　　）内在信用平台变更。

A．5 个工作日　　B．10 个工作日
C．15 个工作日　　D．20 个工作日

86．以下哪种情形属于建设项目环境影响报告书（表）编制过程中的弄虚作假行为（　　）。

A．建设单位未按照中华人民共和国环境影响评价法律法规、标准和技术规范等规定编制环境影响报告书（表）
B．建设单位未按照环境影响评价工作程序进行现场踏勘、现状监测、数据资料收集、环境影响预测等工作
C．建设单位未如实填写环境影响登记表提交环保部门，或者未落实环境保护投入和资金来源
D．建设单位未按照环境影响报告书（表）批准文件的要求，擅自变更建设项目的性质、规模、地点、生产工艺或者防治污染、防止生态破坏的措施

87．建设项目竣工环境保护验收的主要依据不包括（　　）内容。

A．建设项目环境保护相关法律、法规、规章、标准和规范性文件
B．建设项目竣工环境保护验收技术规范
C．建设项目环境影响报告书（表）及审批部门审批决定
D．建设项目的性质、规模、地点、采用的生产工艺或者防治污染、防止生态破坏的措施

88．建设单位在完成验收监测报告编制、提出验收意见、编制其他需要说明的事项后，应当（　　）向社会公开相关信息。

A．通过其网站或其他便于公众知晓的方式　　B．通过电视广播
C．通过报纸广告　　D．通过社交媒体平台

二、不定项选择题（每题的备选项中至少有一个符合题意）

1．《中华人民共和国环境影响评价法》中的环境影响评价文件指的是（　　）。

A．环境影响报告书　　B．环境影响报告表
C．环境影响登记表　　D．环境影响评价的有关规章制度

2．根据《建设项目环境影响评价分类管理名录》，确定建设项目环境影响评价类别的重要依据是建设项目所处环境的（　　）。

A．区位　　B．敏感性质　　C．敏感区数量　　D．敏感程度

3．《建设项目环境影响评价分类管理名录》未作规定的建设项目，省级生态环境主管部门认为确有必要纳入建设项目环境影响评价管理的，可以根据建设项目的（　　）提出建议，报国务院生态环境主管部门认定。

A．污染因子　　B．生态影响因子特征

C．行业　　D．投资规模

E．所处环境的敏感性质和敏感程度

4．根据《建设项目环境影响评价分类管理名录》，下列关于环境影响评价分类管理中类别确定的说法，错误的是（　　）。

A．建设涉及环境敏感区的项目，应当严格按照《建设项目环境影响评价分类管理名录》确定其环境影响评价类别，不得擅自降低环境影响评价类别，但可以提高

B．建设内容涉及本名录中两个及以上项目类别的建设项目，其环境影响评价类别按其主导行业的等级确定

C．《建设项目环境影响评价分类管理名录》未作规定的建设项目，其环境影响评价类别只能由省级生态环境主管部门认定

D．建设项目所处环境的敏感性质和敏感程度，是确定建设项目环境影响评价类别的唯一依据

5．下列区域属于《建设项目环境影响评价分类管理名录》所指的环境敏感区的是（　　）。

A．基本草原　　B．地质公园

C．天然林　　D．结构性缺水地区

E．资源型缺水地区

6．下列区域属于《建设项目环境影响评价分类管理名录》所指的环境敏感区的是（　　）。

A．世界文化遗产地　　B．重要湿地

C．世界自然遗产地　　D．天然林

E．所有湿地

7．下列区域属于《建设项目环境影响评价分类管理名录》所指的环境敏感区的有（　　）。

A．居住区　　B．科研区

C．医疗卫生区域　　D．行政办公区

E．文化教育区域

8．下列区域属于《建设项目环境影响评价分类管理名录》所指的环境敏感区的有（　　）。

A．水土流失重点防治区　　B．沙化土地封禁保护区

C．封闭及半封闭海域　　D．重要水生生物的越冬场

E．重要水生生物的洄游通道

9．下列区域属于《建设项目环境影响评价分类管理名录》所指的环境敏感区的

有（　　）。

A．重要水生生物的自然产卵场及索饵场　　B．文物保护单位

C．封闭及半封闭湖泊　　D．高等院校

E．永久基本农田

10．下列区域属于《建设项目环境影响评价分类管理名录》所指的环境敏感区的有（　　）。

A．饮用水水源保护区　　B．天然渔场

C．珍稀濒危野生动植物天然集中分布区　　D．耕地

E．基本农田保护区

11．下列区域属于《建设项目环境影响评价分类管理名录》所指的环境敏感区的有（　　）。

A．森林公园　　B．自然保护区

C．风景名胜区　　D．博物馆

E．人工桉树林

12．下列区域属于《建设项目环境影响评价分类管理名录》所指的环境敏感区的有（　　）。

A．永久基本农田　　B．重点保护野生动物栖息地

C．水土流失重点治理区　　D．工业区

E．水土流失重点预防区

13．《建设项目环境影响评价分类管理名录》所称环境敏感区包括（　　）。

A．珊瑚礁　　B．基本草原

C．生态功能保护区　　D．沙化土地封禁保护区

E．以行政办公为主要功能的区域

14．根据《中华人民共和国环境影响评价法》，建设项目的环境影响报告书必须包括的内容有（　　）。

A．环境影响评价结论

B．环境风险影响评价

C．对建设项目实施环境监测的建议

D．建设项目对环境影响的经济损益分析

E．建设项目环境保护措施及其技术、经济论证

15．根据《中华人民共和国环境影响评价法》，（　　）是建设项目环境影响报告书中的法定内容。

A．建设项目概况

B．建设项目对环境可能造成影响的分析、预测和评估

C．对建设项目水土保持方案

D．建设项目周围环境现状

E．建设项目对环境影响的经济损益分析

16．根据《建设项目环境影响报告表》内容及格式的有关要求，建设项目环境影响报告表的结论与建议应当包括的内容有（　　）。

A．环境管理机构及定员　　B．实施环境监测的建议

C．污染防治措施的有效性　　D．建设项目环境可行性的明确结论

E．项目达标排放和总量控制的分析结论

17．根据《建设项目环境影响报告表》内容及格式的有关要求，建设项目环境影响报告表的结论和建议应包括（　　）。

A．清洁生产　　B．达标排放

C．总量控制的分析　　D．污染防治的有效性

E．经济损益分析

18．根据《建设项目环境影响报告表》内容及格式的有关要求，建设项目环境影响报告表的结论和建议应包括（　　）。

A．总量控制的分析　　B．污染防治的有效性

C．清洁生产　　D．达标排放

E．建设项目环境可行性

19．根据《中华人民共和国环境影响评价法》，建设项目的环境影响评价文件经批准后，建设项目的（　　）发生重大变动的，建设单位应当重新报批建设项目的环境影响评价文件。

A．采用的生产工艺　　B．地点

C．规模　　D．性质

E．防治污染、防止生态破坏的措施

20．根据《中华人民共和国环境影响评价法》，下列建设项目的环境影响评价文件经批准后，需经原审批部门再次报批的是（　　）。

A．建设项目的性质发生了重大变动

B．建设项目采用的生产工艺发生了重大变动

C．建设项目的地点发生了重大变动

D．建设项目防止生态破坏的措施发生了重大变动

E．建设项目自批准日超过五年才开工建设的

21．根据《中华人民共和国环境影响评价法》，建设项目建设过程中，建设单位应当同时实施（　　）。

A．环境影响报告书中提出的环境保护对策措施

B．环境影响评价文件审批部门审批意见中提出的环境保护对策措施

C．环境影响报告表中提出的环境保护对策措施

D．可研报告中提出的环境保护对策措施

22．根据《建设项目环境保护管理条例》，建设项目需要配套建设的环境保护设施，必须与主体工程（　　）。

A．同时设计　　B．同时施工　　C．同时竣工　　D．同时投产使用

23．根据《中华人民共和国环境影响评价法》，关于建设项目的环境影响后评价，下列说法正确的是（　　）。

A．组织开展建设项目环境影响后评价的单位是建设单位

B．开展建设项目环境影响后评价的时间是在项目完成之后

C．对建设项目的环境影响后评价以及所采取的措施，应当报原环境影响评价文件审批部门和建设项目审批部门备案

D．原环境影响评价文件审批部门可以责成建设单位进行环境影响后评价

E．所有编制环境影响报告书的建设项目均应当进行环境影响后评价

24．根据《中华人民共和国环境影响评价法》，建设项目可能造成的跨行政区域的不良环境影响，有关环境保护行政主管部门对该项目的环境影响评价结论有争议的，其环境影响评价文件由（　　）审批。

A．共同的上一级行政主管部门　　B．共同的上一级环境保护行政主管部门

C．上一级环境保护行政主管部门　　D．上一级行业主管部门

25．根据《建设项目环境影响评价文件分级审批规定》，（　　）的建设项目的环境影响文件由环境保护部负责审批。

A．国务院审批　　B．国家规定需要保密

C．国务院授权有关部门核准　　D．国务院有关部门备案

26．根据《中华人民共和国环境影响评价法》，下列建设项目的环境影响评价文件由国务院生态环境主管部门负责审批的有（　　）。

A．由国务院审批的建设项目

B．跨省、自治区、直辖市行政区域的建设项目

C．由国务院授权有关部门审批的建设项目

D．核设施、绝密工程等特殊性质的建设项目

27．根据《中华人民共和国环境影响评价法》，建设项目环境影响报告书应当包括的内容有（　　）。

A．环境影响评价结论

B．对建设项目实施环境监测的建议

C．建设项目对环境影响的经济损益分析

D．建设项目环境保护措施及其技术、经济论证

28．根据《中华人民共和国环境影响评价法》，建设项目环境影响评价文件经批准后，该项目的建设单位应当重新报批环境影响评价文件的情形有（　　）。

A．该项目采用的生产工艺发生重大变化

B．该项目的性质、规模、地点发生重大变化

C．该项目环境影响评价文件自批准之日起三年内未开工建设

D．该项目采用的防治污染、防止生态破坏的措施发生重大变化

29．根据环境保护部发布《环评管理中九种行业建设项目重大变动清单》（环发〔2015〕52 号），下列（　　）应当重新报批环境影响评价文件。

A．建设项目的性质发生了重大变动，且可能导致不利环境影响加重的

B．建设项目的规模发生重大变动，且可能导致不利环境影响加重的

C．建设项目地点发生变动

D．建设项目的生产工艺发生了重大变动，但可能导致不利环境影响不加重的

30．根据《关于实施“三线一单”生态环境分区管控的指导意见（试行）》，2023 年主要目标包括（　　）。

A．数据共享基本完善　　B．应用系统服务功能基本完善

C．生态环境分区管控制度基本完善　　D．政策管理体系较为完善

31．根据《关于实施“三线一单”生态环境分区管控的指导意见（试行）》，2025 年主要目标包括（　　）。

A．生态环境分区管控技术体系较为完善

B．生态环境分区管控政策管理体系较为完善

C．确立环境质量底线，测算污染物允许排放量

D．数据共享与应用系统服务效能显著提升

32．根据《建设项目危险废物环境影响评价指南》，（　　）属于危险废物建设项目产生量核算方法。

A．物料衡算法　　B．产排污系数法

C．类比法　　D．实测法

33．根据《建设项目危险废物环境影响评价指南》，关于危险废物建设项目产生量核算方法，说法正确的是（　　）。

A．对于改、扩建项目可采用实测法统计核算危险废物产生量

B．对于生产工艺成熟的项目，应通过产排污系数法分析估算危险废物产生量，必要时采用类比法校正，并明确类比条件、提供类比资料

C．若无法按物料衡算法估算危险废物产生量，可采用类比法估算，但应给出所类比项目的工程特征和产排污特征等类比条件

D．采用物料衡算法、类比法、实测法、产排污系数法等相结合的方法核算建设项目危险废物的产生量

34．根据《建设项目危险废物环境影响评价指南》，对（　　）中有重大环境风险，建设地点敏感，且持续排放重金属或者持久性有机污染物的建设项目，提出开展环境影响后评价要求，并将后评价作为其改扩建、技改环评管理的依据。

A．冶金行业　　B．石化行业

C．化工行业　　D．火电行业

35．根据《关于做好环境影响评价制度与排污许可制衔接相关工作的通知》，下列说法正确的是（　　）。

A．国家将分行业制定建设项目重大变动清单

B．环境影响报告书（表）经批准后，建设项目发生重大变动的，建设单位应当依法重新报批环境影响评价文件，并在申请排污许可时提交重新报批的环评批复（文号）

C．发生变动但不属于重大变动情形的建设项目，排污许可证核发部门按照污染物排放标准、总量控制要求、环境影响报告书（表）以及审批文件从严核发

D．环境保护部负责统一建设建设项目环评审批信息申报系统，并与全国排污许可证管理信息平台充分衔接

36．根据《关于做好环境影响评价制度与排污许可制衔接相关工作的通知》，对于分期建设的项目，下列说法正确的是（　　）。

A．环境影响报告书（表）以及审批文件应当列明分期建设内容

B．环境影响报告书（表）以及审批文件应当明确分期实施后排放口数量、位置以及每个排放口的污染物种类、允许排放浓度和允许排放量、排放方式、排放去向、自行监测计划等与污染物排放相关的主要内容

C．建设单位应分期申请排污许可证

D．分期实施的允许排放量之和可以高于建设项目的总允许排放量

37．根据《建设项目环境保护管理条例》，环境影响报告书、环境影响报告表审批应当重点审查的内容包括（　　）。

A．建设项目的环境可行性　　B．环境影响分析预测评估的可靠性

C．环境保护措施的有效性　　D．环境影响评价结论的科学性

38．根据《建设项目环境保护管理条例》，对（　　）的情形，环境保护行政主管部门应当对环境影响报告书、环境影响报告表做出不予批准。

A．建设项目类型及其选址、布局、规模等不符合环境保护法律法规和相关法定规划

B．所在区域环境质量未达到国家环境质量标准，且建设项目拟采取的措施不能

满足区域环境质量改善目标管理要求

C．建设项目采取的污染防治措施无法确保污染物排放达到国家和地方排放标准

D．建设项目未采取必要措施预防和控制生态破坏

39．根据《建设项目环境保护管理条例》，对（　　）的情形，环境保护行政主管部门应当对环境影响报告书、环境影响报告表做出不予批准。

A．改建、扩建和技术改造项目，未针对项目原有环境污染和生态破坏提出有效防治措施

B．建设项目的环境影响报告书、环境影响报告表的基础资料数据明显不实

C．建设项目的环境影响报告书、环境影响报告表的内容存在重大缺陷、遗漏

D．建设项目的环境影响报告书、环境影响报告表的环境影响评价结论不明确、不合理

40．根据《建设项目环境影响评价信息公开机制方案》，下列属于建设项目环境影响评价信息公开的内容是（　　）。

A．建设单位在建设项目环境影响报告书编制过程中，应当向社会公开建设项目的工程基本情况、拟定选址选线、周边主要保护目标的位置和距离、主要环境影响预测情况、拟采取的主要环境保护措施、公众参与的途径方式

B．建设单位在建设项目环境影响报告表编制过程中，应当向社会公开建设项目的工程基本情况、拟定选址选线、周边主要保护目标的位置和距离、主要环境影响预测情况、拟采取的主要环境保护措施、公众参与的途径方式

C．公开环境影响报告书（表）全本

D．公开建设项目开工前的信息

41．根据《建设项目环境影响评价信息公开机制方案》，属于建设项目环境影响评价信息公开的内容是（　　）。

A．公开环境影响报告书（表）全本

B．公开建设项目开工前的信息

C．公开建设项目建成后的信息

D．公开建设项目施工过程中的信息

42．根据《关于规划环境影响评价加强空间管制、总量管控和环境准入的指导意见（试行）》，纳入排放总量管控的主要污染物，除化学需氧量、氨氮、二氧化硫、氮氧化物外，一般应包括（　　）。

A．总磷　　B．挥发性有机物

C．烟粉尘　　D．苯

43．根据《关于规划环境影响评价加强空间管制、总量管控和环境准入的指导意见（试行）》，下列关于明确环境准入、推动产业转型升级的说法，正确的是（　　）。

A．在综合考虑规划空间管制要求、环境质量现状和目标等因素的基础上，论证区域产业发展定位的环境合理性，提出环境准入负面清单和差别化环境准入条件

B．对规划区域资源环境影响突出、经济社会贡献偏小的行业原则上应列入禁止准入类

C．根据环境保护政策规划、总量管控要求、清洁生产标准等，明确应限制或禁止的生产工艺或产品清单

D．当区域（流域）环境质量现状超标时，超标因子涉及的行业、工艺、产品等应列入禁止准入类

44．根据《建设项目环境影响登记表备案管理办法》，下列关于建设项目环境影响登记表备案说法，错误的是（　　）。

A．对国家规定需要保密的建设项目，建设项目环境影响登记表无须备案

B．各地环境保护行政主管部门需设立建设项目环境影响登记表网上备案系统

C．建设单位应当在建设项目建成并投入生产运营前，登录网上备案系统，在网上备案系统注册真实信息，在线填报并提交建设项目环境影响登记表

D．网上备案时，建设单位的法定代表人或者主要负责人无须签署姓名

45．根据《建设项目环境影响登记表备案管理办法》，建设项目环境影响登记表备案完成后，在（　　）情况下建设单位应当依照本办法规定再次办理备案手续。

A．建设单位在建设项目建成并投入生产运营前发生变更的

B．法定代表人在建设项目建成并投入生产运营前发生变更的

C．建设单位在建设项目投入生产运营后发生变更的

D．法定代表人在建设项目投入生产运营后发生变更的

46．根据《关于以改善环境质量为核心加强环境影响评价管理的通知》，“三挂钩”机制是指（　　）。

A．建立项目环评审批与战略环评联动机制

B．建立项目环评审批与规划环评联动机制

C．建立项目环评审批与现有项目环境管理联动机制

D．建立项目环评审批与区域环境质量联动机制

47．根据《关于以改善环境质量为核心加强环境影响评价管理的通知》，下列属于“三线一单”内容的是（　　）。

A．生态保护红线　　　　B．环境质量底线

C．资源利用下线　　　　D．资源利用上线

48．根据《“十三五”环境影响评价改革实施方案》，下列属于该方案内容的是（　　）。

A．推动战略和规划环评“落地” B．提高建设项目环评效能

C．不断强化事中事后监管 D．营造公平公开的环评技术服务市场

49．根据《“十三五”环境影响评价改革实施方案》，下列关于提高建设项目环评效能，重点把握（　　）等方面。

A．选址选线环境论证 B．环境影响预测

C．清洁生产 D．环境风险防控

50．根据《“十三五”环境影响评价改革实施方案》，下列关于不断强化事中事后监管的说法，正确的是（　　）。

A．取消环保竣工验收行政许可

B．强化环境影响跟踪评价

C．强化环境影响后评价

D．强化属地管理及环保层级监督，严肃查处项目环评违法行为

51．根据《关于生产和使用消耗臭氧层物质建设项目管理有关工作的通知》，下列说法错误的是（　　）

A．禁止新建、扩建生产和使用作为制冷剂、发泡剂、灭火剂、溶剂、清洗剂、加工助剂、气雾剂、土壤熏蒸剂等受控用途的消耗臭氧层物质的建设项目

B．改建、异址建设生产受控用途的消耗臭氧层物质的建设项目，禁止增加消耗臭氧层物质生产能力

C．新建、改建、扩建生产化工原料用途的消耗臭氧层物质的建设项目，生产的消耗臭氧层物质仅用于企业自身下游化工产品的专用原料用途，允许对外销售

D．新建、改建、扩建副产四氯化碳的建设项目，可以不配套建设四氯化碳处置设施

52．根据《关于加强“未批先建”建设项目环境影响评价管理工作的通知》，除（　　）外，建设项目开工建设是指建设项目的永久性工程正式破土开槽开始施工，在此以前的准备工作，如地质勘探、平整场地、拆除旧有建筑物、临时建筑、施工用临时道路、通水、通电等不属于开工建设。

A．火电项目 B．交通项目

C．水电项目 D．电网项目

53．根据《关于加强“未批先建”建设项目环境影响评价管理工作的通知》（环办环评〔2018〕18号），（　　）属于未批先建。

A．建设单位未依法报批建设项目环境影响报告书（表），擅自开工建设的行为

B．建设单位未依法重新报批或者重新审核环境影响报告书（表），擅自开工建

设的行为

C．建设项目环境影响报告书（表）未经批准，擅自开工建设的行为

D．建设项目环境影响报告书（表）未经原审批部门重新审核同意，擅自开工建设的行为

54．根据《城市轨道交通、水利（灌区工程）两个行业建设项目环境影响评价文件审批原则》，项目水资源开发利用符合（　　）原则，未超出流域区域水资源利用上限，灌溉定额、灌溉用水保证率、灌溉水有效利用系数满足流域区域用水效率控制要求。

A．以水定城　　B．以水定人

C．以水定产　　D．以水定地

55．根据《城市轨道交通、水利（灌区工程）两个行业建设项目环境影响评价文件审批原则》，项目对水生生态系统及鱼类等造成不利影响的，提出了（　　）等措施。项目对景观产生不利影响的，提出了避让、优化设计、景观塑造等措施。

A．优化工程设计及调度　　B．拦河闸坝建设过鱼设施

C．引水渠首设置拦鱼设施　　D．栖息地保护修复

E．增殖放流

56．《中国受控消耗臭氧层物质清单》，按照《议定书》及相关修正案规定，禁止生产和使用的选项为（　　）。

A．第六类含氢溴氟烃　　B．第五类含氢氯氟烃

C．第四类甲基氯仿　　D．第七类溴氯甲烷

57．根据《火电建设项目环境影响评价文件审批原则》，下列说法正确的是（　　）。

A．项目选址应符合生态环境分区管控以及能源、电力建设发展、热电联产等相关规划及规划环境影响评价要求

B．项目不得位于法律法规明令禁止建设的区域

C．项目应避开生态保护红线

D．位于缺水地区的，优先采用空冷节水技术

58．根据《现代煤化工建设项目环境影响评价文件审批原则》，下列说法正确的是（　　）。

A．项目选址应符合生态环境分区管控要求

B．新建现代煤化工项目应布设在依法合规设立的产业园区，并符合园区规划及规划环境影响评价要求

C．扩建现代煤化工项目应布设在依法合规设立的产业园区，并符合园区规划及规划环境影响评价要求

D．项目选址不得位于长江干支流岸线一公里范围内

59．根据《石化建设项目环境影响评价文件审批原则》，下列说法正确的是（　　）。

A．鼓励使用绿色原料、工艺及产品，使用清洁燃料、绿电、绿氢

B．鼓励实施循环经济，统筹利用园区内上下游资源

C．项目优先采用园区集中供热供气

D．鼓励使用可再生能源，原则上不得配备燃煤自备电厂，不设或少设自备锅炉

60．各级环境保护部门在召集港口、码头、桥梁、航道、水电、航电、水利等开发建设规划环境影响报告书审查时，涉及可能对水生生物资源及其生境造成不良影响的，应严格执行以下要求（　　）。

A．将渔业部门以及水生生态、水生生物资源、渔业资源（重点是鱼类）保护等方面的专家纳入审查小组

B．审查小组应将水生生物影响评价内容和有关结论作为审查重点之一，对可能造成重大不良环境影响的规划方案，应在书面审查意见中给出明确结论

C．审查小组成员应当客观、公正、独立地对环境影响报告书提出书面审查意见，规划审批机关、规划编制机关、审查小组的召集部门不得干预

D．形成审查意见前，需取得农业部门的同意

61．根据《关于进一步加强涉及自然保护区开发建设活动监督管理的通知》，以下说法正确的是（　　）。

A．禁止在自然保护区核心区、缓冲区、实验区开展任何开发建设活动，建设任何生产经营设施

B．对违法排放污染物和影响生态环境的项目，要责令限期整改；整改后仍不达标的，要坚决依法关停或关闭

C．建设项目选址（线）应尽可能避让自然保护区，确因重大基础设施建设和自然条件等因素限制无法避让的，要严格执行环境影响评价等制度

D．地方各有关部门要认真执行《国家级自然保护区调整管理规定》，从严控制自然保护区调整

62．下列不得作为编制环境影响报告书（表）的技术单位的是（　　）。

A．生态环境主管部门或者其他负责审批环境影响报告书（表）的审批部门设立的事业单位

B．由生态环境主管部门作为业务主管单位或者挂靠单位的社会组织，或者由其他负责审批环境影响报告书（表）的审批部门作为业务主管单位或者挂靠单位的社会组织

C．受生态环境主管部门或者其他负责审批环境影响报告书（表）的审批部门委托，

开展环境影响报告书（表）技术评估的单位

D．个体工商户、农村承包经营户

63．下列（　　）属于信用管理对象失信行为。

A．由两家以上单位主持编制环境影响报告书（表）或者由两名以上编制人员作为环境影响报告书（表）编制主持人的情形

B．环境影响报告书（表）编制单位未进行相关资料存档的情形

C．环境影响报告书（表）编制单位在信用平台提交的编制人员信息不完整的情形

D．环境影响报告书（表）编制单位未进行环境影响评价质量控制的情形

64．各级生态环境部门应加快推进“三线一单”成果在“两高”行业（　　）的应用。

A．产业布局　　B．结构调整

C．重大项目选址　　D．实施时序

65．新建、改建、扩建“两高”项目须满足（　　）要求。各级生态环境部门和行政审批部门要严格把关，对于不符合相关法律法规的，依法不予审批。

A．符合生态环境保护法律法规和相关法定规划

B．满足重点污染物排放总量控制、碳排放达峰目标、生态环境准入清单

C．满足相关规划环评、相应行业建设项目环境准入条件

D．满足环评文件审批原则要求

66．为改善区域环境质量，严格控制重点行业建设项目新增主要污染物排放，确保环境影响报告书及其批复文件要求的主要污染物排放量区域削减措施落实到位，以下属于严格控制重点行业的是（　　）。

A．燃煤发电（不含热电）　　B．燃煤发电（含热电）

C．有色金属冶炼　　D．制浆造纸行业

67．根据《矿产资源开发利用辐射环境影响评价专篇格式与内容（试行）》，下列属于矿产资源开发利用辐射环境影响评价专篇内容的是（　　）。

A．辐射环境质量现状调查　　B．“以新代老”措施

C．清洁生产　　D．“三关键”分析

68．根据《关于开展重点行业建设项目碳排放环境影响评价试点的通知》，实施碳排放环境影响评价，在河北、吉林、浙江、山东、广东、重庆、陕西等省（市）开展试点工作，下列属于试点行业的是（　　）。

A．煤化工　　B．建材　　C．制浆造纸　　D．电力

69．根据《火电建设项目环境影响评价文件审批原则》，下列说法正确的是（　　）。

A．粉煤灰、石灰石粉等物料应采用厂内封闭储存、密闭输送转移方式

B．煤炭等大宗物料中长距离运输优先采用铁路或水路运输

C．脱硫废水单独处理后优先回用，鼓励实现脱硫废水不外排

D．位于缺水地区的，优先采用空冷节水技术

70．根据《现代煤化工建设项目环境影响评价文件审批原则》，下列说法正确的是（　　）。

A．强化节水措施，减少新鲜水用量

B．缺水地区优先采用空冷、闭式循环等节水技术

C．严格控制工艺废气排放，原则上不得设置废气旁路，对于确需保留的应急类旁路，应安装流量计等自动监测设备

D．禁止生产工艺过程及相关物料储存、输送等无组织排放

71．根据《石化建设项目环境影响评价文件审批原则》，下列说法正确的是（　　）。

A．新建、扩建建设项目应符合园区规划及规划环境影响评价要求

B．项目选址不得位于黄河干支流岸线管控范围内等法律法规明令禁止的区域

C．项目选址应符合生态环境分区管控要求

D．项目应符合行业碳达峰碳中和目标、煤炭消费总量控制、重点污染物排放总量控制等政策要求

72．根据《钢铁/焦化建设项目环境影响评价文件审批原则》，下列说法正确的是（　　）。

A．长江经济带区域内禁止在合规园区外新建钢铁冶炼项目

B．沿黄重点地区禁止在合规园区外新建钢铁冶炼项目

C．长江经济带区域内禁止在合规园区外扩建钢铁冶炼项目

D．沿黄重点地区禁止在合规园区外改建钢铁冶炼项目

73．根据《钢铁/焦化建设项目环境影响评价文件审批原则》，以下说法正确的是（　　）。

A．钢铁联合企业新建焦炉须同步配套建设干熄焦装置

B．鼓励独立焦化企业新建焦炉同步配套建设干熄焦装置

C．鼓励采用机械化原料场、烧结烟气循环、烟气超低排放与碳减排协同技术

D．具备条件的地区，优先使用再生水、海水淡化水

74．根据《建设项目环境影响报告书（表）编制监督管理办法》，编制单位应当建立和实施覆盖环境影响评价全过程的质量控制制度，落实环境影响评价工作程序，并在（　　）环节形成可追溯的质量管理机制。

A．现场踏勘　　B．现状监测　　C．数据资料收集

D．环境影响预测　　E．环境影响报告书（表）编制审核

75. 根据《建设项目环境影响报告书（表）编制监督管理办法》，环境影响报告书（表）存在质量问题的，无论建设单位自行编制还是委托技术单位编制，都要追究建设单位责任；对编制单位和编制人员存在失信行为的，一律公开相关建设单位和报告书（表）基础信息。下列（　　）属于编制单位和编制人员的失信行为。

A. 未按照规定通过信用平台提交编制完成的环境影响报告书（表）基本情况信息

B. 未按照规定在信用平台变更相关信息发生变化的情况

C. 未按照规定将环境影响报告书（表）及其审批文件存档

D. 未按照规定建立环境影响报告书（表）编制工作完整档案

E. 未按照规定签订委托合同，约定双方的权利、义务和费用

76. 建设项目环境保护设施存在（　　）情形，建设单位不得提出验收合格的意见。

A. 未按环境影响报告书（表）及其审批部门审批决定要求建成环境保护设施，或者环境保护设施不能与主体工程同时投产或者使用的

B. 污染物排放不符合国家和地方相关标准、环境影响报告书（表）及其审批部门审批决定或者重点污染物排放总量控制指标要求的

C. 环境影响报告书（表）经批准后，该建设项目的性质、规模、地点、采用的生产工艺或者防治污染、防止生态破坏的措施发生重大变动，建设单位未重新报批环境影响报告书（表）或者环境影响报告书（表）未经批准的

D. 建设过程中造成重大环境污染未治理完成，或者造成重大生态破坏未恢复的

77. 根据《建设项目竣工环境保护验收暂行办法》，建设单位在完成验收监测报告编制、提出验收意见、编制其他需要说明的事项后，需要（　　）。

A. 向社会公开相关信息

B. 登录全国建设项目竣工环境保护验收信息系统平台填报相关验收情况

C. 建立完整档案，随时备查

D. 将验收报告寄送给环保部门

参考答案

一、单项选择题

1. A　2. A　3. C　4. D　5. D　6. D　7. A　8. C　9. A　10. C　11. A　12. C　13. A

14. D　【解析】建设单位应当在确定了承担环境影响评价工作的环境影响评价机构后 7 日内，向公众公告一次。第二次公示：建设项目环境影响报告书征求意

见稿形成后，建设单位应当公开下列信息，征求与该建设项目环境影响有关的意见，建设单位征求公众意见的期限不得少于 10 个工作日。第三次公示：第二十条 建设单位向生态环境主管部门报批环境影响报告书前，应当通过网络平台，公开拟报批的环境影响报告书全文和公众参与说明。

15．B　【解析】对编制环境影响报告表或者填报环境影响登记表的建设项目，《中华人民共和国环境影响评价法》并不要求征求有关单位、专家和公众的意见。但并不排除行政法规或者地方法规要求对可能对有关单位或者公众利益产生一定影响的建设项目，需征求有关单位、专家和公众的意见，如《建设项目环境保护管理条例》。

16．C　【解析】现在的公众意见调查基本是环评单位负责，受建设单位或规划单位的委托进行。因此，不要误认为公众意见调查是环评单位法定要做的事。2016 年修订的《建设项目环境影响评价技术导则　总纲》明确了公众参与需单独编制，独立成册。

17．D　18．A

19．B　【解析】《中华人民共和国环境影响评价法》是这样规定的：作为一项整体建设项目的规划，按照建设项目进行环境影响评价，不进行规划的环境影响评价。已经进行了环境影响评价的规划包含具体建设项目的，规划的环境影响评价结论应当作为建设项目环境影响评价的重要依据，建设项目环境影响评价的内容应当根据规划的环境影响评价审查意见予以简化。

20．D

21．A　【解析】国家对环境影响登记表实行备案管理。

22．B　【解析】《中华人民共和国环境影响评价法》删除了水土保持的内容，该内容不属于生态环境部门主管。

23．C　24．C

25．C　【解析】选项 B 的说法是旧环评法的内容。

26．D　27．A　28．D　29．C

30．B　【解析】《中华人民共和国环境影响评价法》第三章第二十三条：建设项目可能造成跨行政区域的不良环境影响，有关生态环境主管部门对该项目的环境影响评价结论有争议的，其环境影响评价文件由共同的上一级生态环境主管部门审批。

31．C　32．C　33．D　34．A　35．B　36．D

37．B　【解析】本题考察公众参与的主体。环评单位只是咨询单位，不是主体。

38．C

39．D 【解析】《中华人民共和国海洋环境保护法》第四十三条：环境保护行政主管部门在批准环境影响报告书（表）之前，必须征求海洋、海事、渔业行政主管部门和军队环境保护部门的意见。

40．C

41．B 【解析】《环境影响评价公众参与办法》第二十条：建设单位向生态环境主管部门报批环境影响报告书前，应当通过网络平台，公开拟报批的环境影响报告书全文和公众参与说明。

42．C

43．B 【解析】是否有行业主管部门不影响审批时限。

44．A 45．B 46．A 47．A 48．A

49．C 【解析】选项C的正确说法是：未列入《国家危险废物名录》，但从工艺流程及产生环节、主要成分、有害成分等角度分析可能具有危险特性的固体废物，环评阶段可类比相同或相似的固体废物危险特性判定结果，也可选取具有相同或相似性的样品，按照《危险废物鉴别技术规范》（HJ 298）、《危险废物鉴别标准》（GB 5085.1～GB 5085.6）等国家规定的危险废物鉴别标准和鉴别方法予以认定。

50．C 【解析】选项C属于环境影响分析的内容。

51．D 【解析】采用物料衡算法、类比法、实测法、产排污系数法等相结合的方法核算建设项目危险废物的产生量。

52．D 【解析】改、扩建项目的环境影响评价应当将排污许可证执行情况作为现有工程回顾评价的主要依据。

53．A 【解析】环境影响评价制度是建设项目的环境准入门槛，是申请排污许可证的前提和重要依据。

54．D 【解析】选项A的正确说法是：建设项目发生实际排污行为之前，排污单位应当按照国家环境保护相关法律法规以及排污许可证申请与核发技术规范要求，不得无证排污或不按证排污。先有排污许可证，后验收。选项B的正确说法是：环境影响报告书（表）2015年1月1日（含）后获得批准的建设项目，其环境影响报告书（表）以及审批文件中与污染物排放相关的主要内容应当纳入排污许可证。选项C中，验收的主体是建设单位，不是环保部门。

55．C 56．D 57．D 58．B 59．A 60．B 61．B 62．A 63．C

64．B 【解析】第七条：建设项目环境影响登记表备案采用网上备案方式。对国家规定需要保密的建设项目，建设项目环境影响登记表备案采用纸质备案方式。

65．C 【解析】选项B的正确说法是：建设单位对其填报的建设项目环境影响登记表内容的真实性、准确性和完整性负责。选项D的正确说法是：建设项目的建设地点涉及多个县级行政区域的，建设单位应当分别向各建设地点所在地的县级环境保护主管部门备案。

66．B　【解析】建设单位未依法备案建设项目环境影响登记表的，由县级环境保护主管部门根据《中华人民共和国环境影响评价法》第三十一条第三款的规定，责令备案，处五万元以下的罚款。

67．C　【解析】将公参意见作为完善和强化建设项目环保措施的重要手段。

68．B　【解析】建设单位未依法报批建设项目环境影响报告书、报告表，或者未依照本法第二十四条的规定重新报批或者报请重新审核环境影响报告书、报告表，擅自开工建设的，由县级以上环境保护行政主管部门责令停止建设，根据违法情节和危害后果，处建设项目总投资额百分之一以上百分之五以下的罚款，并可以责令恢复原状；对建设单位直接负责的主管人员和其他直接责任人员，依法给予行政处分。

69．D　【解析】违法行为在两年内未被发现的，不再给予行政处罚。法律另有规定的除外。前款规定的期限，从违法行为发生之日起计算；违法行为有连续或者继续状态的，从行为终了之日起计算。

70．A　【解析】各级环境保护部门要按照“属地管理”原则，对“未批先建”建设项目进行拉网式排查并依法予以处罚。

71．A　【解析】按照《关于印发制浆造纸等十四个行业建设项目重大变动清单的通知》（环办环评〔2018〕6 号），化肥（氮肥）建设项目重大变动清单中，建设规模发生的变动包括：合成氨或尿素、硝酸铵等主要氮肥产品生产能力增加 30%及以上。

72．B　【解析】按照《关于印发制浆造纸等十四个行业建设项目重大变动清单的通知》（环办环评〔2018〕6 号），纺织印染建设项目重大变动清单中，建设规模发生的变动包括：纺织品制造洗毛、染整、脱胶或缫丝规模增加 30%及以上，其他原料加工（编织物及其制品制造除外）规模增加 50%及以上；服装制造湿法印花、染色或水洗规模增加 30%及以上，其他原料加工规模增加 50%及以上（100 万件/年以下的除外）。

73．D　【解析】按照《关于印发制浆造纸等十四个行业建设项目重大变动清单的通知》（环办环评〔2018〕6 号），钢铁建设项目重大变动清单中，建设规模发生的变动包括：烧结、炼铁、炼钢工序生产能力增加 10%及以上；球团、轧钢工序生产能力增加 30%及以上。

74．D　【解析】《在国家级自然保护区修筑设施审批管理暂行办法》第十四条规定，违反本办法规定，未经批准擅自在国家级自然保护区修筑设施的，县级以上人民政府林业主管部门应当责令停止建设或者使用设施，并采取补救措施。

75．D　【解析】海洋油气勘探工程应当填报环境影响登记表并进行备案。

76．C　　77．A

78. A 【解析】《建设项目环境影响报告书（表）编制监督管理办法》第二条：建设单位可以委托技术单位对其建设项目开展环境影响评价，编制环境影响报告书（表）；建设单位具备环境影响评价技术能力的，可以自行对其建设项目开展环境影响评价，编制环境影响报告书（表）。

79. C 【解析】《建设项目环境影响报告书（表）编制监督管理办法》第三十四条：失信行为和失信记分相关情况在信用平台的公开期限为五年。禁止从事环境影响报告书（表）编制工作的技术单位和终身禁止从事环境影响报告书（表）编制工作的编制人员，其失信行为和失信记分永久公开。

80. D 【解析】《建设项目环境影响报告书（表）编制监督管理办法》第四十条：信用管理对象列入本办法规定的守信名单、重点监督检查名单、限期整改名单和“黑名单”的相关情况在信用平台的公开期限为五年。

81. D

82. D 【解析】《关于加强高耗能、高排放建设项目生态环境源头防控的指导意见》第三项提出推进“两高”行业减污降碳协同控制，提升清洁生产和污染防治水平。新建、扩建“两高”项目应采用先进适用的工艺技术和装备，单位产品物耗、能耗、水耗等达到清洁生产先进水平，依法制定并严格落实防治土壤与地下水污染的措施。

83. B 84. B

85. D 【解析】根据《建设项目环境影响报告书（表）编制监督管理办法》第十一条第四款规定，相关信息发生变化的，应当自发生变化之日起二十个工作日内在信用平台变更。

86. D

87. D 【解析】根据《建设项目竣工环境保护验收暂行办法》第三条规定，建设项目竣工环境保护验收的主要依据包括：（一）建设项目环境保护相关法律、法规、规章、标准和规范性文件；（二）建设项目竣工环境保护验收技术规范；（三）建设项目环境影响报告书（表）及审批部门审批决定。

88. A 【解析】根据《建设项目竣工环境保护验收暂行办法》第十四条，建设单位应当通过其网站或者其他便于公众知晓的方式向社会公开相关信息。

二、不定项选择题

1. ABC 2. D 3. ABE 4. ABCD 5. ABC 6. ABCD 7. ABCDE 8. ABCDE 9. ABDE 10. AB 11. ABCD 12. ABCE 13. BDE

14. ACDE 【解析】《中华人民共和国环境影响评价法》对建设项目环境影响报告书的内容列了七条。从考试的角度来说，明确按照法中的内容回答，不能脱离法中的规定。

15．ABDE　【解析】涉及水土保持的建设项目，必须有经水行政主管部门审查同意的水土保持方案。其他建设项目如果不涉及水土保持的内容，则不一定要有水土保持方案。

16．CDE　17．ABCD　18．ABCDE　19．ABCDE　20．ABCD　21．ABC　22．ABD

23．ACD　【解析】开展建设项目环境影响后评价的时间范围是“建设项目建设、运行过程中”，也就是说，只要建设项目经批准开工建设，直至项目完工，项目正常运行的整个阶段，都可进行环境影响后评价，而不仅仅局限在项目完成后，因此 B 是错误的。并不是所有编制环境影响报告书的建设项目均应当进行环境影响后评价，只有“产生不符合经审批的环境影响评价文件的情况”才要进行后评价。后评价的具体内容见后评价管理办法。

24．B

25．ABC　【解析】此题为高频考点。注意下列情况也由环境保护部负责审批：由国务院审批或核准的建设项目，由国务院授权有关部门审批或核准的建设项目，由国务院有关部门备案的对环境可能造成重大影响的特殊性质的建设项目。从上述可知，并不是由国务院有关部门备案的所有项目都由环境保护部负责审批。

26．ABCD　27．ABCD　28．ABD

29．AB　【解析】建设项目的性质、规模、地点、生产工艺和环境保护措施五个因素中的一项或一项以上发生重大变动，且可能导致环境影响显著变化（特别是不利环境影响加重）的，界定为重大变动。属于重大变动的应当重新报批环境影响评价文件，不属于重大变动的纳入竣工环境保护验收管理。这里注意“重大变动”以及同时满足“可能导致环境影响显著变化（特别是不利环境影响加重）的”应当重新报批环境影响评价文件。选项 C 并没有明确可能导致的环境影响情况。

30．ABC　31．ABD　32．ABCD

33．ACD　【解析】对于生产工艺成熟的项目，应通过物料衡算法分析估算危险废物产生量，必要时采用类比法、产排污系数法校正，并明确类比条件、提供类比资料；若无法按物料衡算法估算，可采用类比法估算，但应给出所类比项目的工程特征和产排污特征等类比条件；对于改、扩建项目，可采用实测法统计核算危险废物产生量。

34．ABC　【解析】对冶金、石化和化工行业中有重大环境风险，建设地点敏感，且持续排放重金属或者持久性有机污染物的建设项目，提出开展环境影响后评价要求，并将后评价作为其改扩建、技改环评管理的依据。

35．ABD　【解析】选项 B、C 注意时间节点。

36. ABC 【解析】选项 D 的正确说法是：分期实施的允许排放量之和不得高于建设项目的总允许排放量。

37. ABCD 【解析】环境保护行政主管部门审批环境影响报告书、环境影响报告表，应当重点审查建设项目的环境可行性、环境影响分析预测评估的可靠性、环境保护措施的有效性、环境影响评价结论的科学性等。

38. ABCD 【解析】五种情形不予批准，同时注意结合实际项目命题。

39. ABCD

40. ACD 【解析】环境影响报告表在编制过程中不需要公开。

41. ABCD

42. ABC 【解析】（十一）根据国家、地方环境质量改善目标及相关行业污染控制要求，结合现状环境污染特征和突出环境问题，确定纳入排放总量管控的主要污染物。一般应包括化学需氧量、氨氮、总磷/磷酸盐等水污染因子，二氧化硫、氮氧化物、挥发性有机物、烟粉尘等大气污染因子，以及其他与区域突出环境问题密切相关的主要特征污染因子。

43. ABC 【解析】（二十一）当区域（流域）环境质量现状超标时，应在推动落实污染物减排方案的同时，根据环境质量改善目标，针对超标因子涉及的行业、工艺、产品等，提出更加严格的环境准入要求。

44. ABD 【解析】对国家规定需要保密的建设项目，建设项目环境影响登记表备案采用纸质备案方式。第八条：环境保护部统一布设建设项目环境影响登记表网上备案系统。第十一条：建设单位填报建设项目环境影响登记表时，应当同时就其填报的环境影响登记表内容的真实、准确、完整做出承诺，并在登记表中的相应栏目由该建设单位的法定代表人或者主要负责人签署姓名。

45. AB 【解析】第十三条：建设项目环境影响登记表备案完成后，建设单位或者其法定代表人或者主要负责人在建设项目建成并投入生产运营前发生变更的，建设单位应当依照本办法规定再次办理备案手续。投入生产运营后发生了变更，该办法并没有具体说明，应根据《中华人民共和国环境影响评价法》的要求办理。

46. BCD

47. ABD 【解析】选项 C 是“资源利用上线”不是“资源利用下线”。

48. ABCD 49. ABD

50. ACD 【解析】对于取消环保竣工验收行政许可后，建设项目在投入生产或者使用前，建设单位应当依据环评文件及其审批意见，委托第三方机构编制建设项目环境保护设施竣工验收报告，向社会公开并向环保部门备案。

51. CD 【解析】C 选项的正确说法是：新建、改建、扩建生产化工原料用途的消耗臭氧层物质的建设项目，生产的消耗臭氧层物质仅用于企业自身下游化工产品的专用原料用途，不得对外销售；D 选项的正确说法是：新建、改建、扩建副产四氯化碳的建设项目，应当配套建设四氯化碳处置设施。

52．ACD　【解析】除火电、水电和电网项目外，建设项目开工建设是指建设项目的永久性工程正式破土开槽开始施工，在此以前的准备工作，如地质勘探、平整场地、拆除旧有建筑物、临时建筑、施工用临时道路、通水、通电等不属于开工建设。

53．ABCD　【解析】《关于加强“未批先建”建设项目环境影响评价管理工作的通知》（环办环评〔2018〕18 号）一、“未批先建”违法行为是指建设单位未依法报批建设项目环境影响报告书（表），或者未按照《中华人民共和国环境影响评价法》第二十四条的规定重新报批或者重新审核环境影响报告书（表），擅自开工建设的违法行为，一级建设项目环境影响报告书（表）未经批准或者未经原审批部门重新审核同意，建设单位擅自开工建设的违法行为。

54．CD　【解析】项目水资源开发利用符合以水定产、以水定地原则，未超出流域区域水资源利用上限，灌溉定额、灌溉用水保证率、灌溉水有效利用系数满足流域区域用水效率控制要求。

55．ABCDE　【解析】项目对水生生态系统及鱼类等造成不利影响的，提出了优化工程设计及调度、拦河闸坝建设过鱼设施、引水渠首设置拦鱼设施、栖息地保护修复、增殖放流等措施。项目对景观产生不利影响的，提出了避让、优化设计、景观塑造等措施。

56．AD　57．ABCD　58．ABCD　59．ABCD　60．ABC　61．BCD　62．ABC　63．ABCD　64．ABC　65．ABCD

66．BCD　【解析】重点行业包括石化、煤化工、燃煤发电（含热电）、钢铁、有色金属冶炼、制浆造纸行业新增主要污染物排放量的建设项目。

67．ABD　68．ABD　69．ABCD　70．ABC　71．ABCD　72．ABC　73．ABCD

74．ABCDE　【解析】根据《建设项目环境影响报告书（表）编制监督管理办法》第十三条第一款规定，编制单位应当在上述五个环节形成可追溯的质量管理机制。

75．ABCDE　【解析】根据《建设项目环境影响报告书（表）编制监督管理办法》第十四条、第十一条、第十五条、第十二条等规定，上述五种行为都属于编制单位和编制人员的失信行为。

76．ABCD

77．ABC　【解析】根据《建设项目竣工环境保护验收暂行办法》第十四条和第十五条，建设单位在完成验收监测报告编制、提出验收意见、编制“其他需要说明的事项”后，需要向社会公开相关信息，登录全国建设项目竣工环境保护验收信息系统平台填报相关验收情况，并建立完整档案，随时备查。

第四章　建设项目环境影响后评价

一、单项选择题（每题的备选选项中，只有一个最符合题意）

1．根据《建设项目环境影响后评价管理办法》，下列关于环境影响后评价的概念，说法错误的是（　　）。

A．环境影响后评价只针对编制环境影响报告书的建设项目

B．通过环境保护设施竣工验收且稳定运行一定时期后的建设项目才进行环境影响后评价

C．环境影响后评价要进行跟踪监测和验证评价

D．建设项目取得批复后，环境保护设施在没有竣工验收前，项目的规模和环境保护措施发生了重大变动要进行环境影响后评价

2．根据《建设项目环境影响后评价管理办法》，下列（　　）建设项目在运行过程中产生不符合经审批的环境影响报告书情形的，应当开展环境影响后评价。

A．水利、水电、港口、公路行业中实际环境影响程度和范围较大，且主要环境影响在项目建成运行一定时期后逐步显现的建设项目

B．有重大环境风险，建设地点敏感，且持续排放重金属或者持久性有机污染物的冶金、石化和化工项目

C．有重大环境风险，建设地点敏感，且持续排放大量污染物的冶金、石化和化工项目

D．环境保护主管部门认为应当开展环境影响后评价的建设项目

3．根据《建设项目环境影响后评价管理办法》，环境影响后评价的编制主体是（　　）。

A．建设单位　　　　B．环境影响评价机构

C．大专院校　　　　D．当地环境保护管理部门

4．根据《建设项目环境影响后评价管理办法》，下列关于可以承担后评价文件编制的机构的说法，错误的是（　　）。

A．编制建设项目环境影响报告书的环境影响评价机构，原则上不得承担该建设项目环境影响后评价文件的编制工作

B．工程设计单位可以编写

C．某高等院校可以编写

D．一定要具有相应类别的环境影响评价机构才能编写

5．根据《建设项目环境影响后评价管理办法》，下列不属于后评价文件的内容的是（　　）。

A．建设项目过程回顾　　B．清洁生产评价

C．环境影响预测验证　　D．环境保护补救方案和改进措施

6．根据《建设项目环境影响后评价管理办法》，下列不属于后评价文件的内容的是（　　）。

A．区域环境变化评价　　B．建设项目工程评价

C．环境风险分析　　D．环境保护措施有效性评估

7．根据《建设项目环境影响后评价管理办法》，建设项目环境影响后评价应当在建设项目正式投入生产或者运营后（　　）开展。

A．一至二年内　　B．三至四年内

C．三至五年内　　D．三至六年内

二、不定项选择题（每题的备选项中至少有一个符合题意）

1．根据《建设项目环境影响后评价管理办法》，下列关于环境影响后评价的概念，说法正确的有（　　）。

A．环境影响后评价是提高环境影响评价有效性的一种方法与制度

B．环境影响后评价是对建设项目实际产生的环境影响以及污染防治、生态保护和风险防范措施的有效性进行跟踪监测和验证评价

C．通过环境保护设施竣工验收后的建设项目都要进行环境影响后评价

D．环境影响后评价要提出补救方案或者改进措施

2．根据《建设项目环境影响后评价管理办法》，对于有重大环境风险，建设地点敏感的冶金、石化和化工行业中的建设项目，还需满足下列（　　）情况，应当开展环境影响后评价。

A．持续排放重金属　　B．持续排放大量污染物

C．持续排放总量控制指标　　D．排放持久性有机污染物

3．根据《建设项目环境影响后评价管理办法》，下列（　　）建设项目在运行过程中产生不符合经审批的环境影响报告书情形的，应当开展环境影响后评价。

A．水利、水电、采掘、港口、铁路行业中实际环境影响程度和范围较大，且主要环境影响在项目建成运行一定时期后逐步显现的建设项目

B．有重大环境风险，建设地点敏感，且持续排放重金属或者持久性有机污染物的冶金、石化和化工项目

C．环境保护主管部门认为应当开展环境影响后评价的建设项目

D．穿越重要生态环境敏感区的建设项目

4．根据《建设项目环境影响后评价管理办法》，可以承担后评价文件编制的机构有（　　）。

A．环境影响评价机构　　B．大专院校

C．工程设计单位　　D．技术评估机构

5．根据《建设项目环境影响后评价管理办法》，（　　）是环境影响后评价文件应当包括的内容。

A．区域环境变化评价　　B．环境保护补救方案和改进措施

C．建设项目工程评价　　D．环境保护措施有效性评估

6．根据《建设项目环境影响后评价管理办法》，（　　）是环境影响后评价文件包括的内容。

A．建设项目过程回顾　　B．环境影响预测验证

C．环境损益分析　　D．环境风险评价

7．根据《建设项目环境影响后评价管理办法》，（　　）属于环境影响后评价文件中的“建设项目过程回顾”。

A．环境影响评价情况　　B．环境保护设施竣工验收情况

C．公众意见收集调查情况　　D．环境监测情况

8．根据《建设项目环境影响后评价管理办法》，（　　）属于环境影响后评价文件中的“区域环境变化评价”。

A．周围区域环境敏感目标变化　　B．污染源变化

C．环境质量现状和变化趋势分析　　D．环境风险变化

9．根据《建设项目环境影响后评价管理办法》，下列关于建设项目环境影响后评价的时限要求的说法，正确的是（　　）。

A．建设项目环境影响后评价应当在建设项目正式投入生产一至三年内开展

B．建设项目环境影响后评价应当在建设项目正式运营后三至五年内开展

C．原审批环境影响报告书的环境保护主管部门可以根据建设项目的环境影响和环境要素变化特征，确定开展环境影响后评价的时限

D．当地环境保护主管部门可以根据建设项目的环境影响和环境要素变化特征，确定开展环境影响后评价的时限

参考答案

一、单项选择题

1. D 【解析】建设项目的性质、规模、地点、生产工艺和环境保护措施五个因素中的一项或一项以上发生重大变动，且可能导致环境影响显著变化（特别是不利环境影响加重）的，应当重新报批环境影响评价文件。

2. B 【解析】选项 A 的正确说法是：水利、水电、采掘、港口、铁路行业中实际环境影响程度和范围较大，且主要环境影响在项目建成运行一定时期后逐步显现的建设项目。选项 C 的正确说法是：冶金、石化和化工行业中有重大环境风险，建设地点敏感，且持续排放重金属或者持久性有机污染物的建设项目。选项 D 的正确说法是：审批环境影响报告书的环境保护主管部门认为应当开展环境影响后评价的其他建设项目。

3. A 【解析】建设单位或者生产经营单位负责组织开展环境影响后评价工作，编制环境影响后评价文件，并对环境影响后评价结论负责。编制主体是建设单位或者生产经营单位，但也可以委托环境影响评价机构、工程设计单位、大专院校等机构编写。

4. D 【解析】对于环境影响评价机构，没有与建设项目相应类别也可以编写。

5. B 【解析】《建设项目环境影响后评价管理办法（试行）》第七条。

6. C 【解析】《建设项目环境影响后评价管理办法（试行）》第八条。

7. C 【解析】建设项目环境影响后评价应当在建设项目正式投入生产或者运营后三至五年内开展。原审批环境影响报告书的环境保护主管部门也可以根据建设项目的环境影响和环境要素变化特征，确定开展环境影响后评价的时限。

二、不定项选择题

1. ABD 【解析】环境影响后评价指编制环境影响报告书的建设项目在通过环境保护设施竣工验收且稳定运行一定时期后，对其实际产生的环境影响以及污染防治、生态保护和风险防范措施的有效性进行跟踪监测和验证评价，并提出补救方案或者改进措施，提高环境影响评价有效性的方法与制度。

2. AD 【解析】冶金、石化和化工行业中有重大环境风险，建设地点敏感，且持续排放重金属或者持久性有机污染物的建设项目应当开展环境影响后评价。该条满足的条件较多，并不是所有的冶金、石化和化工行业的建设项目都应开展环境影响后评价。

3．ABD 【解析】选项C的正确说法是：审批环境影响报告书的环境保护主管部门认为应当开展环境影响后评价的其他建设项目。也就是说并不是所有的环境保护主管部门都有权限要求开展环境影响后评价。

4．ABCD 【解析】建设单位或者生产经营单位可以委托环境影响评价机构、工程设计单位、大专院校和相关评估机构等编制环境影响后评价文件。编制建设项目环境影响报告书的环境影响评价机构，原则上不得承担该建设项目环境影响后评价文件的编制工作。后评价报告的编制单位没有硬性规定，不像环评文件那样，一定要由相应类别的环评机构编写。

5．ABCD 【解析】建设项目环境影响后评价文件应当包括七个方面的内容：建设项目过程回顾、建设项目工程评价、区域环境变化评价、环境保护措施有效性评估、环境影响预测验证、环境保护补救方案和改进措施、环境影响后评价结论。

6．AB 【解析】其他两个选项是环境影响报告书的内容。

7．ABCD 【解析】建设项目过程回顾包括环境影响评价、环境保护措施落实、环境保护设施竣工验收、环境监测情况，以及公众意见收集调查情况等。

8．ABC 【解析】区域环境变化评价包括建设项目周围区域环境敏感目标变化、污染源或者其他影响源变化、环境质量现状和变化趋势分析等。

9．BC 【解析】建设项目环境影响后评价应当在建设项目正式投入生产或者运营后三至五年内开展。原审批环境影响报告书的环境保护主管部门也可以根据建设项目的环境影响和环境要素变化特征，确定开展环境影响后评价的时限。

第五章　环境影响评价相关法律法规

一、单项选择题（每题的备选选项中，只有一个最符合题意）

1. 根据《中华人民共和国大气污染防治法》，下列关于大气污染物排放标准的说法，错误的是（　　）。

A. 省级环境保护主管部门可以制定大气污染物排放标准

B. 国务院环境保护主管部门可以制定大气污染物排放标准

C. 制定大气污染物排放标准，应当组织专家进行审查和论证

D. 大气污染物排放标准的执行情况应当定期进行评估，根据评估结果对标准适时进行修订

2. 根据《中华人民共和国大气污染防治法》，未达到国家大气环境质量标准城市的（　　）应当及时编制大气环境质量限期达标规划，采取措施。

A. 人民政府　　B. 环境保护主管部门

C. 省级环境保护主管部门　　D. 人民代表大会

3. 根据《中华人民共和国大气污染防治法》，国家对（　　）实行总量控制。

A. 所有大气污染物排放　　B. 主要大气污染物排放

C. 重点大气污染物排放　　D. 部分大气污染物排放

4. 根据《中华人民共和国大气污染防治法》，（　　）应当按照国务院下达的总量控制目标，控制或者削减本行政区域的重点大气污染物排放总量实行总量控制。

A. 省、自治区、直辖市人民政府　　B. 地方人民政府

C. 省级环境保护主管部门　　D. 地级环境保护主管部门

5. 根据《中华人民共和国大气污染防治法》，（　　）负责统一发布本行政区域大气环境质量状况信息。

A. 县级以上地方人民政府环境保护主管部门

B. 省级人民政府环境保护主管部门

C. 县级以上地方人民政府

D. 省级人民政府

6. 根据《中华人民共和国大气污染防治法》，下列关于燃煤污染防治规定的说法，错误的是（　　）。

A．国家鼓励煤矿企业等采用合理、可行的技术措施，对煤层气进行开采利用，对煤矸石进行综合利用

B．地方各级人民政府禁止使用不符合民用散煤质量标准的煤炭

C．禁止进口、销售和燃用不符合质量标准的石油焦

D．单位存放煤炭、煤矸石、煤渣、煤灰等物料，应当采取防燃措施，防止大气污染

7．根据《中华人民共和国大气污染防治法》，关于禁燃区的规定，下列说法中正确的是（　　）。

A．地方人民政府可以划定并公布高污染燃料禁燃区

B．在禁燃区内，限制销售、燃用高污染燃料

C．在禁燃区内，限制新建、扩建燃用高污染燃料的设施

D．在禁燃区内，已建成高污染燃料的设施的，应当在规定的期限内改用清洁能源

8．根据《中华人民共和国大气污染防治法》，下列关于燃煤污染防治规定的说法，错误的是（　　）。

A．在燃煤供热地区，推进热电联产和集中供热

B．在集中供热管网覆盖地区，禁止新建、扩建分散燃煤供热锅炉

C．在集中供热管网覆盖地区，已建成的不能达标排放的燃煤供热锅炉，应当在城市人民政府规定的期限内治理

D．高污染燃料的目录由国务院生态环境主管部门确定

9．根据《中华人民共和国大气污染防治法》，下列关于工业污染防治的说法，正确的是（　　）。

A．国家鼓励生产、进口、销售和使用中毒、中挥发性有机溶剂

B．产生含挥发性有机物废气的生产和服务活动，应当在密闭空间或者设备中进行，无法密闭的，应当采取措施减少废气排放

C．国家鼓励加油加气站按照国家有关规定安装油气回收装置并保持正常使用

D．国家鼓励储油储气库按照国家有关规定安装油气回收装置并保持正常使用

10．根据《中华人民共和国大气污染防治法》，对于工业涂装企业，下列说法正确的是（　　）。

A．使用的涂料应建立台账，记录生产原料、辅料的使用量、废弃量、去向以及挥发性有机物含量

B．鼓励使用低挥发性有机物含量的涂料

C．产生含挥发性有机物废气的生产尽可能在密闭空间或者设备中进行

D．使用涂料台账保存期限不得少于二年

11．根据《中华人民共和国大气污染防治法》，对于工业生产中产生的可燃性气体，下列说法中正确的是（　　）。

A．向大气排放转炉气、电石气、电炉法黄磷尾气、有机烃类尾气的，须报经当地人民政府批准

B．工业生产中产生的可燃性气体应当回收利用，不具备回收利用条件而向大气排放的，应当进行防治污染处理

C．可燃性气体回收利用装置不能正常作业的，必须停产修复

D．在回收利用装置不能正常作业期间确需排放可燃性气体的，报经当地人民政府批准后可以排放

12．根据《中华人民共和国大气污染防治法》，（　　）应当加强对建设施工和运输的管理，保持道路清洁，控制料堆和渣土堆放，扩大绿地、水面、湿地和地面铺装面积，防治扬尘污染。

A．地方住房城乡建设主管部门　　B．地方各级人民政府

C．地方市容环境卫生主管部门　　D．地方环境保护主管部门

13．根据《中华人民共和国大气污染防治法》，关于扬尘污染防治的有关规定，说法正确的是（　　）。

A．施工单位应当将防治扬尘污染的费用列入工程造价，建设单位应当制定具体的施工扬尘污染防治实施方案

B．暂时不能开工的建设用地，超过两个月的，建设单位应当进行绿化、铺装或者遮盖

C．装卸物料应当采取密闭或者喷淋等方式防治扬尘污染

D．运输煤炭、垃圾、渣土、砂石、土方、灰浆等散装、流体物料的车辆根据实际情况的路线行驶

14．根据《中华人民共和国大气污染防治法》，（　　）应当推动转变农业生产方式，发展农业循环经济，加大对废弃物综合处理的支持力度，加强对农业生产经营活动排放大气污染物的控制。

A．地方农业主管部门　　B．地方各级人民政府

C．地方市容环境卫生主管部门　　D．地方环境保护主管部门

15．根据《中华人民共和国大气污染防治法》，禁止在（　　）对树木、花草喷洒剧毒、高毒农药。

A．城市　　B．城镇

C．人口集中地区　　D．农村

16．根据《中华人民共和国大气污染防治法》，（　　）应当划定区域，禁止露天焚烧秸秆、落叶等产生烟尘污染的物质。

A．省、自治区、直辖市人民政府　　B．当地人民政府

C．城市人民政府　　D．省级环境保护主管部门

17．根据《中华人民共和国大气污染防治法》，下列关于向大气排放恶臭气体污染防治的有关规定，正确的是（　　）。

A．产生恶臭气体的企业事业单位应当科学选址，设置合理的安全防护距离

B．产生恶臭气体的企业事业单位应当科学选址，设置合理的卫生防护距离

C．排放油烟的餐饮服务业经营者应当安装油烟净化设施并保持正常使用

D．禁止在城市地区焚烧垃圾

18．根据《中华人民共和国大气污染防治法》，下列关于油烟防治的说法，错误的是（　　）。

A．餐饮服务业经营者应当安装油烟净化设施并保持正常使用

B．排放油烟的餐饮服务业经营者应当采取油烟净化措施，使油烟达标排放

C．不得在当地人民政府禁止的区域内露天烧烤

D．禁止在居民住宅楼新建、改建、扩建产生油烟、异味、废气的餐饮服务项目

19．根据《中华人民共和国大气污染防治法》，在人口集中地区和其他依法需要特殊保护的区域内，下列（　　）不是禁止焚烧的。

A．沥青　　B．油毡

C．皮革　　D．生物质气

20．根据《中华人民共和国大气污染防治法》，下列关于重污染天气应对的有关规定，正确的是（　　）。

A．省、自治区、直辖市人民政府应当依据重污染天气的预警等级，及时启动应急预案

B．县级以上地方人民政府应当及时对突发环境事件产生的大气污染物进行监测，并向社会公布监测信息

C．应急响应结束后，市级人民政府以上应当及时开展应急预案实施情况的评估，适时修改完善应急预案

D．应急响应结束后，人民政府应当及时开展应急预案实施情况的评估，适时修改完善应急预案

21．根据《中华人民共和国大气污染防治法》，（　　）应当依据重污染天气的预警等级，及时启动应急预案。

A．省、自治区、直辖市人民政府　　B．县级以上地方人民政府

C．市级以上人民政府　　D．人民政府

22．根据《中华人民共和国大气污染防治法》，（　　）应当及时对突发环境事件产生的大气污染物进行监测，并向社会公布监测信息。

A．省、自治区、直辖市人民政府　　B．县级以上地方人民政府

C．市级以上人民政府　　D．生态环境主管部门

23．根据《中华人民共和国大气污染防治法》，（　　）应当将重污染天气应对纳入突发事件应急管理体系。

A．省、自治区、直辖市人民政府　　B．县级以上地方人民政府

C．市级以上人民政府　　D．生态环境主管部门

24．在中华人民共和国领域内，下列适用《中华人民共和国水污染防治法》的活动是（　　）。

A．建设海岸防护工程　　B．建设跨海桥梁工程

C．生产经营滨海大型养殖场　　D．从事海洋航运的船舶进入内河航行

25．根据《中华人民共和国水污染防治法》，水污染防治应当坚持的原则是（　　）。

A．预防为主、限期治理、综合整治　　B．预防为主、防治结合、限期整改

C．预防为主、防治结合、综合治理　　D．预防为主、防治结合、区域限批

26．根据《中华人民共和国水污染防治法》，（　　）制定国家水环境质量标准和国家水污染物排放标准。

A．国务院　　B．国务院水行政主管部门

C．国务院环境保护主管部门　　D．国务院水行政和环境保护部门

27．根据《中华人民共和国水污染防治法》，（　　）可以对国家水环境质量标准和国家水污染物排放标准中未作规定的项目，制定地方标准。

A．国务院　　B．省、自治区、直辖市人民政府

C．国务院环境保护主管部门　　D．省、自治区、直辖市环境保护主管部门

28．根据《中华人民共和国水污染防治法》，新建、改建、扩建直接或者间接向水体排放污染物的建设项目和其他水上设施，应当依法进行（　　）。

A．生态集中治理　　B．环境影响评价

C．水土保持评价　　D．纳污申报

29．根据《中华人民共和国水污染防治法》，建设单位在江河湖泊新建、改建、扩建排污口的，在进行环境影响评价的同时，应当取得（　　）同意。

A．水利工程管理部门　　B．交通主管部门

C．水行政主管部门或者流域管理机构　　D．渔业主管部门

30．根据《中华人民共和国水污染防治法》，下列关于建设项目的水污染防治设施的说法，错误的是（　　）。

A．建设项目的水污染防治设施，应当与主体工程同时设计、同时施工、同时投入使用

B．水污染防治设施应当经过环境保护主管部门验收，验收不合格的，该建设项目不得投入生产或者使用

C．水污染防治设施应当符合经批准或者备案的环境影响评价文件的要求

D．水污染防治设施应当符合相关污染物排放标准

31．根据《中华人民共和国水污染防治法》，对超过重点水污染物排放总量控制指标的地区或者未完成水环境质量改善目标的地区，下列做法正确的是（　　）。

A．各级人民政府环境保护主管部门应当会同有关部门约谈该地区人民政府的主要负责人，并停止审批新增重点水污染物排放总量的建设项目的环境影响评价文件

B．省级以上人民政府环境保护主管部门应当会同有关部门约谈该地区人民政府的主要负责人，并暂停审批新增重点水污染物排放总量的建设项目的环境影响评价文件

C．暂停审批新增水污染物排放总量的所有建设项目的环境影响评价文件

D．有关人民政府环境保护主管部门应当暂停审批新增重点水污染物排放总量的建设项目的环境影响评价文件

32．根据《中华人民共和国水污染防治法》，（　　）对重点水污染物排放实施总量控制制度。

A．省级以上人民政府　　B．国家

C．地级以上人民政府　　D．县级以上人民政府

33．根据《中华人民共和国水污染防治法》，国家对重点水污染物排放实施总量控制的具体办法由（　　）规定。

A．国务院

B．省级以上人民政府

C．省级以上环境保护行政主管部门

D．国务院环境保护主管部门会同国务院有关部门

34．根据《中华人民共和国水污染防治法》，下列关于重点水污染物排放总量控制指标的说法，正确的是（　　）。

A．省、自治区、直辖市人民政府应当按照国务院的规定削减和控制本行政区域的重点水污染物排放总量，并将重点水污染物排放总量控制指标分解落实到市、县人民政府

B．市、县人民政府根据本行政区域重点水污染物排放总量控制指标的要求，将重点水污染物排放总量控制指标分解落实到排污单位

C．重点水污染物排放总量控制指标，由国务院环境保护主管部门会同国务院有关部门制订并下达实施

D．重点水污染物排放总量控制指标，由国务院环境保护主管部门在征求国务院有关部门和各省、自治区、直辖市人民政府意见后，会同国务院经济综合宏观调控部门报国务院批准并下达实施

35．根据《中华人民共和国水污染防治法》，（　　）可以根据本行政区域水环境质量状况和水污染防治工作的需要，确定本行政区域实施总量削减和控制的重点水污染物。

A．省、自治区、直辖市人民政府　　B．市、县人民政府

C．省级以上环境保护行政主管部门　　D．国务院

36．根据《中华人民共和国水污染防治法》，国家对（　　）排放实施总量控制制度。

A．COD　　B．重点水污染物　　C．BOD_5　　D．特征水污染物

37．根据《中华人民共和国水污染防治法》，下列关于排污口的设置，错误的是（　　）。

A．涉及通航、渔业水域的，环境保护主管部门在审批环境影响评价文件时，应当征求交通、渔业主管部门的意见

B．建设单位在江河、湖泊新建、改建、扩建排污口的，应当取得水行政主管部门或者流域管理机构同意

C．向水体排放污染物的企业事业单位和其他生产经营者，应当按照法律、行政法规和国务院环境保护主管部门的规定设置排污口

D．在风景名胜区水体、重要渔业水体和其他具有特殊经济文化价值的水体的保护区内，新建排污口应当保证保护区水体不受污染

38．根据《中华人民共和国水污染防治法》，下列关于船舶水污染防治的规定，正确的是（　　）。

A．禁止向水体倾倒船舶垃圾

B．禁止向水体排放船舶含油污水

C．船舶排放生活污水，应当执行国家污水综合排放标准

D．禁止排放船舶压载水

39．根据《中华人民共和国水污染防治法》，应当对城镇污水处理设施出水水质负责的单位是（　　）。

A．设施的运营单位　　B．设施的施工设计单位

C．设施所在地的建设主管部门　　D．设施所在地的环境保护主管部门

40．根据《中华人民共和国水污染防治法》，下列关于船舶水污染防治的规定，正确的是（　　）。

A．船舶无毒垃圾可以排入水体

B．船舶的少量残油可以排入水体

C．船舶产生的废油禁止排入水体

D．船舶含油污水处理达标后也不得排入水体

41．根据《中华人民共和国水污染防治法》，禁止在江河、湖泊、运河、渠道、水库（　　）的滩地和岸坡堆放、存贮固体废弃物和其他污染物。

A．最高水位线以下　　B．最低水位线以下

C．最高水位线以上　　D．最低水位线以上

42．《中华人民共和国水污染防治法》中未明确禁止的行为是（　　）。

A．向水体排放含有高放射性物质的废水

B．向水体排放含有中放射性物质的废水

C．向水体排放含有低放射性物质的废水

D．向水体排放碱液

43．根据《中华人民共和国水污染防治法》，向农田灌溉渠道排放城镇污水以及未综合利用的畜禽养殖废水、农产品加工废水的，应当保证其（　　）的水质符合农田灌溉水质标准。

A．上游最近的灌溉取水点　　B．中游最近的灌溉取水点

C．下游最近的灌溉取水点　　D．中下游最近的灌溉取水点

44．根据《中华人民共和国水污染防治法》，有权批准饮用水水源保护区的是（　　）。

A．国务院环境保护主管部门

B．省级人民政府环境保护主管部门

C．县级以上人民政府水行政主管部门

D．国务院和省、自治区、直辖市人民政府

45．根据《中华人民共和国水污染防治法》，在饮用水水源二级保护区已建成的排放污染物的建设项目，由县级以上人民政府责令（　　）。

A．限期治理　　B．搬迁改造

C．停产治理　　D．拆除或关闭

46．根据《中华人民共和国水污染防治法》，在饮用水水源准保护区内被禁止的行为是（　　）。

A．垂钓　　B．网箱养殖

C．新设排污口　　D．扩建对水体污染严重但不增加排污量的项目

47．根据《中华人民共和国水污染防治法》，当饮用水水源受到污染并可能威胁到供水安全时，有权做出责令有关企业事业单位和其他生产经营者采取停止排放水污染物等措施决定的是（　　）。

A. 当地人民政府　　B. 水行政主管部门
C. 环境保护主管部门　　D. 建设行政主管部门

48. 根据《中华人民共和国水污染防治法》，在生活饮用水地表水源一级保护区内已建成的与供水设施和保护水源无关的建设项目，由（　　）责令拆除或者关闭。

A. 县级以上人民政府　　B. 镇级以上人民政府
C. 市级以上人民政府　　D. 省级以上人民政府

49. 根据《中华人民共和国水污染防治法》，禁止在生活饮用水地表水源一级保护区内（　　）与供水设施和保护水源无关的建设项目。

A. 新建、改建　　B. 改建、扩建
C. 新建、扩建　　D. 新建、扩建、改建

50. 根据《中华人民共和国水污染防治法》，禁止在生活饮用水地表水源（　　）新建、扩建、改建向水体排放污染物的建设项目。

A. 三级保护区　　B. 二级保护区　　C. 一级保护区　　D. 准保护区

51. 根据《中华人民共和国水污染防治法》，饮用水水源保护区的划定，由有关（　　）提出划定方案，报（　　）批准。

A. 省、自治区、直辖市人民政府　国务院
B. 省、自治区、直辖市人民政府　国家环境保护行政主管部门
C. 市、县环境保护行政主管部门　省、自治区、直辖市人民政府
D. 市、县人民政府　省、自治区、直辖市人民政府

52. 根据《中华人民共和国水污染防治法》，跨市、县饮用水水源保护区的划定，有关市、县人民政府协商不成的，由（　　）会同同级水行政、国土资源、卫生、建设等部门提出划定方案，征求同级有关部门的意见后，报省、自治区、直辖市人民政府批准。

A. 省、自治区、直辖市人民政府
B. 省、自治区、直辖市人民政府环境保护主管部门
C. 市、县环境保护行政主管部门
D. 市、县人民政府

53. 根据《中华人民共和国水污染防治法》，跨省、自治区、直辖市的饮用水水源保护区，由有关省、自治区、直辖市人民政府协商（　　）划定。

A. 有关流域管理机构　　B. 有关建设行政管理机构
C. 有关水行政管理机构　　D. 有关国土资源行政管理机构

54. 根据《中华人民共和国水污染防治法》，跨省、自治区、直辖市的饮用水水源保护区的划定，协商不成的，由（　　）会同同级水行政、国土资源、卫生、

建设等部门提出划定方案，征求国务院有关部门的意见后，报国务院批准。

A．省、自治区、直辖市人民政府

B．省、自治区、直辖市人民政府环境保护主管部门

C．市、县环境保护行政主管部门

D．国务院环境保护主管部门

55．根据《中华人民共和国水污染防治法》，（　　）可以对风景名胜区水体划定保护区。

A．县级以上人民政府　　B．县级以上建设主管部门

C．县级以上环境保护主管部门　　D．县级以上水行政主管部门

56．根据《中华人民共和国噪声污染防治法》，噪声是指在工业生产、建筑施工、交通运输和社会生活中所产生的（　　）的声音。

A．干扰周围工作环境　　B．超过国家排放标准

C．超过地方排放标准　　D．干扰周围生活环境

57. 根据《中华人民共和国噪声污染防治法》，噪声污染是指所产生的噪声（　　）的现象。

A．超过噪声排放标准

B．干扰他人正常生活、工作和学习

C．超过噪声排放标准或者未依法采取防控措施产生噪声，并干扰他人正常生活、工作和学习的现象

D．干扰周围生活环境

58. 根据《中华人民共和国噪声污染防治法》，噪声排放是指噪声源向周围（　　）辐射噪声。

A．工作环境　　B．生态环境　　C．生活环境　　D．自然环境

59．根据《中华人民共和国噪声污染防治法》，“用于居住、科学研究、医疗卫生、文化教育、机关团体办公、社会福利等需要保持安静的建筑物”被定义为（　　）。

A．噪声敏感建筑物　　B．噪声敏感点

C．噪声敏感建筑物集中区　　D．噪声敏感保护区

60．根据《中华人民共和国噪声污染防治法》，排放工业噪声的企业事业单位和其他生产经营者，应当采取有效措施，减少振动、降低噪声，依法（　　）。

A．排放工业噪声　　B．进行噪声污染防治

C．环境影响评价　　D．排污许可证或者填报排污登记表

61．根据《中华人民共和国噪声污染防治法》，在噪声敏感建筑物集中区域施工作业，应当（　　）。

A．不产生噪声

B．禁止夜间进行任何施工作业

C．优先使用低噪声施工工艺和设备

D．不得连续施工作业

62．根据《中华人民共和国噪声污染防治法》，在噪声敏感建筑物集中区域内，禁止（　　）进行产生噪声污染的建筑施工作业，但抢修、抢险作业和因生产工艺上要求或者其他特殊需要必须连续作业的除外。

A．白天　　B．夜间　　C．人群多时　　D．人群经过时

63．根据《中华人民共和国噪声污染防治法》，施工单位在噪声敏感建筑物集中区域内因特殊需要必须连续作业的，应当取得（　　）、生态环境主管部门或者地方人民政府指定的部门的证明。

A．地方人民政府住房和城乡建设　　B．市级以上人民政府

C．市级以上住房和城乡建设部门　　D．市级以上环境保护行政部门

64．根据《中华人民共和国噪声污染防治法》，建设项目在投入生产或者使用之前，其环境噪声污染防治设施必须进行验收；（　　），该建设项目不得投入生产或者使用。

A．未按照国家规定标准

B．达不到国家规定要求

C．未经验收或者验收不合格

D．验收不合格

65．根据《中华人民共和国噪声污染防治法》，未达到国家声环境质量标准的区域所在的设区的市、县级人民政府，应当及时编制（　　），采取有效措施，改善声环境质量。

A．声环境质量改善规划

B．声环境质量改善规划及其实施方案

C．声环境质量改善实施方案

D．声环境质量达标规划

66．根据《中华人民共和国噪声污染防治法》，在交通干线的两侧建设噪声敏感建筑物的，建设单位应当按照规定（　　），并采取减轻、避免交通噪声影响的措施。

A．间隔20m　　B．间隔一定距离

C．设置绿化带　　D．设置声屏障

67．根据《中华人民共和国噪声污染防治法》，下列关于“使用声响装置”的说法，正确的是（　　）。

A．商业经营活动中使用高音广播喇叭进行宣传，处五万以上二十万以下罚款

B．擅自改装的机动车轰鸣、疾驶

C．铁路机车驶按照时间规定使用声响装置

D．消防车、工程抢险车、救护车等机动车辆安装、使用警报器，必须符合当地人民政府的规定

68．根据《中华人民共和国噪声污染防治法》，民用航空器应当符合（　　）主管部门规定的适航标准中的有关噪声要求。

A．国务院民用航空　　B．生态环境

C．当地政府行政　　D．民用机场

69．根据《中华人民共和国噪声污染防治法》，民用机场所在地人民政府应当（　　），划定限制建设噪声敏感建筑物的区域。

A．航空器起飞、降落的两侧　　B．根据周围噪声敏感建筑物特征及分布

C．根据环境影响评价及监测结果　　D．机场净空区域

70．根据《中华人民共和国噪声污染防治法》，新建、改建、扩建经过噪声敏感建筑物集中区域的高速公路、城市高架、铁路和城市轨道交通线路等的，建设单位应当在可能造成噪声污染的重点路段设置声屏障或者采取其他减少振动、降低噪声的措施，符合（　　）要求。

A．县级以上人民政府指定的部门

B．环境保护行政主管部门

C．地方人民政府

D．有关交通基础设施工程技术规范以及标准

71．根据《中华人民共和国噪声污染防治法》，本法规定，生产、进口、销售、使用淘汰的设备，或者采用淘汰的工艺的，由（　　）责令改正，没收违法所得，并处货值金额一倍以上三倍以下的罚款；情节严重的，报经有批准权的人民政府批准，责令停业、关闭。

A．县级以上人民政府制定部门

B．批准该项目环境影响报告书的环境保护行政主管部门

C．地方人民政府

D．当地生态环境主管部门

72．根据《中华人民共和国噪声污染防治法》，因民用航空器起降排放噪声造成严重污染的，民用机场所在地人民政府应当组织有关部门和其他有关单位对噪声污染情况进行调查，综合考虑经济、技术和管理措施，制定（　　）。

A．噪声污染达标方案　　B．噪声污染治理方案

C．噪声污染综合治理方案　　D．噪声污染治理达标方案

73．根据《中华人民共和国固体废物污染环境防治法》，固体废物是指在生产、生活和其他活动中产生的（　　）的固态、半固态和置于容器中的气态的物品、物质以及法律、行政法规规定纳入固体废物管理的物品、物质。

A．丧失原有利用价值或者虽未丧失利用价值但被抛弃或者放弃

B．丧失原有利用价值

C．未丧失利用价值但被抛弃

D．未丧失利用价值但被抛弃或者放弃

74．根据《中华人民共和国固体废物污染环境防治法》，下列关于贮存、利用、处置、危险废物的含义，错误的是（　　）。

A．贮存是指将固体废物临时置于特定设施或者场所中的活动

B．利用是指从固体废物中提取物质作为原材料或者燃料的活动

C．处置是指将固体废物临时置于符合环境保护规定要求的填埋场的活动

D．危险废物是指列入国家危险废物名录或者根据国家规定的危险废物鉴别标准和鉴别方法认定的具有危险特性的固体废物

75．根据《中华人民共和国固体废物污染环境防治法》，生活垃圾是指在（　　）产生的固体废物以及法律、行政法规规定视为生活垃圾的固体废物。

A．日常生活和生产中

B．日常生活中或者为日常生活提供服务的活动中

C．为日常生活提供服务的活动中

D．居民生活和商业活动中

76．根据《中华人民共和国固体废物污染环境防治法》，国家对固体废物污染环境防治坚持（　　）的原则。

A．污染担责

B．当地人民政府担责

C．当地人民政府环境保护行政主管部门担责

D．当地人民政府环境卫生行政主管部门担责

77．根据《中华人民共和国固体废物污染环境防治法》，为防止采矿废石贮存设施停止使用后造成环境污染和生态破坏，应当由（　　）按照国家有关环境保护规定进行封场。

A．当地县级人民政府　　B．实施采矿生产的矿山企业

C．当地县级建设行政主管部门　　D．当地县级国土行政主管部门

78．根据《中华人民共和国固体废物污染环境防治法》，危险废物管理计划应当报产生危险废物的单位所在地生态环境主管部门（　　）。

A．核准　　B．批准　　C．备案　　D．同意

79. 根据《中华人民共和国固体废物污染环境防治法》，从事收集、贮存、利用、处置危险废物经营活动的单位，贮存危险废物不得超过（　　）。

A. 一个月　　B. 半年　　C. 一年　　D. 二年

80. 根据《中华人民共和国固体废物污染环境防治法》，对确有必要关闭、闲置或者拆除生活垃圾处理设施、场所，应当经所在地（　　）同意后核准，并采取防止污染环境的措施。

A. 省级以上环境保护行政主管部门

B. 地级以上地方人民政府环境保护行政主管部门

C. 市、县级人民政府环境卫生主管部门商所在地生态环境主管部门

D. 县级以上地方人民政府

81. 根据《中华人民共和国固体废物污染环境防治法》，产生、收集、贮存、运输、利用、处置固体废物的单位和其他生产经营者，应当采取（　　）或者其他防止污染环境的措施；不得擅自倾倒、堆放、丢弃、遗撒固体废物。

A. 防扬散、防流失、防渗漏　　B. 防流失、防污染、防渗漏

C. 防污染、防扬散、防流失　　D. 防污染、防扬散、防渗漏

82. 根据《中华人民共和国固体废物污染环境防治法》，建设生活垃圾处理的设施、场所，应当符合国务院生态环境主管部门和国务院住房城乡建设主管部门规定的（　　）标准。

A. 环境保护　　B. 环境保护和环境卫生

C. 环境卫生　　D. 环境保护和建设规范

83. 根据《中华人民共和国固体废物污染环境防治法》，（　　）负责建筑垃圾污染环境防治工作，建立建筑垃圾全过程管理制度，规范建筑垃圾产生、收集、贮存、运输、利用、处置行为，推进综合利用，加强建筑垃圾处置设施、场所建设，保障处置安全，防止污染环境。

A. 县级以上地方人民政府环境卫生行政主管部门

B. 县级以上地方人民政府环境保护行政主管部门

C. 县级以上地方人民政府环境卫生主管部门

D. 市级以上地方人民政府环境卫生行政主管部门或环境保护行政主管部门

84. 根据《中华人民共和国固体废物污染环境防治法》，产生危险废物的单位，必须按照国家有关规定制定危险废物管理计划，并通过国家危险废物信息管理系统向所在地（　　）申报危险废物的种类、产生量、流向、贮存、处置等有关资料。

A. 省级以上环境保护行政主管部门

B. 生态环境主管部门

C. 地级以上地方人民政府环境保护行政主管部门

D．县级以上地方人民政府

85．根据《中华人民共和国固体废物污染环境防治法》，产生危险废物的单位，应当按照国家有关规定制定（　　），建立危险废物管理台账，如实记录有关信息，并通过国家危险废物信息管理系统向所在地生态环境主管部门申报危险废物的种类、产生量、流向、贮存、处置等有关资料。

A．危险废物利用计划　　B．危险废物处置计划

C．危险废物贮存计划　　D．危险废物管理计划

86．根据《中华人民共和国固体废物污染环境防治法》，（　　）应当会同国务院有关部门制定国家危险废物名录，规定统一的危险废物鉴别标准、鉴别方法、识别标志和鉴别单位管理要求。国家危险废物名录应当动态调整。

A．地方环境保护行政主管部门　　B．国务院生态环境主管部门

C．省级环境保护行政主管部门　　D．市级环境保护行政主管部门

87．根据《中华人民共和国固体废物污染环境防治法》，（　　）应当组织有关部门编制危险废物集中处置设施、场所的建设规划，科学评估危险废物处置需求，合理布局危险废物集中处置设施、场所，确保本行政区域的危险废物得到妥善处置。

A．地方环境保护行政主管部门　　B．市级以上地方人民政府

C．省、自治区、直辖市人民政府　　D．市级以上环境保护行政主管部门

88．根据《中华人民共和国固体废物污染环境防治法》，违反本法规定，危险废物产生者未按照规定处置其产生的危险废物被责令改正后拒不改正的，由生态环境主管部门组织代为处置，处置费用由（　　）承担；拒不承担代为处置费用的，处代为处置费用一倍以上三倍以下的罚款。

A．生态环境主管部门　　B．危险废物产生者

C．当地人民政府　　D．生态环境主管部门

89．根据《中华人民共和国固体废物污染环境防治法》，转移危险废物的，应当按照国家有关规定填写、运行危险废物电子或者纸质转移联单。跨省、自治区、直辖市转移危险废物的，应当向危险废物移出地（　　）申请。

A．设区的市级以上地方人民政府

B．省、自治区、直辖市人民政府生态环境主管部门

C．地方人民政府

D．地方人民政府环境保护行政主管部门

90．根据《中华人民共和国固体废物污染环境防治法》，危险废物产生者未按照规定处置其产生的危险废物被责令改正后拒不改正的，由生态环境主管部门组织（　　），处置费用由危险废物产生者承担。

A．进行处置　　B．罚款5万元以上20万元以下

C．罚款10万元以上30万元以下　　D．代为处置

91．《中华人民共和国固体废物污染环境防治法》规定：禁止经中华人民共和国过境（　　）危险废物。

A．收集　　B．运输　　C．贮存　　D．转移

92．根据《中华人民共和国固体废物污染环境防治法》，在生态保护红线区域、永久基本农田集中区域和其他需要特别保护的区域内，（　　）建设工业固体废物、危险废物集中贮存、利用、处置的设施、场所和生活垃圾填埋场。

A．禁止　　B．允许　　C．可以　　D．不允许

93．根据《中华人民共和国固体废物污染环境防治法》，（　　）负责指导农业固体废物回收利用体系建设，鼓励和引导有关单位和其他生产经营者依法收集、贮存、运输、利用、处置农业固体废物，加强监督管理，防止污染环境。

A．县级以上人民政府农业农村主管部门

B．设区的市级以上地方人民政府环境保护行政主管部门

C．地方人民政府

D．地方人民政府环境保护行政主管部门

94．根据《中华人民共和国固体废物污染环境防治法》，下列关于电器电子、铅蓄电池、车用动力电池等产品污染环境防治的规定，错误的是（　　）。

A．国家建立电器电子、铅蓄电池、车用动力电池等产品的生产者责任延伸制度

B．电器电子、铅蓄电池、车用动力电池等产品的生产者应当按照规定以自建或者委托等方式建立与产品销售量相匹配的废旧产品回收体系，并向社会公开，实现有效回收和利用

C．国家鼓励产品的生产者开展生态设计，促进资源回收利用

D．国家建立电器电子、铅蓄电池、车用动力电池等产品的经营者责任延伸制度

95．根据《中华人民共和国固体废物污染环境防治法》，（　　）应当将污泥处理设施纳入城镇排水与污水处理规划，推动同步建设污泥处理设施与污水处理设施，鼓励协同处理，污水处理费征收标准和补偿范围应当覆盖污泥处理成本和污水处理设施正常运营成本。

A．县级以上人民政府农业农村主管部门

B．县级以上人民政府城镇排水主管部门

C．地方人民政府

D．地方人民政府环境保护行政主管部门

96．根据《中华人民共和国固体废物污染环境防治法》，下列说法正确的是（　　）。

A．收集、贮存、运输、利用、处置固体废物的单位和其他生产经营者，应当加

强对相关设施、设备和场所的管理和维护，保证其正常运行和使用

B. 产生、收集、贮存、运输、利用、处置固体废物的单位和其他生产经营者，可以擅自倾倒、堆放、丢弃、遗撒固体废物

C. 任何单位或者个人向江河、湖泊、运河、渠道、水库及其最高水位线以下的滩地和岸坡以及法律法规规定的其他地点经当地主管部门同意后方可倾倒、堆放、贮存固体废物

D. 在生态保护红线区域、永久基本农田集中区域和其他需要特别保护的区域内，建设工业固体废物、危险废物可以集中贮存、利用、处置的设施、场所和生活垃圾填埋场

97. 根据《中华人民共和国土壤污染防治法》，土壤污染是指（　　）。

A. 因人为因素导致某种物质进入陆地表层土壤，引起土壤化学、物理、生物等方面特性的改变，影响土壤功能和有效利用，危害公众健康或者破坏生态环境的现象

B. 因人为因素导致某种物质进入土壤，引起土壤化学、物理、生物等方面特性的改变，影响土壤功能和有效利用，危害公众健康或者破坏生态环境的现象

C. 因人为因素导致某种物质进入陆地表层土壤，引起土壤化学、物理、生物等方面特性的改变，影响土壤功能和有效利用，危害公众健康

D. 因人为因素导致有害物质进入陆地表层土壤，引起土壤化学、物理、生物等方面特性的改变，影响土壤功能和有效利用，危害公众健康或者破坏生态环境的现象

98. 根据《中华人民共和国土壤污染防治法》，土壤污染防治应当坚持（　　）的原则。

A. 预防为主、防治结合、分类管理、风险管控、污染担责、公众参与

B. 预防为主、保护优先、分类管理、风险管控、污染担责、公众参与

C. 保护为主、防治结合、分类管理、风险管控、污染担责、公众参与

D. 预防为主、保护优先、全面管理、风险管控、污染担责、公众参与

99. 根据《中华人民共和国土壤污染防治法》，下列关于防止土壤污染的说法，错误的是（　　）。

A. 国家鼓励在建筑、通信、电力、交通、水利等领域的信息、网络、防雷、接地等建设工程中采用新技术、新材料，防止土壤污染

B. 污水集中处理设施、固体废物处置设施运营单位应当定期对污水集中处理设施、固体废物处置设施周边土壤进行监测；对不符合法律法规和相关标准要求的，应当根据监测结果，采取相应改进措施

C. 尾矿库运营、管理单位应当按照规定，加强尾矿库的安全管理，采取措施防

止土壤污染

D. 禁止向农用地排放重金属或者其他有毒有害物质含量超标的污水、污泥，以及可能造成土壤污染的清淤底泥、尾矿、矿渣等

100. 根据《中华人民共和国土壤污染防治法》，下列说法中正确的是（　　）。

A. 各级人民政府生态环境应当依法加强对矿产资源开发区域土壤污染防治的监督管理，按照相关标准和总量控制的要求，严格控制可能造成土壤污染的重点污染物排放

B. 各级人民政府生态环境、自然资源主管部门应当依法加强对矿产资源开发区域土壤污染防治的监督管理，按照相关标准的要求，严格控制可能造成土壤污染的重点污染物排放

C. 各级人民政府生态环境、自然资源主管部门应当依法加强对矿产资源开发区域土壤污染防治的监督管理，按照相关标准和总量控制的要求，严格控制可能造成土壤污染的重点污染物排放

D. 自然资源主管部门应当依法加强对矿产资源开发区域土壤污染防治的监督管理，按照相关标准和总量控制的要求，严格控制可能造成土壤污染的重点污染物排放

101. 根据《中华人民共和国土壤污染防治法》，下列关于农用地的说法，错误的是（　　）。

A. 在永久基本农田集中区域，不得新建可能造成土壤污染的建设项目；已经建成的，应当限期关闭拆除

B. 未利用地、复垦土地等拟开垦为耕地的，地方人民政府农业农村主管部门应当会同生态环境、自然资源主管部门进行土壤污染状况调查，依法进行分类管理

C. 对土壤污染状况普查、详查和监测、现场检查表明有土壤污染风险的农用地地块，地方人民政府农业农村、林业草原主管部门应当会同生态环境、自然资源主管部门进行土壤污染状况调查

D. 对安全利用类农用地地块，地方人民政府应当结合主要作物品种和种植习惯等情况，制定并实施安全利用方案

102. 县级以上地方人民政府及其有关部门应当按照土地利用总体规划和城乡规划，严格执行相关行业企业布局选址要求，禁止在（　　）周边新建、改建、扩建可能造成土壤污染的建设项目。

A. 医院、学校、疗养院、养老院

B. 医院、学校、疗养院、居民区

C. 土壤环境敏感区

D. 居民区、学校、医院、疗养院、养老院

103. 根据《中华人民共和国土壤污染防治法》，下列说法中正确的是（　　）。

A. 修复施工单位转运污染土壤的，应当制定转运计划，将运输时间、方式、线路和污染土壤数量、去向、最终处置措施等，提前报所在地和接收地生态环境主管部门

B. 修复施工单位转运污染土壤的，应当制定转运计划，将运输时间、方式、线路和污染土壤数量、去向等，提前报所在地和接收地生态环境主管部门

C. 修复施工单位转运污染土壤的，应当制定转运计划，将运输时间、线路和污染土壤数量、去向、最终处置措施等，提前报所在地和接收地生态环境主管部门

D. 修复施工单位转运污染土壤的，应当制定转运计划，将运输时间、方式、线路和污染土壤数量、去向、最终处置措施等，提前报所在地生态环境主管部门

104. 根据《中华人民共和国土壤污染防治法》，土壤污染责任人负有实施土壤（　　）的义务。土壤污染责任人无法认定的，土地使用权人应当实施土壤污染风险管控和修复。

A. 污染风险管控和修复　　B. 污染风险管控和恢复

C. 污染治理和修复　　D. 修复和保护

105. 根据《中华人民共和国土壤污染防治法》，下列说法中正确的是（　　）。

A. 县级以上地方人民政府应当依法将符合条件的严格管控类耕地划为永久基本农田，实行严格保护

B. 县级以上地方人民政府应当依法将符合条件的安全利用耕地划为永久基本农田，实行严格保护

C. 在永久基本农田集中区域，新建可能造成土壤污染的建设项目要做好土壤污染管控和保护

D. 在永久基本农田集中区域，不得新建可能造成土壤污染的建设项目；已经建成的，应当限期关闭拆除

106. 《中华人民共和国土壤污染防治法》，用途变更为住宅、公共管理与公共服务用地的，变更前应当按照规定进行（　　）。

A. 土壤污染状况调查　　B. 土壤现状调查

C. 土壤现状监测　　D. 土地性质变更

107. 根据《中华人民共和国海洋环境保护法》，国务院（　　）主管部门负责海洋保护和开发利用的监督管理，负责全国海洋生态、海域海岸线和海岛的修复工作。

A．生态环境　　B．自然资源　　C．交通运输　　D．渔业

108．根据《中华人民共和国海洋环境保护法》，入海排污口位置的选择，应当符合国土空间用途管制要求，根据海水动力条件和有关规定，经科学论证后，报（　　）备案。

A．县级以上人民政府

B．设区的市级以上人民政府

C．市级以上人民政府生态环境主管部门

D．设区的市级以上人民政府生态环境主管部门

109．根据《中华人民共和国海洋环境保护法》，沿海（　　）可以建立海洋环境保护区域协作机制，组织协调其管理海域的环境保护工作。

A．县级以上地方人民政府　　B．县级以上地方人民政府生态环境主管部门

C．市级以上地方人民政府　　D．市级以上地方人民政府生态环境主管部门

110．根据《中华人民共和国海洋环境保护法》，生态环境主管部门应当在完成备案后（　　）内将入海排污口设置情况通报自然资源、渔业等部门和海事管理机构、海警机构、军队生态环境保护部门。

A．五个工作日　　B．十个工作日

C．十五个工作日　　D．二十个工作日

111．下列废水不属于《中华人民共和国海洋环境保护法》禁止排放的是（　　）。

A．油类　　B．酸液

C．碱液　　D．含有不易降解的有机物和重金属的废水

E．剧毒废液

112．《中华人民共和国海洋环境保护法》规定：严格控制向海域排放（　　）。

A．含病原体的医疗污水　　B．生活污水

C．工业废水　　D．含有不易降解的有机物和重金属的废水

113．《中华人民共和国海洋环境保护法》规定：（　　）应当严格控制向海湾、半封闭海及其他自净能力较差的海域排放。

A．含有机物和营养物质的工业废水

B．含热废水

C．含病原体的医疗污水

D．含有不易降解的有机物和重金属的废水

114．根据《中华人民共和国海洋环境保护法》，向海域排放含热废水，必须采取有效措施，保证邻近渔业水域的水温符合（　　）。

A．国家污染物排放标准　　B．地方污染物排放标准

C．国家海洋环境质量标准　　D．国家地表水环境质量标准

115．根据《中华人民共和国海洋环境保护法》，（　　）在依法划定的自然保护地、重要渔业水域及其他需要特别保护的区域，违法建设污染环境、破坏生态的工程建设项目或者从事其他活动。

A．限制　　B．严格控制　　C．严格限制　　D．禁止

116．根据《中华人民共和国海洋环境保护法》，勘探开发海洋油气资源，应当按照有关规定编制（　　），报国务院生态环境主管部门海域派出机构备案。

A．油气污染应急预案　　B．油气资源调查报告

C．环境影响评价报告书　　D．环境影响评价报告表

117．《中华人民共和国海洋环境保护法》规定：禁止在沿海陆域（　　）不符合国家产业政策的化学制浆造纸、化工、印染、制革、电镀、酿造、炼油、岸边冲滩拆船及其他严重污染海洋环境的生产项目。

A．扩建　　B．改建　　C．新建　　D．生产

118．《中华人民共和国海洋环境保护法》规定：交付船舶载运污染危害性货物的，托运人应当如实告知承运人的内容中不包括（　　）。

A．货物的正式名称　　B．货物的污染危害性

C．货物的理化性质　　D．货物应当采取的防护措施

119．根据《中华人民共和国放射性污染防治法》，在办理核设施选址审批手续前，应当编制环境影响报告书，报（　　）审查批准；未经批准，有关部门不得办理核设施选址批准文件。

A．省级环境保护行政主管部门　　B．当地环境保护行政主管部门

C．国务院环境保护行政主管部门　　D．地级以上环境保护行政主管部门

120．根据《中华人民共和国放射性污染防治法》，核设施营运单位应当在申请领取核设施建造、运行许可证和办理退役审批手续前编制环境影响报告书，报（　　）审查批准；未经批准，有关部门不得颁发许可证和办理批准文件。

A．省级环境保护行政主管部门　　B．当地环境保护行政主管部门

C．国务院环境保护行政主管部门　　D．地级以上环境保护行政主管部门

121．根据《中华人民共和国放射性污染防治法》，开发利用或者关闭铀（钍）矿的单位，应当在申请领取采矿许可证或者办理退役审批手续前编制环境影响报告书，报（　　）审查批准。

A．省级以上人民政府环境保护行政主管部门

B．当地人民政府环境保护行政主管部门

C．国务院环境保护行政主管部门

D．地级以上人民政府环境保护行政主管部门

122．根据《中华人民共和国放射性污染防治法》，放射性废液产生单位的下列

做法中，正确的是（　　）。

A. 采取严格防渗措施后利用天然裂隙、溶洞排放放射性废液

B. 利用渗井、渗坑排放符合国家放射性污染防治标准的放射性废液

C. 对不得向环境排放的放射性废液按国家放射性污染防治标准予以贮存

D. 采用符合省级环境保护行政主管部门规定的排放方式排放符合国家放射性污染防治标准的放射性废液

123. 根据《中华人民共和国放射性污染防治法》，国务院核设施主管部门会同国务院环境保护行政主管部门根据（　　），在环境影响评价的基础上编制放射性固体废物处置场所选址规划，报国务院批准后实施。

A. 地形条件和放射性固体废物处置的需要

B. 地质条件和放射性固体废物处置的需要

C. 地质条件

D. 放射性固体废物处置的需要

124. 根据《中华人民共和国放射性污染防治法》，产生放射性固体废物的单位，应当按照国务院环境保护行政主管部门的规定，对其产生的放射性固体废物进行处理后，（　　）。

A. 自行处置

B. 送交固体废物处置单位处置，并承担处置费用

C. 送交放射性固体废物处置单位处置，并承担处置费用

D. 送交放射性固体废物处置单位处置，处置费用由处置单位承担

125. 根据《中华人民共和国放射性污染防治法》，产生放射性固体废物的单位，应当按照（　　）的规定，对其产生的放射性固体废物进行处理后，送交放射性固体废物处置单位处置，并承担处置费用。

A. 省级以上人民政府环境保护行政主管部门

B. 当地人民政府环境保护行政主管部门

C. 国务院环境保护行政主管部门

D. 地级以上人民政府环境保护行政主管部门

126. 根据《中华人民共和国放射性污染防治法》，产生放射性固体废物的单位处置放射性固体废物时，符合规定的做法是（　　）。

A. 对高水平的放射性固体废物实行集中的深地质处置

B. 对其产生的放射性固体废物进行处理后，送交放射性固体废物处置单位处置

C. 对中水平的放射性固体废物在符合国家规定的区域直接实行近地表处置

D. 对低水平的放射性固体废物在符合国家规定的区域直接实行近地表处置

127. 根据《中华人民共和国水法》，国家鼓励开发、利用水能资源，在水能丰

富的河流，应当有计划地进行（　　）。

A．多目标梯级开发　B．以航运为目标的梯级开发

C．以生态保护为目标的梯级开发　D．以水能资源开发为目标的梯级开发

128．《中华人民共和国水法》规定：开发、利用水资源，应当首先满足（　　）。

A．城乡居民生活用水　B．农业用水

C．工业用水　D．生态环境用水

129．根据《中华人民共和国水法》，在干旱和半干旱地区开发、利用水资源，应当充分考虑（　　）需要。

A．城乡居民生活用水　B．农业用水

C．工业用水　D．生态环境用水

130．根据《中华人民共和国水法》，关于围湖造地，下列说法中，正确的是（　　）。

A．可以适度围湖造地

B．已经围垦的，应当按照国家规定的防洪标准有计划地退地还湖

C．确需围垦的，应当经省、自治区、直辖市人民政府水行政主管部门或国务院水行政主管部门同意后，报本级人民政府批准

D．确需围垦的，应当经过科学论证，经省、自治区、直辖市人民政府水行政主管部门或者国务院水行政主管部门同意后，报本级人民政府批准

131．根据《中华人民共和国水法》，跨流域调水，应当进行全面规划和科学论证，统筹兼顾调出和调入流域的用水需要，防止对（　　）造成破坏。

A．水环境　B．生态环境　C．生态景观　D．农业环境

132．根据《中华人民共和国水法》，国家建立饮用水水源保护区制度。（　　）应当划定饮用水水源保护区，并采取措施，防止水源枯竭和水体污染，保证城乡居民饮用水安全。

A．省、自治区、直辖市人民政府　B．国务院

C．地级市人民政府　D．县人民政府

133．根据《中华人民共和国水法》，建立饮用水水源保护区的目的是（　　）。

A．防止水源枯竭和水体污染，保证生态用水安全

B．保护水源保护区内的生物多样性和防止水体污染

C．防止水源枯竭和水体污染，保证城乡居民饮用水安全

D．防止水源枯竭和水体污染，保证城乡工农业用水安全

134．根据《中华人民共和国水法》，关于排污口设置，下列说法中，正确的是（　　）。

A．在湖泊扩大排污口，由流域管理机构审批

B．在江河改建排污口，由有管辖权的水行政主管部门审批

C．在饮用水水源保护区设置排污口，由环境保护行政主管部门审批

D．在湖泊新建排污口，由环境保护行政主管部门负责对该建设项目的环境影响报告书进行审批

135．根据《中华人民共和国防沙治沙法》，在沙化土地范围内从事开发建设活动，必须依法提交环境影响报告；环境影响报告应当包括（　　）。

A．移民安置专章　　　　　　　B．流行病学调查

C．有关防沙治沙的内容　　　　D．对土著居民产生的影响

136．下列说法中符合《中华人民共和国防沙治沙法》关于“已沙化土地范围内单位治理责任制”的规定的是（　　）。

A．由县级以上地方人民政府下达治理责任书

B．由林业行政主管部门下达治理责任书

C．由沙化土地封禁保护区主管部门负责造林种草或者采取其他治理措施

D．由县级以上地方人民政府负责组织造林种草或者采取其他治理措施

137．根据《中华人民共和国防沙治沙法》，对沙化土地封禁保护区范围内的农牧民，（　　）应当有计划地组织迁出，并妥善安置。沙化土地封禁保护区范围内尚未迁出的农牧民的生产生活，由沙化土地封禁保护区主管部门妥善安排。

A．当地林业主管部门　　　　　B．当地环境保护行政主管部门

C．当地农业主管部门　　　　　D．县级以上地方人民政府

138．下列说法中，符合《中华人民共和国防沙治沙法》关于沙化土地封禁保护区规定的是（　　）。

A．在沙化土地封禁保护区范围内，禁止修建铁路

B．在沙化土地封禁保护区范围内，禁止一切破坏植被的活动

C．沙化土地封禁保护区范围内尚未迁出的农牧民的生产生活，由当地人民政府妥善安排

D．对沙化土地封禁保护区范围内的农牧民，沙化土地封禁保护区主管部门应当有计划地组织迁出

139．根据《中华人民共和国草原法》，应当划为基本草原的是（　　）。

A．一般放牧场　　　　　　　　B．用于休闲的人工草地

C．作为所有野生动物生存环境的草原　　D．用于畜牧业生产的退耕还草地

140．根据《中华人民共和国草原法》关于“禁止开垦草原”有关规定，对（　　）应当有计划、有步骤地退耕还草。

A．已造成沙化的草原　　　　　B．已造成盐碱化的草原

C．已造成石漠化的草原　　　　D．水土流失严重的已垦草原

141．根据《中华人民共和国草原法》，下列草原应当退耕还草的有（　　）。

A．水土流失严重的已垦草原　　B．已造成沙化的草原

C．已造成盐碱化的草原　　D．已造成石漠化的草原

142．根据《中华人民共和国草原法》，对水土流失严重、有沙化趋势、需要改善生态环境的已垦草原，应当有计划、有步骤地（　　）；已造成沙化、盐碱化、石漠化的，应当（　　）。

A．退耕还牧　限期治理　　B．限期治理　退耕还草

C．限期治理　退耕还牧　　D．退耕还草　限期治理

143．《中华人民共和国文物保护法》规定：在文物保护单位的建设控制地带内进行建设工程，不得（　　）。

A．改变文物保护单位的性质　　B．改变文物保护单位的内容

C．阻碍文物保护单位交通　　D．破坏文物保护单位的历史风貌

144．某项目需要在 M 市 N 县的县级文物保护单位的保护范围内进行钻探。根据《中华人民共和国文物保护法》，该项目的建设单位在钻探前应当（　　）。

A．征得国务院文物行政部门同意

B．报 M 市人民政府文物行政部门批准

C．征得核定公布该文物保护单位的人民政府同意

D．征得 M 市人民政府文物行政部门同意后，报核定公布该文物保护单位的人民政府批准

145．某省一大型水库建设工程选址涉及全国重点文物保护单位，因特殊情况无法对其实施原址保护。根据《中华人民共和国文物保护法》，下列对该文物实施保护的做法中，正确的是（　　）。

A．报该省人民政府批准后将其拆除

B．征得国务院文物行政部门同意后将其迁移异地保护

C．由该省人民政府报国务院批准后将其拆除

D．由该省人民政府报国务院批准后进行迁移保护

146．国家重点铁路工程选址因特殊情况不能避开国家重点文物保护单位。根据《中华人民共和国文物保护法》，对此不可移动文物的说法，正确的是（　　）。

A．应当尽可能实施原址保护

B．无法实施原址保护的，应当经国务院批准拆除

C．无法实施原址保护的，应当经国务院文物行政部门批准迁移

D．无法实施原址保护的，应当经国务院文物行政部门批准拆除

147．《中华人民共和国森林法》所称的“防护林”不包括（　　）。

A．水土保持林　　B．环境保护林

C．水源涵养林　　D．行道树等护路林

148．根据《中华人民共和国森林法》，不属于“只准进行抚育和更新性质的采伐”的森林的是（　　）。

A．薪炭林　　B．母树林　　C．护岸林　　D．防风固沙林

149．根据《中华人民共和国森林法》，地方人民政府可以根据本行政区域森林资源保护发展的需要，建立（　　）。

A．目标责任制　　B．林长制

C．普法责任制　　D．保护责任制

150．根据《中华人民共和国森林法》，（　　）主管全国林业工作。

A．国务院林业主管部门　　B．国务院农业农村主管部门

C．国务院自然资源主管部门　　D．国务院生态环境主管部门

151．根据《中华人民共和国森林法》，未实行承包经营的集体林地以及林地上的林木，由农村集体经济组织统一经营。经本集体经济组织成员的村民会议（　　）代表同意并公示，可以通过招标、拍卖、公开协商等方式依法流转林地经营权、林木所有权和使用权。

A．三分之一以上成员或者三分之一以上村民

B．三分之一以上成员或者三分之二以上村民

C．三分之二以上成员或者三分之一以上村民

D．三分之二以上成员或者三分之二以上村民

152．根据《中华人民共和国森林法》，国家保护林地，严格控制林地转为非林地，实行占用林地总量控制，确保林地（　　）不减少。

A．保有量　　B．生长量　　C．消耗量　　D．增长量

153．根据《中华人民共和国森林法》，需要临时使用林地的，应当经县级以上人民政府林业主管部门批准；临时使用林地的期限一般不超过（　　）年，并不得在临时使用的林地上修建永久性建筑物。

A．一年　　B．一年半　　C．二年　　D．三年

154．根据《中华人民共和国森林法》，临时使用林地期满后（　　）内，用地单位或者个人应当恢复植被和林业生产条件。

A．一年　　B．一年半　　C．二年　　D．三年

155．根据《中华人民共和国森林法》，下列情形中，不需要申请采伐许可证的是（　　）。

A．采伐非林地上的林木

B．非林地上的农田防护林、防风固沙林、护路林、护岸护堤林和城镇林木等的更新采伐

C．采挖移植林木

D．农村居民采伐自留地和房屋前后个人所有的零星林木

156．根据《中华人民共和国渔业法》，某项目进行施工作业对渔业资源造成损失的，由有关（　　）责令赔偿。

A．县级以上生态环境主管部门　　B．县级以上人民政府

C．市级以上生态环境主管部门　　D．市级以上人民政府

157．根据《中华人民共和国矿产资源法》，关闭矿山必须提出的资料是（　　）。

A．人员编册　　B．矿山闭坑报告

C．员工安置计划　　D．档案管理的资料

158．根据《中华人民共和国矿产资源法》，关闭矿山时不必提交（　　）。

A．矿山闭坑报告　　B．安全隐患资料

C．土地复垦利用资料　　D．闭矿环境影响报告书

159．根据《中华人民共和国矿产资源法》，关于开采矿产资源，下列说法中，错误的是（　　）。

A．开采矿产资源，应当节约用地

B．矿山企业的开采回采率应当满足市场要求

C．建设铁路、公路、水库、大型建筑物等工程前，建设单位应了解工程所在地区的矿产资源情况

D．开采主要矿产的同时，对具有工业价值的伴生矿产应统一规划，综合开采，综合利用，防止浪费

160．根据《中华人民共和国土地管理法》，国家编制土地利用总体规划，规定土地用途，将土地分为农用地、建设用地和未利用地。严格限制（　　），控制建设用地总量，对耕地实行特殊保护。

A．建设用地转为农用地　　B．农用地转为建设用地

C．未利用地转为建设用地　　D．农用地转为未利用地

161．根据《中华人民共和国土地管理法》，国家编制土地利用总体规划，规定土地用途，将土地分为（　　）。

A．耕地、工业用地和特殊用地　　B．农用地、建设用地和未利用地

C．农用地、交通用地和城镇用地　　D．农用地、建设用地和特殊用地

162．根据《中华人民共和国土地管理法》，国家保护耕地，严格控制耕地转为非耕地。国家对占用耕地实行的制度是（　　）。

A．监管制度　　B．补偿制度

C．保护责任制度　　D．审批问责制度

163．《中华人民共和国土地管理法》规定：国家保护耕地，严格控制（　　）。

A．建设用地转为农用地　　B．耕地转为非耕地

C．未利用地转为建设用地　　D．农用地转为未利用地

164．根据《中华人民共和国土地管理法》，非农业建设经批准占用耕地的，按照（　　）的原则，由占用耕地的单位负责开垦与所占用耕地的数量和质量相当的耕地。

A．多补偿　　B．占多少，异地保护多少

C．占多少，垦多少　　D．谁占用，谁负责

165．根据《中华人民共和国土地管理法》，“占多少，垦多少”的原则适用于（　　）。

A．农用地　　B．建设用地　　C．耕地　　D．林地

166．《中华人民共和国土地管理法》规定：各省、自治区、直辖市划定的基本农田应当占本行政区域内耕地的（　　）以上。

A．50%　　B．60%　　C．80%　　D．70%

167．根据《中华人民共和国土地管理法》，下列耕地根据土地利用总体规划不应划为永久基本农田的是（　　）。

A．经国务院农业农村主管部门或者县级以上地方人民政府批准确定的粮、棉、油、糖等重要农产品生产基地内的耕地

B．蔬菜生产基地

C．农业科研、教学试验田

D．小麦生产基地

168．根据《中华人民共和国野生动物保护法》，珍贵、濒危的水生野生动物以外的其他水生野生动物的保护，适用的法律是（　　）。

A．《中华人民共和国水法》　　B．《中华人民共和国渔业法》

C．《中华人民共和国水污染防治法》　　D．《中华人民共和国野生动物保护法》

169．根据《中华人民共和国野生动物保护法》，国家对珍贵、濒危的野生动物实行重点保护。国家重点保护的野生动物分为（　　）。

A．国家级保护野生动物和省级保护野生动物

B．一级保护野生动物、二级保护野生动物、三级保护野生动物

C．国家级保护野生动物、省级保护野生动物、县级保护野生动物

D．一级保护野生动物和二级保护野生动物

170．根据《中华人民共和国野生动物保护法》，地方重点保护的野生动物名录，由（　　）制定并公布。

A．省、自治区、直辖市政府

B．省、自治区、直辖市林业行政主管部门

C．当地政府

D．当地野生动物行政主管部门

171．根据《中华人民共和国野生动物保护法》，下列关于该法的适用范围，正确的是（　　）。

A．在中华人民共和国领域，从事野生动物保护及相关活动

B．在中华人民共和国管辖的海域，从事野生动物保护及相关活动

C．在中华人民共和国领域及管辖的其他海域，从事野生动物保护及相关活动

D．在中华人民共和国陆域及管辖的海域，从事野生动物保护及相关活动

172．根据《中华人民共和国野生动物保护法》，下列（　　）动物不适用于该法。

A．珍贵、濒危的陆生野生动物

B．珍贵、濒危的水生野生动物

C．有重要生态、科学、社会价值的陆生野生动物

D．有重要生态、科学、社会价值的水生野生动物

173．根据《中华人民共和国野生动物保护法》，国家重点保护野生动物名录由国务院野生动物保护主管部门组织科学评估后制定，并每（　　）根据评估情况确定对名录进行调整。

A．二年　　B．三年　　C．五年　　D．十年

174．根据《中华人民共和国野生动物保护法》，下列关于野生动物分类分级保护的规定，错误的是（　　）。

A．国家对珍贵、濒危的野生动物实行重点保护

B．国家重点保护的野生动物分为一级保护野生动物和二级保护野生动物

C．地方重点保护的野生动物分为一级保护野生动物和二级保护野生动物

D．地方重点保护野生动物名录，由省、自治区、直辖市人民政府组织科学评估后制定、调整并公布

175．根据《中华人民共和国野生动物保护法》，机场项目在选址时，应当避让的内容中不包括（　　）。

A．自然保护地　　B．野生动物重要栖息地

C．野生动物觅食区　　D．野生动物迁徙洄游通道

176．根据《中华人民共和国野生动物保护法》，下列关于野生动物保护的规定，正确的是（　　）。

A．省级以上野生动物保护主管部门依法划定相关自然保护区域，保护野生动物及其重要栖息地，保护、恢复和改善野生动物生存环境

B．禁止在相关自然保护区域内引入外来物种、营造单一纯林、过量施洒农药等人为干扰、威胁野生动物生息繁衍的行为

C. 国家或者地方重点保护野生动物受到自然灾害、重大环境污染事故等突发事件威胁时，当地环境保护主管部门应当及时采取应急救助措施

D. 国家加强对野生动物遗传资源的保护，对濒危野生动物实施抢救性保护

177. 根据《中华人民共和国野生动物保护法》，建设项目可能对相关自然保护区域、野生动物迁徙洄游通道产生影响的，环境影响评价文件的审批部门在审批环境影响评价文件时，涉及国家重点保护野生动物的，应当征求（　　）意见。

A. 国务院野生动物保护主管部门　　B. 省级野生动物保护主管部门

C. 地方野生动物保护主管部门　　D. 省级人民政府

178. 《中华人民共和国河道管理条例》的适用范围不包括（　　）。

A. 太湖　　B. 内水

C. 京杭大运河　　D. 河道内的航道

179. （　　）不适用《中华人民共和国河道管理条例》的范围。

A. 行洪区　　B. 蓄洪区　　C. 滞洪区　　D. 防洪保护区

180. 根据《中华人民共和国河道管理条例》，修建桥梁、码头和其他设施，必须按照国家规定的防洪标准所确定的（　　）进行，不得缩窄行洪通道。

A. 河深　　B. 河高　　C. 河宽　　D. 流量

181. 根据《中华人民共和国河道管理条例》，城镇建设和发展不得占用河道滩地。确定城镇规划的临河界限的部门是（　　）。

A. 河道主管机关

B. 城镇规划部门

C. 河道主管机关会同城镇规划等有关部门

D. 城镇规划部门会同河道主管机关

182. 《中华人民共和国河道管理条例》规定：城镇建设和发展不得占用（　　）。

A. 修建排水用地　　B. 蓄水工程用地

C. 河道滩地　　D. 沙洲

183. 根据《中华人民共和国河道管理条例》，在河道管理范围内禁止进行的活动是（　　）。

A. 修建围堤　　B. 利用堤顶兼做公路

C. 采砂　　D. 在河道滩地修建厂房

184. 根据《中华人民共和国自然保护区条例》，自然保护区内保存完好的天然状态的生态系统以及珍稀、濒危动植物的集中分布地，应当划为（　　）。

A. 外围保护地带　　B. 核心区

C. 缓冲区　　D. 实验区

185. 根据《中华人民共和国自然保护区条例》，下列关于自然保护区的缓冲区

的保护要求，正确的是（　　）。

A．允许进入从事旅游　　B．禁止任何单位和个人进入

C．只允许进入从事科学研究观测活动　　D．不允许进入从事科学研究活动

186．根据《中华人民共和国自然保护区条例》，关于自然保护区功能区的划分及保护，下列说法中，正确的是（　　）。

A．在自然保护区内不得建设任何生产设施

B．自然保护区可以分为核心区、缓冲区、实验区和外围保护地带

C．严禁开设与自然保护区保护方向不一致的参观、旅游项目

D．自然保护区核心区内的原有居民确有必要迁出的，由保护区管理机构予以妥善安置

187．根据《中华人民共和国自然保护区条例》，关于自然保护区内禁止的行为，下列说法中，正确的是（　　）。

A．不得进入实验区从事参观考察和旅游活动

B．可不经批准进入缓冲区从事科学研究和教学实习

C．禁止进入核心区从事科学研究活动

D．在自然保护区的外围地带建设的项目，不得损害自然保护区的环境质量，已造成损害的，应当限期治理

188．根据《中华人民共和国自然保护区条例》，下列关于自然保护区的说法，错误的是（　　）。

A．在自然保护区的外围保护地带已建设成的项目，已造成自然保护区损害的，应当限期治理

B．禁止在自然保护区的实验区开展旅游和生产经营活动

C．禁止任何人进入自然保护区的核心区

D．在自然保护区的缓冲区内，不得建设任何生产设施

E．在自然保护区的实验区内，建设非污染环境、破坏资源或者景观的生产设施，其污染物排放不得超过国家和地方规定的污染物排放标准

189．根据《中华人民共和国自然保护区条例》，内部未分区的自然保护区按照（　　）管理。

A．实验区　　B．缓冲区

C．核心区和缓冲区　　D．缓冲区和实验区

190．根据《风景名胜区条例》，在国家级风景名胜区内修建缆车、索道等重大建筑工程，项目的选址方案应当报（　　）核准。

A．国务院　　B．国务院建设主管部门

C．国务院林业主管部门　　D．国务院环境保护主管部门

191．根据《风景名胜区条例》，经风景名胜区管理机构审核，依照有关法律、法规的规定报有关主管部门批准，可以在风景名胜区内进行的活动是（　　）。

A．开荒　　B．开山、采石

C．修建储存腐蚀性物品的设施　　D．改变水资源、水环境自然状态

192．根据《风景名胜区条例》，下列关于风景名胜区的保护，说法错误的是（　　）。

A．风景名胜区内的景观和自然环境应当根据可持续发展的原则，严格保护，不得破坏或者随意改变

B．风景名胜区管理机构应当建立健全风景名胜资源保护的各项制度

C．风景名胜区所在地县级以上人民政府应当对风景名胜区的重要景观进行调查、鉴定，并制定相应的保护措施

D．国家建立风景名胜区管理信息系统，对风景名胜区规划的实施和资源保护情况进行动态监测

193．根据《风景名胜区条例》，在风景名胜区内，应当经风景名胜区管理机构审核后，依照有关法律、法规的规定办理审批手续的活动是（　　）。

A．采石、开矿、开荒

B．在景物或者设施上刻画

C．修建储存放射性物品的设施

D．按照风景名胜区规划设立开发区

194．根据《土地复垦条例》，生产建设活动损毁的土地，按照（　　）的原则进行复垦。

A．“谁使用，谁复垦”　　B．“谁损毁，谁复垦”

C．“县级以上人民政府复垦”　　D．“谁投资，谁受益”

195．根据《土地复垦条例》，自然灾害损毁的土地，由（　　）负责组织复垦。

A．土地使用单位（个人）　　B．生产建设单位

C．县级以上人民政府　　D．土地所在乡（镇）政府

196．根据《土地复垦条例》，由于历史原因无法确定土地复垦义务人的生产建设活动损毁的土地，由（　　）负责组织复垦。

A．土地现在使用单位（个人）　　B．土地所在村

C．土地所在乡（镇）政府　　D．县级以上人民政府

197．根据《土地复垦条例》，对拟损毁的耕地、林地、牧草地进行复垦时，应首先（　　）。

A．将无毒无害物质用作回填或者充填材料进行复垦

B．将当地的表土用作回填进行复垦

C．进行表土剥离，将剥离的表土用于复垦

D．将无重金属污染物的表土进行复垦

198．根据《土地复垦条例》，土地复垦义务人应当建立（　　），遵守土地复垦标准和环境保护标准，保护土壤质量与生态环境，避免污染土壤和地下水。

A．土地复垦质量控制制度　　B．土地复垦监控制度

C．土地复垦环境影响评价制度　　D．土地复垦评价制度

199．根据《医疗废物管理条例》，医疗卫生机构和医疗废物集中处置单位，应当对医疗废物进行登记，登记内容应当包括医疗废物的来源、种类、重量或者数量、交接时间、处置方法、最终去向以及经办人签名等项目。登记资料至少保存（　　）年。

A．1　　B．2

C．3　　D．4

200．根据《危险化学品安全管理条例》，国家对危险化学品的（　　）实行统一规划、合理布局和严格控制，并实行审批制度。

A．生产和运输　　B．生产、经营、储存

C．经营、运输和储存　　D．生产和储存

201．根据《危险化学品安全管理条例》，（　　）根据当地经济发展的实际需要，在编制总体规划时，应当按照确保安全的原则规划适当区域专门用于危险化学品的生产、储存。

A．各级人民政府　　B．县级以上人民政府

C．设区的市级人民政府　　D．市级人民政府

202．根据《危险化学品安全管理条例》，国家对危险化学品的生产和储存实行统一规划、合理布局和严格控制，并对危险化学品生产、储存实行（　　）。

A．审批制度　　B．审核制度

C．备案制度　　D．核准制度

203．根据《危险化学品安全管理条例》，下列场所、区域中，与危险化学品生产装置之间的距离不受相关规定限制的是（　　）。

A．渔业水域　　B．运输工具加油站、加气站

C．基本农田保护区　　D．种子、种畜、水产苗种生产基地

204．在下列选项中，可以建设畜禽养殖场、养殖小区的是（　　）。

A．饮用水水源保护区　　B．人口集中区

C．风景名胜区　　D．山区

205．根据《畜禽规模养殖污染防治条例》，（　　）应当依据职责对畜禽养殖污染防治情况进行监督检查，并加强对畜禽养殖环境污染的监测。

A．县级以上人民政府环境保护主管部门　　B．乡镇人民政府

C．各级人民政府　　D．各级环境保护主管部门

206．根据《畜禽规模养殖污染防治条例》，畜禽养殖场、养殖小区应当定期将畜禽养殖品种、规模以及畜禽养殖废弃物的产生、排放和综合利用等情况，报（　　）备案。

A．县级以上人民政府环境保护主管部门　B．县级人民政府

C．市级人民政府环境保护主管部门　D．市级人民政府

207．根据《防治船舶污染海洋环境管理条例》，（　　）船舶经过中华人民共和国内水、领海转移危险废物；经过中华人民共和国管辖的其他海域转移危险废物的，应当事先取得（　　）的书面同意，并按照海事管理机构指定的航线航行，定时报告船舶所处的位置。

A．允许　国务院环境保护主管部门　B．允许　省级以上人民政府

C．禁止　国务院环境保护主管部门　D．禁止　国务院

208．《中国受控消耗臭氧层物质清单》由（　　）会同国务院有关部门制定、调整和分布。

A．国务院有关部门　B．国务院环境保护部门

C．国务院　D．国务院环境保护主管部门

209．根据《消耗臭氧层物质管理条例》，消耗臭氧层物质的生产、使用单位申请领取生产或者使用配额许可证的有关规定，下列说法中错误的是（　　）。

A．出入境检验检疫机构为了防止有害生物传入传出使用消耗臭氧层物质实施检疫的，需要申请领取使用配额许可证

B．禁止无生产配额许可证生产消耗臭氧层物质

C．消耗臭氧层物质的生产、使用单位需要调整其配额的，应当向国务院环境保护主管部门申请办理配额变更手续

D．消耗臭氧层物质的销售单位，应当按照国务院环境保护主管部门的规定办理备案手续

210．根据《消耗臭氧层物质管理条例》，国家逐步削减并最终淘汰作为（　　）等用途的消耗臭氧层物质。

A．发泡剂、灭火剂、溶剂、清洗剂、加工助剂、杀虫剂、气雾剂

B．制冷剂、发泡剂、灭火剂、溶剂、清洗剂、加工助剂、杀虫剂、气雾剂、膨胀剂

C．制冷剂、发泡剂、灭火剂、溶剂、清洗剂、加工助剂、杀虫剂

D．制冷剂、发泡剂、灭火剂、溶剂、清洗剂、膨胀剂

211．根据《消耗臭氧层物质管理条例》，关于消耗臭氧层物质的含义及条例适用范围，下列说法中错误的是（　　）。

A．消耗臭氧层物质，是指对臭氧层有破坏作用并列入《中国受控消耗臭氧层物质清单》的化学品

B．中华人民共和国境内从事消耗臭氧层物质的生产、销售、使用和进出口等活动，适用本条例。前款所称使用，是指利用消耗臭氧层物质进行的生产经营等活动，包括使用含消耗臭氧层物质的产品的活动

C．国务院环境保护主管部门会同国务院有关部门拟订《中国逐步淘汰消耗臭氧层物质国家方案》，报国务院批准后实施

D．因特殊用途确需生产、使用前款规定禁止生产、使用的消耗臭氧层物质的，按照《关于消耗臭氧层物质的蒙特利尔议定书》有关允许用于特殊用途的规定，由国务院环境保护主管部门会同国务院有关部门批准

212．根据《消耗臭氧层物质管理条例》，县级以上人民政府环境保护主管部门和其他有关部门进行监督检查，监督检查人员不得少于（　　）人，并应当出示有效的行政执法证件。

A．1　　B．2　　C．3　　D．4

213．根据《消耗臭氧层物质管理条例》，从事消耗臭氧层物质的生产、销售、使用、回收、再生利用、销毁等经营活动的单位，应当完整保存有关生产经营活动的原始资料至少（　　）年，并按照国务院环境保护主管部门的规定报送相关数据。

A．3　　B．4　　C．5　　D．6

214．根据《中华人民共和国固体废物污染环境防治法》，下列说法错误的是（　　）。

A．产生秸秆、废弃农用薄膜、农药包装废弃物等农业固体废物的单位和其他生产经营者，应当采取回收利用和其他防止污染环境的措施

B．从事畜禽规模养殖应当及时收集、贮存、利用或者处置养殖过程中产生的畜禽粪污等固体废物，避免造成环境污染

C．允许在人口集中地区、机场周围、交通干线附近以及当地人民政府划定的其他区域露天焚烧秸秆

D．国家鼓励研究开发、生产、销售、使用在环境中可降解且无害的农用薄膜

215．根据《中华人民共和国固体废物污染环境防治法》，下列选项中，不属于禁止露天焚烧秸秆地区的是（　　）。

A．人口集中地区、机场周围　　B．交通干线附近

C．当地人民政府划定的其他区域　　D．农村空旷地方

216．根据《中华人民共和国长江保护法》，长江流域经济社会发展，应当坚持（　　）。

A．生态优先、全面发展

B．共同抓好大保护，协同推进大治理

C．统筹协调、科学规划、创新驱动、系统治理

D．生态优先、绿色发展，共抓大保护、不搞大开发

217．根据《中华人民共和国长江保护法》，国家对长江流域河湖岸线实施特殊管制。国家长江流域协调机制统筹协调国务院自然资源、水行政、生态环境、住房和城乡建设、农业农村、交通运输、林业和草原等部门和长江流域省级人民政府（　　），严格控制岸线开发建设，促进岸线合理高效利用。

A．划定河湖岸线保护范围，制定河湖岸线保护规划

B．划定长江流域生态保护红线

C．制定河湖岸线保护规划

D．划定河道、湖泊管理范围

218．根据《中华人民共和国长江保护法》，国家加强长江流域生态用水保障。国务院水行政主管部门会同国务院有关部门提出（　　）的生态流量管控指标。

A．跨省河流、重要支流和重要湖泊控制断面

B．长江干流、重要支流和重要湖泊控制断面

C．长江干流和重要湖泊控制断面

D．长江流域重要支流和重要湖泊控制断面

219．根据《中华人民共和国长江保护法》，国务院生态环境主管部门和长江流域地方各级人民政府应当采取有效措施，加大对长江流域的水污染防治、监管力度，预防、控制和减少（　　）。

A．水生态污染　　　　B．水污染

C．水环境污染　　　　D．水资源污染

220．根据《中华人民共和国长江保护法》，因国家发展战略和国计民生需要，在长江流域新建大中型水电工程，应当经科学论证，并报国务院或者（　　）批准。

A．国务院授权的部门　　　　B．国务院生态环境主管部门

C．国务院农业农村部门　　　　D．国务院自然资源主管部门

221．根据《中华人民共和国长江保护法》，禁止在长江干支流岸线（　　）范围内新建、扩建化工园区和化工项目。禁止在长江干流岸线（　　）范围内和重要支流岸线（　　）范围内新建、改建、扩建尾矿库；但是以提升安全、生态环境保护水平为目的的改建除外。

A．三公里　一公里　一公里　　　　B．三公里　六公里　一公里

C．一公里　三公里　一公里　　　　D．三公里　六公里　三公里

222．根据《中华人民共和国长江保护法》，有下列情形之一的，长江流域省级人民政府应当制定严于国家水污染物排放标准的地方水污染物排放标准，报国务院生态环境主管部门备案（　　）。

A．产业密集、水环境问题突出的

B．现有水污染物排放标准不能满足所辖长江流域水环境质量要求的

C．流域或者区域水环境形势复杂，无法适用统一的水污染物排放标准的

D．以上都是

223．根据《中华人民共和国长江保护法》，对长江流域已建小水电工程，不符合生态保护要求的，（　　）应当组织分类整改或者采取措施逐步退出。

A．各级水行政主管部门　　B．各级生态环境主管部门

C．县级以上地方人民政府　　D．各级自然资源主管部门

224．根据《地下水管理条例》，（　　）对本行政区域内的地下水管理负责，应当将地下水管理纳入本级国民经济和社会发展规划，并采取控制开采量、防治污染等措施，维持地下水合理水位，保护地下水水质。

A．县级以上地方人民政府　　B．各级水行政主管部门

C．各级生态环境主管部门　　D．各级自然资源主管部门

225．根据《地下水管理条例》，国务院水行政主管部门会同国务院自然资源主管部门，根据各省、自治区、直辖市地下水可开采量和地表水水资源状况，制定并下达各省、自治区、直辖市地下水（　　）控制指标。

A．用水总量　　B．取用水总量

C．污染物排放总量　　D．取水总量

226．根据《地下水管理条例》，县级以上地方人民政府应当根据（　　），合理确定本行政区域内地下水取水工程布局。

A．地下水取水总量控制指标、地下水水位控制指标和国家相关技术标准

B．地下水取水总量控制指标和国家相关技术标准

C．地下水水位控制指标和国家相关技术标准

D．地下水取水总量控制指标

227．根据《地下水管理条例》，（　　）、自然资源、生态环境等主管部门应当依照职责加强监督管理，完善协作配合机制；建立统一的国家地下水监测站网和地下水监测信息共享机制，对地下水进行动态监测；完善地下水监测工作体系，加强地下水监测。

A．县级以上人民政府水行政主管部门　　B．自然资源主管部门

C．生态环境主管部门　　D．以上都是

228．根据《地下水管理条例》，县级以上地方人民政府应当组织水行政、自然资源、生态环境等主管部门，划定集中式地下水饮用水水源地并公布名录，定期组织开展地下水饮用水水源地（　　）。

A．应急演练　　B．地下水水质评估

C．安全评估　　D．风险评估

229．根据《中华人民共和国湿地保护法》，国家对湿地实行（　　）。

A．分级管理　　B．名录制度　　C．分级管理及名录制度　　D．层级管理

230．根据《中华人民共和国湿地保护法》，县级以上人民政府应当将湿地保护纳入（　　），并将开展湿地保护工作所需经费按照事权划分原则列入预算。

A．城乡建设规划　　B．城市总体规划

C．环境保护规划　　D．国民经济和社会发展规划

231．根据《中华人民共和国湿地保护法》，国务院（　　）负责湿地资源的监督管理，负责湿地保护规划和相关国家标准拟定、湿地开发利用的监督管理、湿地生态保护修复工作。

A．水行政主管部门　　B．自然资源主管部门

C．林业草原主管部门　　D．生态环境主管部门

232．根据《中华人民共和国湿地保护法》，县级以上地方人民政府林业草原主管部门应当会同有关部门，依据本级国土空间规划和上一级湿地保护规划编制本行政区域内的湿地保护规划，报（　　）批准后组织实施。

A．水行政主管部门　　B．同级人民政府

C．自然资源主管部门　　D．生态环境主管部门

233．根据《中华人民共和国湿地保护法》，临时占用湿地的期限一般不得超过（　　），并不得在临时占用的湿地上修建永久性建筑物。

A．半年　　B．一年　　C．二年　　D．三年

234．根据《中华人民共和国湿地保护法》，临时占用湿地期满后（　　）内，用地单位或者个人应当恢复湿地面积和生态条件。

A．一年　　B．二年　　C．三年　　D．四年

235．根据《中华人民共和国湿地保护法》，红树林湿地应当列入（　　）名录。

A．重要湿地　　B．一般湿地　　C．普通湿地　　D．特殊湿地

236．根据《中华人民共和国黄河保护法》，黄河流域（　　）负责本行政区域黄河流域生态保护和高质量发展工作。

A．县级以上地方人民政府　　B．县级人民政府

C．市级人民政府　　D．省级人民政府

237．国务院（　　）主管部门应当定期组织开展黄河流域野生动物及其栖息地状况普查，或者根据需要组织开展专项调查，建立野生动物资源档案，并向社会公布黄河流域野生动物资源状况。

A．生态环境　　B．野生动物保护

C．自然资源　　D．水行政

238．根据《中华人民共和国野生动物保护法》，有重要生态、科学、社会价值

的（　　）动物名录，由国务院野生动物保护主管部门征求国务院农业农村、自然资源、科学技术、生态环境、卫生健康等部门意见，组织科学论证评估后制定并公布。

A. 陆生野生　　B. 水生野生
C. 一级保护　　D. 二级保护

239. 根据《中华人民共和国野生动物保护法》，禁止在（　　）建设法律法规规定不得建设的项目。

A. 自然保护区　　B. 森林公园
C. 自然保护地　　D. 风景名胜区

240. 根据《中华人民共和国固体废物污染环境防治法》，禁止重金属或者其他有毒有害物质含量超标的污泥进入（　　）。

A. 建设用地　　B. 农用地
C. 未利用地　　D. 沙地

241. 根据《中华人民共和国黄河保护法》，黄河流域县级以上地方人民政府应当采取防护林建设、禁牧封育、锁边防风固沙工程、沙化土地封禁保护、鼠害防治等措施，加强黄河流域重要生态功能区域（　　）保护与修复。

A. 天然林　　B. 湿地
C. 草原　　D. 林地

242. 根据《中华人民共和国黄河保护法》，禁止在（　　）以上陡坡地开垦种植农作物。

A. 十度　　B. 十五度
C. 二十度　　D. 二十五度

243. 根据《中华人民共和国黄河保护法》，黄河流域产业结构和布局应当与黄河流域生态系统和资源环境承载能力相适应。（　　）在黄河流域布局高耗水、高污染或者高耗能项目。

A. 禁止　　B. 限制
C. 严格限制　　D. 严格控制

244. 根据《中华人民共和国黑土地保护法》，保护黑土地的优良生产能力，以下（　　）不属于确保内容。

A. 总量不减少　　B. 功能不退化
C. 质量有提升　　D. 产能有增加

245. 根据《中华人民共和国青藏高原生态保护法》，开展生态和地质环境影响的全生命周期监测中，不包括（　　）。

A. 开工前的本底监测　　B. 工程建设中的地质环境影响监测

C．工程建设中的生态影响监测　　D．运营期的地质环境影响监测

246．根据《中华人民共和国青藏高原生态保护法》，按照生态保护红线、环境质量底线、资源利用上线的要求，从严制定生态环境分区管控方案和生态环境准入清单，报（　　）备案后实施。

A．国务院生态环境主管部门　　B．省级生态环境主管部门

C．县级以上人民政府　　D．市级以上人民政府

247．排污单位应当按照排污许可证规定和有关标准规范，依法开展自行监测，并保存原始监测记录。原始监测记录保存期限不得少于（　　）年。

A．2　　B．3　　C．4　　D．5

二、不定项选择题（每题的备选项中至少有一个符合题意）

1．根据《中华人民共和国大气污染防治法》，制定大气污染物排放标准时，应当以（　　）为根据。

A．大气环境质量标准　　B．国家经济条件

C．国家管理条件　　D．国家技术条件

2．根据《中华人民共和国大气污染防治法》，关于大气环境质量限期达标规划的有关规定，说法正确的是（　　）。

A．未达到地方大气环境质量标准城市的人民政府应当及时编制大气环境质量限期达标规划

B．编制城市大气环境质量限期达标规划，应当征求有关行业协会、企业事业单位、专家和公众等方面的意见

C．城市大气环境质量限期达标规划应当向社会公开

D．直辖市和设区的市的大气环境质量限期达标规划无须报国务院环境保护主管部门备案

3．根据《中华人民共和国大气污染防治法》，下列关于国家对重点大气污染物排放实行总量控制的规定，正确的是（　　）。

A．确定大气污染物排放总量控制目标和分解总量控制指标的具体办法，由国务院环境保护主管部门规定

B．省、自治区、直辖市人民政府可以根据本行政区域大气污染防治的需要，对国家重点大气污染物之外的其他大气污染物排放实行总量控制

C．国家对重点大气污染物排污权实施交易

D．省、自治区、直辖市人民政府应当按照国务院下达的总量控制目标，控制或者削减本行政区域的重点大气污染物排放总量

4．根据《中华人民共和国大气污染防治法》，下列关于大气环境质量监测和污

染源监测的规定，错误的是（　　）。

A．县级以上地方人民政府负责组织建设与管理本行政区域大气环境质量和大气污染源监测网，开展大气环境质量和大气污染源监测

B．企业事业单位和其他生产经营者应当按照国家有关规定和监测规范，对其排放的工业废气进行监测，并保存原始监测记录

C．所有排污单位应当安装、使用大气污染物排放自动监测设备，与环境保护主管部门的监控设备联网，保证监测设备正常运行并依法公开排放信息

D．重点排污单位应当安装、使用大气污染物排放自动监测设备，与环境保护主管部门的监控设备联网，保证监测设备正常运行并依法公开排放信息

5．根据《中华人民共和国大气污染防治法》，下列关于燃煤污染防治的规定，正确的是（　　）。

A．禁止高硫分、高灰分煤炭的开采

B．新建煤矿应当同步建设配套的煤炭洗选设施，使煤炭的硫分、灰分含量达到规定标准

C．限制开采含放射性和砷等有毒有害物质超过规定标准的煤炭

D．国家鼓励和支持洁净煤技术的开发和推广

6．根据《中华人民共和国大气污染防治法》，关于燃煤污染防治的规定，下列（　　）是禁止行为。

A．高硫分、高灰分煤炭的开采

B．开采含放射性和砷等有毒有害物质超过规定标准的煤炭

C．销售不符合民用散煤质量标准的煤炭

D．进口、销售和燃用不符合质量标准的石油焦

7．根据《中华人民共和国大气污染防治法》，下列关于燃煤污染防治的规定，属于禁止行为的是（　　）。

A．在禁燃区内，销售、燃用高污染燃料

B．在禁燃区内，新建、扩建燃用高污染燃料的设施

C．在集中供热管网覆盖地区，新建、扩建分散燃煤供热锅炉

D．进口、销售和燃用不符合质量标准的煤炭

8．根据《中华人民共和国大气污染防治法》，下列关于燃煤单位的规定，错误的是（　　）。

A．燃煤电厂应当采用清洁生产工艺，配套建设除尘、脱硫、脱硝等装置控制大气污染物排放

B．鼓励燃煤单位采用清洁生产工艺，配套建设除尘、脱硫、脱硝等装置控制大气污染物排放

C．国家鼓励燃煤单位采用先进的除尘、脱硫、脱硝、脱汞等大气污染物协同控制的技术和装置，减少大气污染物的排放

D．燃煤电厂和其他燃煤单位应当采取技术改造等控制大气污染物排放的措施

9．根据《中华人民共和国大气污染防治法》，钢铁、建材、有色金属、石油、化工等企业生产过程中排放（　　）的，应当采用清洁生产工艺，配套建设防治装置，或者采取技术改造等其他控制大气污染物排放的措施。

A．粉尘　　B．硫化物

C．二氧化碳　　D．氮氧化物

10．根据《中华人民共和国大气污染防治法》，下列（　　）应当按照国家有关规定安装油气回收装置并保持正常使用。

A．油罐车　　B．原油成品油运输船舶

C．原油成品油码头　　D．气罐车

11．根据《中华人民共和国大气污染防治法》，关于工业污染防治，下列说法中正确的是（　　）。

A．垃圾填埋产生的可燃性气体应当回收利用，不具备回收利用条件的，应当进行污染防治处理

B．工业生产企业尽可能采取密闭、围挡、遮盖、清扫、洒水等措施，减少内部物料的堆存、传输、装卸等环节产生的粉尘和气态污染物的排放

C．工业生产企业应当使用低毒、低挥发性有机溶剂

D．钢铁、建材、有色金属、石油、化工、制药、矿产开采等企业，应当加强精细化管理，采取集中收集处理等措施，严格控制粉尘和气态污染物的排放

12．根据《中华人民共和国大气污染防治法》，关于扬尘污染防治的有关规定，下列说法中错误的是（　　）。

A．贮存煤炭、煤矸石、煤渣、煤灰、水泥、石灰、石膏、砂土等易产生扬尘的物料应当尽可能密闭

B．码头、矿山、填埋场和消纳场应当实施分区作业，并采取有效措施防治扬尘污染

C．贮存煤炭、煤矸石、煤渣、煤灰、水泥、石灰、石膏、砂土等易产生扬尘的物料，不能密闭的，应当设置不高于堆放物高度的严密围挡，并采取有效覆盖措施防治扬尘污染

D．暂时不能开工的建设用地，建设单位应当对裸露地面进行覆盖

13．根据《中华人民共和国大气污染防治法》，农业生产经营者应当改进施肥方式，科学合理施用化肥并按照国家有关规定使用农药，减少（　　）等大气污染物的排放。

A．氨　　　　B．挥发性有机物
C．硫化氢　　　　D．二氧化硫

14．根据《中华人民共和国大气污染防治法》，关于重污染天气应对的有关规定，下列说法中错误的是（　　）。

A．省、自治区、直辖市人民政府应当依据重污染天气的预警等级，及时启动应急预案

B．县级以上地方人民政府应当及时对突发环境事件产生的大气污染物进行监测，并向社会公布监测信息

C．应急响应结束后，人民政府应当及时开展应急预案实施情况的评估，适时修改完善应急预案

D．国务院生态环境主管部门会同国务院气象主管机构等有关部门、国家大气污染防治重点区域内有关省、自治区、直辖市人民政府，建立重点区域重污染天气监测预警机制，统一预警分级标准

15．根据《中华人民共和国大气污染防治法》，关于向大气排放持久性有机污染物的规定，下列说法中正确的是（　　）。

A．禁止向大气排放持久性有机污染物

B．向大气排放持久性有机污染物的废弃物焚烧设施的运营单位，应当采取措施，实现持久性有机污染物达标排放

C．向大气排放持久性有机污染物的企业事业单位应当按照国家有关规定，采取有利于减少持久性有机污染物排放的技术方法和工艺，配备有效的净化装置，实现达标排放

D．禁止在人口集中地区向大气排放持久性有机污染物

16．根据《中华人民共和国大气污染防治法》，禁止在（　　）焚烧沥青、油毡、橡胶、塑料、皮革、垃圾以及其他产生有毒有害烟尘和恶臭气体的物质。

A．人口集中地区　　　　B．风景名胜区
C．自然保护区　　　　D．农村

17．根据《中华人民共和国大气污染防治法》，下列区域禁止新建、改建、扩建产生油烟、异味、废气的餐饮服务项目的是（　　）。

A．居民住宅楼

B．未配套设立专用烟道的商住综合楼

C．配套设立了专用烟道的商住综合楼中与居住层相邻的商业楼层

D．独立的商业楼

18．根据《中华人民共和国大气污染防治法》，国务院环境保护主管部门根据（　　），划定国家大气污染防治重点区域，报国务院批准。

A．主体功能区划

B．区域大气环境质量状况

C．区域经济社会发展

D．大气污染传输扩散规律

19．根据《中华人民共和国大气污染防治法》，重点区域内有关省、自治区、直辖市人民政府应当确定牵头的地方人民政府，定期召开联席会议，按照（　　）的要求，开展大气污染联合防治，落实大气污染防治目标责任。

A．统一规划　　B．统一标准

C．统一监测　　D．统一的防治措施

20．根据《中华人民共和国大气污染防治法》，国务院环境保护主管部门会同国务院有关部门、国家大气污染防治重点区域内有关省、自治区、直辖市人民政府，根据重点区域（　　），制定重点区域大气污染联合防治行动计划。

A．经济社会发展　　B．大气污染传输扩散规律

C．主体功能区划　　D．大气环境承载力

21．下列水体（中华人民共和国领域内）的污染防治属于《中华人民共和国水污染防治法》适用范围的有（　　）。

A．渠道　B．海洋　C．地下水体　D．运河　E．江河

22．根据《中华人民共和国水污染防治法》，水污染防治应当坚持的原则有（　　）。

A．综合治理　　B．预防为主

C．规划优先　　D．防治结合

23．根据《中华人民共和国水污染防治法》，下列关于水污染防治原则的叙述，正确的是（　　）。

A．坚持优先保护饮用水水源

B．严格控制工业污染、农业面源污染

C．坚持预防为主、防治结合、综合治理的原则

D．预防、控制和减少水环境污染和生态破坏

24．根据《中华人民共和国水污染防治法》，国务院环境保护主管部门根据（　　）制定国家水污染物排放标准。

A．国家水环境质量标准　　B．地方水环境质量标准

C．地方水污染物排放标准　　D．国家经济、技术条件

25．根据《中华人民共和国水污染防治法》，关于水环境质量标准和水污染物排放标准制定的有关规定，下列说法中正确的是（　　）。

A．省、自治区、直辖市人民政府对国家水环境质量标准已作规定的项目，可以

制定严于国家水环境质量标准的地方水环境质量标准

B．向已有地方水污染物排放标准的水体排放污染物的，应当执行地方水污染物排放标准

C．省、自治区、直辖市人民政府可以对国家水环境质量标准和国家水污染物排放标准中未作规定的项目，制定地方标准，无须报国务院环境保护主管部门备案

D．省、自治区、直辖市人民政府对国家水污染物排放标准中已作规定的项目，可以制定严于国家水污染物排放标准的地方水污染物排放标准

26．根据《中华人民共和国水污染防治法》，国务院环境保护主管部门会同（　　），可以根据国家确定的重要江河、湖泊流域水体的使用功能以及有关地区的经济、技术条件，确定该重要江河、湖泊流域的省界水体适用的水环境质量标准，报国务院批准后施行。

A．国务院水行政主管部门

B．有关省、自治区、直辖市人民政府环境保护主管部门

C．有关省、自治区、直辖市人民政府

D．有关省、自治区、直辖市人民政府水行政主管部门

27．根据《中华人民共和国水污染防治法》，下列关于水污染防治的监督管理的叙述，正确的是（　　）。

A．直接向水体排放工业废水和医疗污水以及其他按照规定应当取得排污许可证方可排放的废水、污水的企业事业单位和其他生产经营者，应当取得排污许可证

B．间接向水体排放工业废水和医疗污水的企业事业单位和其他生产经营者，可以不需要取得排污许可证

C．城镇污水集中处理设施的运营单位，无须取得排污许可证

D．重点排污单位还应当安装水污染物排放自动监测设备，与环境保护主管部门的监控设备联网，并保证监测设备正常运行

28．根据《中华人民共和国水污染防治法》，下列关于水污染防治的监督管理的叙述，错误的是（　　）。

A．实行排污许可管理的企业事业单位和其他生产经营者应当对监测数据的真实性和准确性负责

B．环境保护主管部门发现排污单位的水污染物排放自动监测设备传输数据异常，应当及时进行调查

C．国务院环境保护主管部门应当会同有关省、自治区、直辖市人民政府，建立重要江河、湖泊的流域水环境保护联合协调机制，实行统一规划、统一标准、

统一监测、统一的防治措施

D．国务院环境保护主管部门和省、自治区、直辖市人民政府环境保护主管部门应当会同同级有关部门根据流域生态环境功能需要，明确流域生态环境保护要求，组织开展流域环境资源承载能力监测、评价，实施流域环境资源承载能力预警

29．根据《中华人民共和国水污染防治法》，关于水污染防治措施的有关规定，下列说法中错误的是（　　）。

A．国务院环境保护主管部门应当根据对公众健康和生态环境的危害和影响程度，公布有毒有害水污染物名录，实行风险管理

B．名录中所列有毒有害水污染物的当地环境保护主管部门，应当对排污口和周边环境进行监测，评估环境风险，排查环境安全隐患，并公开有毒有害水污染物信息，采取有效措施防范环境风险

C．名录中所列有毒有害水污染物的企业事业单位和其他生产经营者，应当对排污口和周边环境进行监测，评估环境风险，排查环境安全隐患

D．名录中所列有毒有害水污染物的企业事业单位和其他生产经营者，应当公开有毒有害水污染物信息，采取有效措施防范环境风险

30．根据《中华人民共和国水污染防治法》，下列排放方式中属于规避监管的行为的是（　　）。

A．私设暗管排放废水

B．篡改、伪造监测数据

C．将废水用槽车转移出厂并随意倾倒

D．利用渗井、渗坑、裂隙、溶洞排放废水

31．根据《中华人民共和国水污染防治法》，禁止向水体排放或者倾倒的有（　　）。

A．工业废渣　　B．含热废水

C．城镇生活污水　　D．城镇生活垃圾

32．下列物质属于《中华人民共和国水污染防治法》中禁止向水体排放的是（　　）。

A．油类　　B．含低放射性物质的废水

C．放射性固体废弃物　　D．含热废水

33．下列物质属于《中华人民共和国水污染防治法》中禁止向水体排放的是（　　）。

A．可溶性剧毒废渣、酸液、碱液　　B．工业废渣

C．城市垃圾　　D．中放射性物质

34．下列关于防治地下水污染的说法，符合《中华人民共和国水污染防治法》规定的是（　　）。

A．禁止利用无防渗漏措施的沟渠、坑塘等输送或者存贮含有毒污染物的废水、含病原体的污水和其他废弃物

B．加油站等的地下油罐应当使用单层罐或者采取建造防渗池等其他有效措施，并进行防渗漏监测，防止地下水污染

C．化学品生产企业以及工业集聚区等的运营、管理单位，应当采取防渗漏等措施，并建设地下水水质监测井进行监测，防止地下水污染

D．矿山开采区、尾矿库、危险废物处置场、垃圾填埋场等的运营、管理单位，应当采取防渗漏等措施，并建设地下水水质监测井进行监测，防止地下水污染

35．下列关于防治地下水污染的说法，符合《中华人民共和国水污染防治法》规定的有（　　）。

A．多层地下水的含水层水质差异大的，应当分层开采；对已受污染的潜水和承压水，不得混合开采

B．兴建地下工程设施或者进行地下勘探、采矿等活动，应当采取防护性措施，防止地下水污染

C．严禁人工回灌补给地下水

D．报废矿井、钻井或者取水井等，应当实施封井或者回填

36．根据《中华人民共和国水污染防治法》，下列关于工业水污染防治的说法，正确的是（　　）。

A．排放工业废水的企业应当采取有效措施，收集和处理产生的部分废水，防止污染环境

B．含有毒有害水污染物的工业废水应当分类收集和处理，不得稀释排放

C．工业集聚区应当配套建设相应的污水集中处理设施，安装自动监测设备，与环境保护主管部门的监控设备联网，并保证监测设备正常运行

D．向污水集中处理设施排放工业废水的，应当按照国家有关规定进行预处理，达到集中处理设施处理工艺要求后方可排放

37．根据《中华人民共和国水污染防治法》，下列关于工业水污染防治的说法，错误的是（　　）。

A．国家对污染水环境的落后工艺和设备实行淘汰制度

B．企业应当采用原材料利用效率高、污染物排放量少的清洁工艺，并加强管理，减少水污染物的产生

C．国家禁止新建小型造纸、制革、印染、染料、炼焦、炼硫、炼砷、炼汞的生

产项目

D．国家禁止新建不符合国家产业政策的炼油、电镀、农药、石棉、水泥、玻璃、钢铁、火电以及其他严重污染水环境的生产项目

38．根据《中华人民共和国水污染防治法》，下列关于城镇水污染防治的说法，错误的是（　　）。

A．县级以上地方人民政府编制本行政区域的城镇污水处理设施建设规划

B．向城镇污水集中处理设施排放污水、缴纳污水处理费用的，不再缴纳排污费

C．城镇污水集中处理设施的出水水质达到国家或者地方规定的水污染物排放标准的，可以按照国家有关规定免缴排污费

D．环境保护主管部门应当对城镇污水集中处理设施的出水水质负责

39．根据《中华人民共和国水污染防治法》，下列关于农业和农村水污染防治的说法，正确的是（　　）。

A．向农田灌溉渠道排放工业废水和城镇污水，应当保证其下游最近的灌溉取水点的水质符合地表水环境质量标准

B．利用工业废水和城镇污水进行灌溉，应当防止污染土壤、地下水和农产品

C．向农田灌溉渠道排放城镇污水以及未综合利用的畜禽养殖废水、农产品加工废水的，应当保证其下游最近的灌溉取水点的水质符合农田灌溉水质标准

D．禁止向农田灌溉渠道排放工业废水或者医疗污水

40．根据《中华人民共和国水污染防治法》，下列关于农业和农村水污染防治的说法，正确的是（　　）。

A．国家鼓励农村污水、垃圾处理设施的建设，加快推进农村污水、垃圾集中处理

B．地方各级环境保护主管部门应当统筹规划建设农村污水、垃圾处理设施，并保障其正常运行

C．畜禽散养密集区所在地县、乡级人民政府应当组织对畜禽粪便污水进行分户收集、集中处理利用

D．畜禽养殖场、养殖小区应当保证其畜禽粪便、废水的综合利用或者无害化处理设施正常运转，保证污水达标排放，防止污染水环境

41．根据《中华人民共和国水污染防治法》，根据保护饮用水水源的实际需要，可以对饮用水水源保护区的保护范围进行调整。有权做出该项调整决定的是（　　）。

A．国务院

B．省级人民政府环境保护主管部门

C．饮用水水源保护区所在地的省级人民政府

D．饮用水水源保护区所在地的市级人民政府

42．根据《中华人民共和国水污染防治法》，国家建立饮用水水源保护区制度。饮用水水源保护区可分为（　　）。

A．一级保护区　　B．二级保护区

C．三级保护区　　D．准保护区

43．根据《中华人民共和国水污染防治法》，关于饮用水水源保护，下列说法中正确的是（　　）。

A．有关地方人民政府环境保护主管部门应当在饮用水水源保护区的边界设立明确的地理界标和明显的警示标志

B．在饮用水水源保护区内，限制设置排污口

C．跨市、县饮用水水源保护区的划定，由有关市、县人民政府协商提出划定方案，报省、自治区、直辖市人民政府批准

D．禁止在饮用水水源一级保护区内从事旅游、垂钓

44．根据《中华人民共和国水污染防治法》，关于饮用水水源保护，下列说法中正确的是（　　）。

A．各级人民政府应当组织环境保护等部门，对饮用水水源保护区、地下水型饮用水水源的补给区及供水单位周边区域的环境状况和污染风险进行调查评估，筛查可能存在的污染风险因素，并采取相应的风险防范措施

B．饮用水水源受到污染可能威胁供水安全的，环境保护主管部门应当责令有关企业事业单位和其他生产经营者采取停止排放水污染物等措施，并通报饮用水供水单位和供水、卫生、水行政等部门，跨行政区域的，还应当通报相关地方人民政府

C．单一水源供水城市的人民政府应当建设应急水源或者备用水源，有条件的地区可以开展区域联网供水

D．县级以上地方人民政府应当合理安排、布局农村饮用水水源，应当采取城镇供水管网延伸或者建设跨村、跨乡镇联片集中供水工程等方式，发展规模集中供水

45．根据《中华人民共和国水污染防治法》，关于饮用水水源保护，下列说法中错误的是（　　）。

A．当地环境保护主管部门应当做好饮用水取水口和出水口的水质检测工作

B．饮用水供水单位应当对供水水质负责，确保供水设施安全可靠运行，保证供水水质符合国家有关标准

C．饮用水供水单位应当至少每季度向社会公开一次饮用水安全状况信息

D．县级以上地方人民政府应当组织有关部门监测、评估本行政区域内饮用水水源、供水单位供水和用户水龙头出水的水质等饮用水安全状况

46．根据《中华人民共和国水污染防治法》，关于饮用水水源及特殊水体的保护，下列说法中正确的是（　　）。

A．国务院根据水环境保护的需要，可以规定在饮用水水源保护区内，采取禁止或者限制使用含磷洗涤剂、化肥、农药以及限制种植养殖等措施

B．省、自治区、直辖市人民政府根据水环境保护的需要，可以规定在饮用水水源保护区内，采取禁止或者限制使用含磷洗涤剂、化肥、农药以及限制种植养殖等措施

C．风景名胜区水体、重要渔业水体和其他具有特殊经济文化价值的水体的保护区内，新建排污口应当保证保护区水体不受污染

D．县级以上人民政府可以对风景名胜区水体、重要渔业水体和其他具有特殊经济文化价值的水体划定保护区，并采取措施，保证保护区的水质符合规定用途的水环境质量标准

47．根据《中华人民共和国水污染防治法》，在饮用水水源一级保护区内，下列行为中被禁止的是（　　）。

A．新建、改建与供水设施和保护水源无关的建设项目

B．扩建与供水设施和保护水源无关的建设项目

C．从事网箱养殖、旅游活动

D．游泳、垂钓

48．根据《中华人民共和国水污染防治法》，在饮用水水源二级保护区内未被禁止的活动有（　　）。

A．开展旅游活动　　B．从事网箱养殖

C．建造水源涵养林工程　　D．建设城市垃圾填埋处理场

49．根据《中华人民共和国水污染防治法》，在饮用水水源准保护区内，下列行为中被禁止的是（　　）。

A．新建对水体污染严重的建设项目

B．改建对水体污染严重的建设项目

C．新建、改建、扩建排放污染物的建设项目

D．扩建对水体污染严重的建设项目

50．根据《中华人民共和国水污染防治法》，国务院和省、自治区、直辖市人民政府根据水环境保护的需要，可以规定在饮用水水源保护区内，采取禁止或者限制（　　）以及限制种植养殖等措施。

A．使用含磷洗涤剂　　B．使用化肥

C．使用洗涤剂　　D．使用农药

51．根据《中华人民共和国噪声污染防治法》，下列建筑物属于噪声敏感建筑

物的是（　　）。

A．医院　B．学校　C．机关　D．商店　E．住宅

52．根据《中华人民共和国噪声污染防治法》，下列区域属于噪声敏感建筑物集中区域的是（　　）。

A．商业区　B．文教科研区　C．机关办公区
D．医疗区　E．居民住宅区

53．根据《中华人民共和国噪声污染防治法》，县级以上人民政府应当将噪声污染防治工作纳入（　　），将噪声污染防治工作经费纳入本级政府预算。

A．城乡发展规划　B．国民经济和社会发展规划
C．城市发展规划　D．生态环境保护规划

54．根据《中华人民共和国噪声污染防治法》，（　　）应当定期评估，并根据评估结果适时修订。

A．声环境质量标准　B．噪声排放标准
C．其他噪声污染防治相关标准　D．噪声源排放情况

55．根据《中华人民共和国噪声污染防治法》，编制声环境质量改善规划及其实施方案，制定、修订噪声污染防治相关标准，应当征求（　　）等的意见。

A．当地生态环境主管部门　B．有关行业协会
C．企业事业单位　D．专家和公众

56．根据《中华人民共和国噪声污染防治法》，下列关于工业噪声污染防治的说法，正确的是（　　）。

A．工业企业选址应当符合国土空间规划以及相关规划要求，人民政府应当按照规划要求优化工业企业布局，防止工业噪声污染
B．实行排污许可管理的单位，不得无排污许可证排放工业噪声，并应当按照排污许可证的要求进行噪声污染防治
C．设区的市级以上地方人民政府生态环境主管部门应当按照国务院生态环境主管部门的规定，根据噪声排放、声环境质量改善要求等情况，制定本行政区域噪声重点排污单位名录，向社会公开并适时更新
D．实行排污许可管理的单位应当按照规定，对工业噪声开展自行监测，保存原始监测记录，向社会公开监测结果，对监测数据的真实性和准确性负责

57．根据《中华人民共和国噪声污染防治法》，在城市市区噪声敏感建筑物集中区域内，禁止夜间进行产生噪声污染的建筑施工作业，但（　　）必须连续作业的除外，须公告附近居民。

A．抢修　B．抢险作业
C．因生产工艺上要求或者特殊需要　D．工期紧张

58. 根据《中华人民共和国噪声污染防治法》，建设经过已有的噪声敏感建筑物集中区域的（　　），有可能造成噪声污染的，应当设置声屏障或者采取其他减少振动、降低噪声的措施，符合有关交通基础设施工程技术规范以及标准要求。

A. 下沉式地下通道　　　　B. 高速公路

C. 城市高架路　　　　　　D. 轻轨道路

59. 根据《中华人民共和国噪声污染防治法》，下列关于交通运输噪声污染防治的说法，正确的是（　　）。

A. 各级人民政府及其有关部门制定、修改国土空间规划和交通运输等相关规划，应当综合考虑公路、城市道路、铁路、城市轨道交通线路、水路、港口和民用机场及其起降航线对周围声环境的影响

B. 地方人民政府会同公安机关根据声环境保护的需要，可以划定禁止机动车行驶和使用喇叭等声响装置的路段和时间，向社会公告，并由公安机关交通管理部门依法设置相关标志、标线

C. 城市轨道交通运营单位、铁路运输企业应当加强对城市轨道交通线路和城市轨道交通车辆、铁路线路和铁路机车车辆的维护和保养，保持减少振动、降低噪声设施正常运行，并按照国家规定进行监测，保存原始监测记录，对监测数据的真实性和准确性负责

D. 民用机场所在地人民政府应当根据环境影响评价以及监测结果确定的民用航空器噪声对机场周围生活环境产生影响的范围和程度，划定噪声敏感建筑物禁止建设区域和限制建设区域，并实施控制

60. 根据《中华人民共和国噪声污染防治法》，关于社会生活噪声污染防治，下列说法正确的是（　　）。

A. 对已竣工交付使用的住宅楼、商铺、办公楼等建筑物进行室内装修活动，应当按照规定限定作业时间，采取有效措施，防止、减轻噪声污染

B. 居民住宅区安装电梯、水泵、变压器等共用设施设备的，建设单位应当合理设置，采取减少振动、降低噪声的措施，符合民用建筑隔声设计相关标准要求

C. 对噪声敏感建筑物集中区域的社会生活噪声扰民行为，基层群众性自治组织、业主委员会、物业服务人应当及时劝阻、调解；劝阻、调解无效的，应当向负有社会生活噪声污染防治监督管理职责的部门报告或者投诉，接到报告或者投诉的部门应当依法处理

D. 全社会应当增强噪声污染防治意识，自觉减少社会生活噪声排放，积极开展噪声污染防治活动，形成人人有责、人人参与、人人受益的良好噪声污染防治氛围，共同维护生活环境和谐安宁

61. 某建筑工程位于城市市区噪声敏感建筑物集中区域内，因特殊需要必须夜间

连续作业。根据《中华人民共和国噪声污染防治法》，施工单位必须（　　）才能进行夜间连续作业。

A．公告附近居民

B．采取措施消除环境噪声污染

C．经生态环境行政主管部门批准

D．有县级以上人民政府或者其有关主管部门的证明

62．根据《中华人民共和国噪声污染防治法》，关于社会生活噪声污染防治，下列说法正确的是（　　）。

A．在商业经营活动中使用高声广播喇叭或者采用其他发出高噪声的方法招揽顾客时，应在规定的时间和范围内使用

B．在商业经营活动中使用空调器、冷却塔等可能产生环境噪声的设备、设施的，其边界噪声不超过国家规定的环境噪声排放标准

C．禁止任何单位、个人在城市郊区噪声敏感建筑物集中区域内使用高音广播喇叭

D．在城市市区噪声敏感建筑物集中区域内，因商业经营活动中使用固定设备造成环境噪声污染的商业企业，必须向所在地的县级以上地方人民政府环境保护行政主管部门申报拥有的造成环境噪声污染的设备的状况和防治环境噪声污染的设施的情况

63．根据《中华人民共和国固体废物污染环境防治法》，固体废物是指在生产、生活和其他活动中产生的丧失原有利用价值或者虽未丧失利用价值但被抛弃或者放弃的（　　）以及法律、行政法规规定纳入固体废物管理的物品、物质。

A．固态物品、物质　　B．半固态物品、物质

C．置于容器中的气态的物品、物质　　D．半液态物品、物质

64．根据《中华人民共和国固体废物污染环境防治法》，危险废物是指（　　）的具有危险特性的固体废物。

A．有毒有害　　B．列入国家危险废物名录

C．易燃易爆　　D．根据国家规定的危险废物鉴别标准和鉴别方法认定

65．《中华人民共和国固体废物污染环境防治法》所称“固体废物处置”是指（　　）。

A．将固体废物压缩以减小体积

B．将固体废物焚烧减少或者消除其危险成分的活动

C．将固体废物临时置于特定设施或者场所中

D．将固体废物最终置于符合环境保护规定要求的填埋场

66．根据《中华人民共和国固体废物污染环境防治法》，在中华人民共和国境

内，（　　）不适用《中华人民共和国固体废物污染环境防治法》。

A. 生活垃圾污染环境的防治　　B. 工业垃圾污染环境的防治

C. 放射性固体废物污染环境的防治　　D. 液态废物的污染防治

E. 固体废物污染海洋环境的防治

67.《中华人民共和国固体废物污染环境防治法》对固体废物污染环境的防治实行（　　）的原则，促进清洁生产和循环经济发展。

A. 减量化　　B. 资源化

C. 回收利用固体废物　　D. 无害化

68. 根据《中华人民共和国固体废物污染环境防治法》禁止擅自（　　）生活垃圾处理设施、场所；确有必要的，应当经所在地的市、县级人民政府环境卫生主管部门商所在地生态环境主管部门同意后核准，并采取防止污染环境的措施。

A. 拆除生活垃圾处置设施　　B. 关闭生活垃圾处置场所

C. 闲置生活垃圾处置设施　　D. 建设生活垃圾处置设施、场所

69. 根据《中华人民共和国固体废物污染环境防治法》，对暂时不利用或者不能利用的工业固体废物，企业事业单位应当按照国务院生态环境等主管部门的规定（　　）。

A. 建设贮存设施、场所　　B. 安全分类存放

C. 采取无害化处置措施　　D. 回收利用

70.《中华人民共和国固体废物污染环境防治法》规定：禁止擅自（　　）生活垃圾处置的设施、场所。

A. 闲置　　B. 关闭　　C. 维修　　D. 拆除

71. 根据《中华人民共和国固体废物污染环境防治法》，危险废物管理计划应当包括（　　）。

A. 减少危险废物产生量和降低危险废物危害性的措施　　B. 危险废物贮存措施

C. 危险废物利用措施　　D. 危险废物处置措施

72. 根据《中华人民共和国固体废物污染环境防治法》，产生危险废物的单位，应当按照国家有关规定和环境保护标准要求贮存、利用、处置危险废物，不得擅自（　　）。

A. 闲置　　B. 倾倒　　C. 堆放　　D. 拆除

73. 根据《中华人民共和国固体废物污染环境防治法》，下列关于危险废物的说法，正确的是（　　）。

A. 产生危险废物的单位，不处置的，由所在地县级以上地方人民政府责令限期改正

B. 产生危险废物的单位逾期不处置的，由所在地县级以上地方人民政府指定单

位按照国家有关规定代为处置

C．产生危险废物的单位逾期不处置的，所在地县级以上地方人民政府罚款 10 万元以上 30 万元以下

D．产生危险废物的单位，应当按照国家有关规定和环境保护标准要求贮存、利用、处置危险废物，不得擅自倾倒、堆放。

E. 危险废物产生者未按照规定处置其产生的危险废物被责令改正后拒不改正的，由生态环境主管部门组织代为处置

74．根据《中华人民共和国固体废物污染环境防治法》，下列对危险废物的分类收集和贮存方式，被禁止的是（　　）。

A．按照危险废物特性分类进行收集、贮存危险废物

B．混合收集、贮存、运输性质不相容而未经安全性处置的危险废物

C．将危险废物混入非危险废物中贮存

D．混合处置性质不相容而未经安全性处置的危险废物

75．根据《中华人民共和国固体废物污染环境防治法》，关于危险废物的收集、贮存，下列说法中正确的是（　　）。

A．性质相容的危险废物可以混合收集、贮存

B．收集、贮存危险废物，应当按照危险废物特性分类进行

C．禁止混合收集、贮存、运输、处置性质不相容而未经安全性处置的危险废物

D．禁止将危险废物混入非危险废物中贮存

76．根据《中华人民共和国固体废物污染环境防治法》，从事（　　）危险废物经营活动的单位，应当按照国家有关规定申请取得许可证。许可证的具体管理办法由国务院制定。

A．收集　　B．贮存　　C．处置　　D．利用

77．根据《中华人民共和国固体废物污染环境防治法》，对（　　），应当按照规定设置危险废物识别标志。

A．危险废物的容器

B．收集、贮存危险废物的设施、场所

C．运输、处置危险废物的设施、场所

D．危险废物的包装物

78．根据《中华人民共和国固体废物污染环境防治法》，关于危险废物的活动，禁止的行为有（　　）。

A．无经营许可证从事危险废物收集、贮存、利用、处置的经营活动

B．不按照经营许可证规定从事危险废物收集、贮存、利用、处置的经营活动

C．将危险废物提供或者委托给无经营许可证的单位从事收集、贮存、利用、处置的经营活动

D．将危险废物与旅客在同一运输工具上载运

79．根据《中华人民共和国固体废物污染环境防治法》，下列关于危险废物的说法，正确的是（　　）。

A．收集、贮存、运输、处置危险废物的场所、设施、设备和容器、包装物及其他物品不能转作他用

B．产生、收集、贮存、运输、利用、处置危险废物的单位，应当制定意外事故的防范措施和应急预案，并向所在地县级以上地方人民政府环境保护行政主管部门审批

C．转移危险废物的，必须按照国家有关规定填写危险废物转移联单

D．转移危险废物，未经批准的，不得转移

80．根据《中华人民共和国固体废物污染环境防治法》，因发生事故或者其他突发性事件，造成危险废物严重污染环境的情况，下列做法正确的是（　　）。

A．当地人民政府必须立即采取措施消除或者减轻对环境的污染危害

B．造成危险废物严重污染环境的单位应及时通报可能受到污染危害的单位和居民

C．造成危险废物严重污染环境的单位向所在地生态环境主管部门和有关部门报告

D．造成危险废物严重污染环境的单位接受调查处理

81．根据《中华人民共和国固体废物污染环境防治法》，在发生或者有证据证明可能发生危险废物严重污染环境、威胁居民生命财产安全时，下列做法正确的是（　　）。

A．县级以上地方人民政府生态环境主管部门或者其他固体废物污染环境防治工作的监督管理部门只需向上一级人民政府有关行政主管部门报告

B．由人民政府采取防止或者减轻危害的有效措施

C．有关生态环境主管部门或者其他固体废物污染环境防治工作的监督管理部门可以根据需要责令停止导致或者可能导致环境污染事故的作业

D．有关人民政府可以根据需要责令停止导致或者可能导致环境污染事故的作业

82．根据《中华人民共和国固体废物污染环境防治法》，在生态保护红线区域、永久基本农田集中区域和其他需要特别保护的区域内，禁止建设工业固体废物、危险废物集中（　　）的设施、场所和生活垃圾填埋场。

A．贮存　　B．利用　　C．处置　　D．转移

83．根据《中华人民共和国固体废物污染环境防治法》，国家建立电器电子、

铅蓄电池、车用动力电池等产品的（　　）。

A. 生产者责任延伸制度　　B. 生产者责任制度

C. 经营者责任延伸制度　　D. 经营者责任制度

84. 根据《中华人民共和国固体废物污染环境防治法》，关于各类污泥污染环境防治的有关规定，下列做法正确的是（　　）。

A. 城镇污水处理设施维护运营单位或者污泥处理单位应当安全处理污泥，保证处理后的污泥符合国家有关标准，对污泥的流向、用途、用量等进行跟踪、记录，并报告城镇排水主管部门、生态环境主管部门

B. 县级以上人民政府城镇排水主管部门应当将污泥处理设施纳入城镇排水与污水处理规划，推动同步建设污泥处理设施与污水处理设施，鼓励协同处理，污水处理费征收标准和补偿范围应当覆盖污泥处理成本和污水处理设施正常运营成本

C. 禁止擅自倾倒、堆放、丢弃、遗撒城镇污水处理设施产生的污泥和处理后的污泥

D. 禁止重金属或者其他有毒有害物质含量超标的污泥进入耕地

85. 地方人民政府生态环境主管部门应当会同自然资源主管部门对（　　）建设用地地块进行重点监测。

A. 曾用于生产、使用、贮存、回收、处置有毒有害物质的

B. 曾用于固体废物堆放、填埋的

C. 曾发生过重大、特大污染事故的

D. 国务院生态环境、自然资源主管部门规定的其他情形

86. 根据《中华人民共和国土壤污染防治法》，各类涉及（　　），应当依法进行环境影响评价。环境影响评价文件应当包括对土壤可能造成的不良影响及应当采取的相应预防措施等内容。

A. 土地利用的规划　　B. 可能造成土壤污染的建设项目

C. 可能造成污染的建设项目　　D. 土壤规划

87. 根据《中华人民共和国土壤污染防治法》，下列说法中正确的是（　　）。

A. 在永久基本农田集中区域，不得新建可能造成土壤污染的建设项目；已经建成的，应当限期关闭拆除

B. 土壤污染重点监管单位拆除设施、设备或者建筑物、构筑物的，应当制定包括应急措施在内的土壤污染防治工作方案，报地方人民政府生态环境、工业和信息化主管部门备案并实施

C. 实施风险管控、修复活动中产生的固体废物以及拆除的设施、设备或者建筑物、构筑物属于危险废物的，应当依照法律法规和相关标准的要求进行处置

D. 拆除设施、设备或者建筑物、构筑物，企业事业单位未采取相应的土壤污染防治措施或者土壤污染重点监管单位未制定、实施土壤污染防治工作方案的；由地方人民政府生态环境主管部门或者其他负有土壤污染防治监督管理职责的部门责令改正，处以罚款

88. 根据《中华人民共和国土壤污染防治法》，尾矿库运营、管理单位应当按照规定，加强尾矿库的安全管理，采取措施防止土壤污染。（　　）的运营、管理单位应当按照规定，进行土壤污染状况监测和定期评估。

A. 危库　　B. 险库

C. 病库　　D. 需要重点监管的尾矿库

89. 根据《中华人民共和国土壤污染防治法》，对严格管控类农用地地块，地方人民政府农业农村、林业草原主管部门应当采取下列风险管控措施（　　）。

A. 提出划定特定农产品禁止生产区域的建议，报本级人民政府批准后实施

B. 按照规定开展土壤和农产品协同监测与评价

C. 对农民、农民专业合作社及其他农业生产经营主体进行技术指导和培训

D. 其他风险管控措施

90. 根据《中华人民共和国海洋环境保护法》，海洋环境保护应当坚持（　　）、综合治理、公众参与、损害担责的原则。

A. 保护优先　　B. 预防为主

C. 源头防控　　D. 陆海统筹

91. 芦苇生长茂盛的某无人海岛拟开发用于建设造船基地。根据《中华人民共和国海洋环境保护法》，在基地建设过程中，下列符合海洋生态保护要求的做法有（　　）。

A. 利用该岛原有岸滩靠泊船只

B. 基础设施建设过程中砍伐海岛上的芦苇

C. 为平整场地，将海岛西侧山体削平填至东侧

D. 经科学论证，引进国外经济鱼种在海岛周边放养，以丰富周边海域鱼类品种

92. 根据《中华人民共和国海洋环境保护法》，沿海县级以上地方人民政府应当根据排污口类别、责任主体，组织有关部门对本行政区域内各类入海排污口进行排查整治和日常监督管理，建立健全（　　）全链条治理体系。

A. 近岸水体　　B. 入海排污口

C. 排污管线　　D. 污染源

93. 根据《中华人民共和国海洋环境保护法》，关于海洋生态保护，下列说法正确的是（　　）。

A. 限制毁坏海岸防护设施、沿海防护林、沿海城镇园林和绿地

B．新建、改建、扩建海水养殖场，应当进行环境影响评价

C．国家级海洋自然保护区的建立，须经国务院批准

D．引进海洋动植物物种，应当进行科学论证，避免对海洋生态系统造成危害

94．《中华人民共和国海洋环境保护法》规定：国务院和沿海地方各级人民政府应当采取有效措施，保护（　　）、入海河口、重要渔业水域等具有典型性、代表性的海洋生态系统。

A．红树林　　B．珊瑚礁　　C．滨海湿地　　D．海岛　　E．海湾

95．《中华人民共和国海洋环境保护法》规定：国务院和沿海地方各级人民政府对（　　）应当采取有效措施进行保护。

A．珍稀、濒危海洋生物的天然集中分布区

B．具有重要经济价值的海洋生物生存区域

C．有重大科学文化价值的海洋自然历史遗迹

D．有重大科学文化价值的海洋自然景观

96．根据《中华人民共和国海洋环境保护法》，生态环境主管部门应当在完成备案后十五个工作日内将入海排污口设置情况通报自然资源、渔业等部门和（　　）。

A．国家海洋局　　B．海事管理机构

C．海警机构　　D．军队生态环境保护部门

97．《中华人民共和国海洋环境保护法》规定：在（　　）及其他需要特别保护的区域，不得新设工业排污口和城镇污水处理厂排污口；法律、行政法规另有规定的除外。

A．自然保护地　　B．重要渔业水域

C．海水浴场　　D．生态保护红线区域

98．下列行为中属于《中华人民共和国海洋环境保护法》禁止的是（　　）。

A．向海域排放油类　　B．向海域排放剧毒废液

C．向海域排放碱液　　D．向海域排放酸液

E．向海域排放低水平放射性废水

99．根据《中华人民共和国海洋环境保护法》，严格控制向海域排放的废水有（　　）。

A．经过处理的含热废水　　B．含有重金属的废水

C．中水平放射性的废水　　D．含有不易降解有机物的废水

100．《中华人民共和国海洋环境保护法》规定：（　　）必须经过处理，符合国家有关排放标准后，方能排入海域。

A．生活污水　　B．碱液　　C．含病原体的医疗污水

D．含有不易降解的有机物和重金属的废水　　E．工业废水

101．根据《中华人民共和国海洋环境保护法》，含有机物和营养物质的工业废水、生活污水，应当严格控制向（　　）及其他自净能力较差的海域排放。

A．海湾　　B．大陆架　　C．深海　　D．半封闭海

102．根据《中华人民共和国海洋环境保护法》，禁止在沿海陆域新建不符合国家产业政策的（　　）及其他严重污染海洋环境的生产项目。

A．化学制浆造纸　　B．化工

C．印染　　D．岸边冲滩拆船

103．根据《中华人民共和国海洋环境保护法》，国务院生态环境主管部门根据全国海洋倾倒区规划，按照（　　）的原则及时选划海洋倾倒区。

A．科学　　B．合理

C．经济　　D．安全

104．根据《中华人民共和国海洋环境保护法》，国务院生态环境主管部门根据（　　），制定海洋倾倒废弃物评价程序和标准。

A．废弃物的毒性　　B．有毒物质含量

C．废弃物的理化性质　　D．对海洋环境影响程度

105．根据《中华人民共和国海洋环境保护法》，在中华人民共和国管辖海域，任何船舶及相关作业不得违法向海洋排放（　　）等污染物。

A．船舶垃圾　　B．生活污水

C．含油污水　　D．含有毒有害物质废气

106．《中华人民共和国放射性污染防治法》适用于领域和管辖的其他海域在（　　）发生的放射性污染的防治活动。

A．核设施选址、建造、运行、退役　　B．核技术开发利用过程中

C．铜矿开发利用过程中　　D．伴生放射性矿开发利用过程中

E．铀（钍）矿开发利用过程中

107．根据《中华人民共和国放射性污染防治法》，核设施在（　　）需进行环境影响评价。

A．选址　　B．建造前　　C．运营前　　D．退役前　　E．退役后

108．根据《中华人民共和国放射性污染防治法》，开发利用或者关闭铀（钍）矿的单位，应当在（　　）编制环境影响报告书，报国务院环境保护行政主管部门审查批准。

A．申请领取采矿许可证前　　B．办理退役审批手续前

C．可行性报告时　　D．铀（钍）矿退役后

109．根据《中华人民共和国放射性污染防治法》，放射性废液禁止采用的方式有（　　）。

A．利用渗井排放　　B．利用渗坑排放
C．利用溶洞排放　　D．利用天然裂隙排放

110．《中华人民共和国放射性污染防治法》规定：禁止在（　　）处置放射性固体废物。

A．平原　　B．丘陵地形　　C．内河水域　　D．海洋

111．根据《中华人民共和国放射性污染防治法》中关于放射性固体废物的处置方式，下列说法中正确的是（　　）。

A．高水平放射性固体废物在符合国家规定的区域实行近地表处置
B．低、中水平放射性固体废物实行集中的深地质处置
C．α放射性固体废物实行集中的深地质处置
D．禁止在内河水域和海洋上处置放射性固体废物

112．根据《中华人民共和国清洁生产促进法》，企业在进行技术改造过程中，应当采取的清洁生产措施包括（　　）。

A．对生产过程中产生的余热进行综合利用
B．采用无害或低毒的原料替代毒性大、危害严重的原料
C．采用污染物产生量少的设备替代污染物产生量多的设备
D．采用能够达到国家规定的污染物排放标准的污染防治技术

113．根据《中华人民共和国水法》，建立饮用水水源保护区的目的是（　　）。

A．保证灌溉用水　　B．防止水体污染
C．防止水源枯竭　　D．保证城乡居民饮用水安全

114．《中华人民共和国水法》规定：在水资源不足的地区，应当对城市规模和建设耗水量大的（　　）项目加以限制。

A．牧业　　B．农业　　C．工业　　D．服务业

115．根据《中华人民共和国水法》，在水生生物洄游通道、通航或者竹木流放的河流上修建永久性拦河闸坝，建设单位应当同时修建（　　）设施，或者经国务院授权的部门批准采取其他补救措施，并妥善安排施工和蓄水期间的水生生物保护、航运和竹木流放，所需费用由建设单位承担。

A．过鱼　　B．过船　　C．过木　　D．过人

116．根据《中华人民共和国水法》，关于水资源开发利用的规定，下列说法中符合该规定的是（　　）。

A．移民安置应当与工程建设同步进行
B．跨流域调水，应当进行全面规划和科学论证
C．在水资源不足的地区，应当对城市规模加以限制
D．在水能丰富的河流，应当有计划地进行多目标梯级开发

117. 根据《中华人民共和国水法》，关于排污口设置的规定，下列说法中正确的是（　　）。

A. 禁止在饮用水水源保护区内设置排污口

B. 在湖泊改建排污口，由流域管理机构进行审批

C. 在江河扩大排污口，由有管辖权的水行政主管部负责审批

D. 在江河新建排污口，由环境保护行政主管部门负责对该建设项目的环境影响报告书进行审批

118. 根据《中华人民共和国水法》，关于设置、新建、改建或者扩大排污口，下列说法中正确的是（　　）。

A. 在饮用水水源保护区内设置排污口需经省、自治区、直辖市人民政府批准

B. 在饮用水水源保护区内设置排污口需经省、自治区、直辖市生态环境主管部门批准

C. 在江河、湖泊新建、改建或者扩大排污口，应当经过有管辖权的水行政主管部门或者流域管理机构同意

D. 在江河、湖泊新建、改建排污口（扩大排污口除外），应当经过有管辖权的水行政主管部门或者流域管理机构同意

119. （　　）是《中华人民共和国水法》规定的河道管理范围内的禁止行为。

A. 在江河、湖泊、水库、运河、渠道内弃置、堆放阻碍行洪的生活垃圾

B. 种植阻碍行洪的林木

C. 在河道管理范围内建设妨碍行洪的建筑物、构筑物

D. 从事影响河势稳定、危害河岸堤防安全和其他妨碍河道行洪的活动

120. 根据《中华人民共和国水法》，下列有关水资源、水域和水工程保护的有关规定，正确的是（　　）。

A. 在河道管理范围内采砂，影响河势稳定或者危及堤防安全的，有关县级以上人民政府水行政主管部门应当划定禁采区和规定禁采期，并予以公告

B. 在地下水严重超采地区，经当地人民政府批准，可以划定地下水禁止开采或者限制开采区

C. 禁止在饮用水水源准保护区内设置排污口

D. 禁止在江河、湖泊、水库、运河、渠道内弃置、堆放阻碍行洪的物体和种植阻碍行洪的林木及高秆作物

121. 《中华人民共和国防沙治沙法》所称土地沙化，是指主要因人类不合理活动所导致的（　　），形成流沙及沙土裸露的过程。

A. 天然沙漠扩张　　B. 沙质土壤上植被被破坏

C. 沙尘暴天气　　D. 沙质土壤上覆盖物被破坏

122. 根据《中华人民共和国防沙治沙法》，下列关于沙化土地封禁保护区的规定，正确的是（　　）。

A. 在沙化土地封禁保护区内，可以有条件地安置移民

B. 在沙化土地封禁保护区内，禁止一切破坏植被的活动

C. 沙化土地封禁保护区主管部门应当组织该保护区范围内的农牧民迁出

D. 沙化土地封禁保护区范围内尚未迁出的农牧民的生产生活，由该保护区主管部门妥善安排

123. 根据《中华人民共和国防沙治沙法》，在沙化土地封禁保护区范围内，（　　）属于禁止的行为。

A. 安置移民　B. 修建铁路　C. 砍伐植被　D. 修建公路

124. 根据《中华人民共和国防沙治沙法》，经国务院或者国务院指定的部门同意，在沙化土地封禁保护区范围内，（　　）活动是可以的。

A. 安置移民　B. 修建铁路　C. 砍伐植被　D. 修建公路

125. 根据《中华人民共和国草原法》，关于草原的保护，下列说法中正确的是（　　）。

A. 禁止一切开垦草原的活动

B. 已沙化的已垦草原，应当限期治理

C. 对需要改善生态环境的已垦草原，应当实行禁牧

D. 水土流失严重的已垦草原，应当实行禁牧

126. 根据《中华人民共和国草原法》，国家实行基本草原保护制度。（　　）应当划为基本草原，实施严格管理。

A. 割草地　B. 重要放牧场

C. 用于畜牧业生产的人工草地　D. 用于畜牧业生产的退耕还草地

E. 草原科研基地

127. 根据《中华人民共和国草原法》，国家实行基本草原保护制度。（　　）应当划为基本草原，实施严格管理。

A. 用于畜牧业生产改良草地

B. 用于畜牧业生产的草种基地

C. 调节气候、涵养水源、保持水土、防风固沙具有特殊作用的草原

D. 作为国家重点保护野生动植物生存环境的草原

E. 草原教学试验基地

128. 《中华人民共和国文物保护法》规定：文物保护单位的保护范围内不得进行（　　），但是，因特殊情况需要的除外。

A. 建设新厂房　B. 爆破　C. 钻探　D. 挖掘

129. 根据《中华人民共和国文物保护法》，在文物保护单位的保护范围和建设控制地带内，下列说法中正确的是（　　）。

A. 不得建设污染文物保护单位及其环境的设施

B. 不得进行可能影响文物保护单位安全及其环境的活动

C. 对已有的污染文物保护单位及其环境的设施，应当限期关闭

D. 对已有的污染文物保护单位及其环境的设施，应当限期治理

130. 某省一建设工程选址涉及一国家级重点文物保护单位的不可移动文物，根据《中华人民共和国文物保护法》，下列说法中正确的是（　　）。

A. 应当尽可能避开该不可移动文物

B. 因特殊情况不能避开，应对文物实施原址保护

C. 若无法实施原址保护的，应报该省人民政府批准后迁移异地保护

D. 因特殊情况不能避开，应报国务院批准后拆除异地重建

131. 根据《中华人民共和国森林法》，下列森林、林木和灌木丛属于防护林的有（　　）。

A. 环境保护林　　B. 自然保护区的森林　　C. 水源涵养林

D. 水土保持林　　E. 护岸林

132. 根据《中华人民共和国森林法》，下列森林、林木和灌木丛属于特种用途林的是（　　）。

A. 环境保护林　　B. 自然保护区的森林　　C. 实验林

D. 水土保持林　　E. 名胜古迹和革命纪念地的林木

133. 根据《中华人民共和国森林法》，下列说法正确的是（　　）。

A. 禁止毁林开垦、采石、采砂、采土以及其他毁坏林木和林地的行为

B. 禁止向林地排放重金属或者其他有毒有害物质含量超标的污水、污泥以及可能造成林地污染的清淤底泥、尾矿、矿渣等

C. 禁止在幼林地砍柴、毁苗、放牧

D. 禁止擅自移动或者损坏森林保护标志

134. 根据《中华人民共和国森林法》，国家鼓励发展的商品林有（　　）。

A. 以生产木材为主要目的的森林

B. 以生产果品、油料、饮料、调料、工业原料和药材等林产品为主要目的的森林

C. 以生产燃料和其他生物质能源为主要目的的森林

D. 其他以发挥经济效益为主要目的的森林

135. 根据《中华人民共和国森林法》，县级以上人民政府林业主管部门履行森林资源保护监督检查职责，有权采取（　　）措施。

A. 进入生产经营场所进行现场检查

B．查阅、复制有关文件、资料，对可能被转移、销毁、隐匿或者篡改的文件、资料予以封存

C．查封、扣押有证据证明来源非法的林木以及从事破坏森林资源活动的工具、设备或者财物

D．查封与破坏森林资源活动有关的场所

136．根据《中华人民共和国森林法》，下列关于森林资源的保护，说法正确的是（　　）。

A．进行勘查活动，应当不占或者少占林地

B．进行开采矿藏时，必须征用林地的，需经县级以上人民政府审核同意

C．各项建设工程征用了林地的，需缴纳森林植被恢复费

D．各项建设工程征用了林地后，恢复森林植被应由建设单位进行植树造林

137．根据《中华人民共和国森林法》规定，为保护森林，（　　）是禁止的。

A．毁林采石、采砂、采土　　B．在幼林地和特种用途林内砍柴

C．进入森林和森林边缘地区的人员，擅自移动或者损坏为林业服务的标志

D．在幼林地旅游　　E．在特种用途林内放牧

138．根据《中华人民共和国森林法》，不得核发采伐许可证的情形有（　　）。

A．采伐封山育林期、封山育林区内的林木

B．上年度采伐后未按照规定完成更新造林任务

C．上年度发生重大滥伐案件、森林火灾或者林业有害生物灾害，未采取预防和改进措施

D．法律法规规定的禁止采伐的其他情形

139．根据《中华人民共和国森林法》，（　　）采伐许可证的，由县级以上人民政府林业主管部门没收证件和违法所得，并处违法所得一倍以上三倍以下的罚款；没有违法所得的，可以处二万元以下的罚款。

A．伪造　　B．变造　　C．买卖　　D．租借

140．适用《中华人民共和国渔业法》的生产活动有（　　）。

A．在滩涂养殖贝类　　B．在内水用网箱养殖鱼类

C．在领海采集海带用于科学研究　　D．在专属经济区捕捞洄游中的鱼群

141．《中华人民共和国渔业法》和《中华人民共和国海洋环境保护法》都适用的范围是（　　）。

A．内水　　B．滩涂　　C．领海　　D．专属经济区　　E．毗连区

142．根据《中华人民共和国矿产资源法》，非经国务院授权的有关主管部门同意，（　　）不得开采矿产资源。

A. 城镇市政工程设施附近一定距离以内

B. 重要工业区附近一定距离以内

C. 小型水利工程设施附近一定距离以内

D. 港口、机场、国防工程设施圈定地区以内

143. 根据《中华人民共和国矿产资源法》，非经国务院授权的有关主管部门同意，（ ）不得开采矿产资源。

A. 铁路、重要公路两侧一定距离以内

B. 重要河流、堤坝两侧一定距离以内

C. 国家划定的自然保护区、重要风景区

D. 国家重点保护的不能移动的历史文物和名胜古迹所在地

144. 下列说法符合《中华人民共和国土地管理法》规定的是（ ）。

A. 国家实行永久基本农田保护制度和占用耕地补偿制度

B. 各直辖市划定的永久基本农田应当占本行政区域内耕地的80%以上

C. 各县级划定的永久基本农田应当占本行政区域内耕地的80%以上

D. 征用永久基本农田必须省级以上人民政府批准

E. 各自治州划定的永久基本农田应当占本行政区域内耕地的80%以上

145. 根据《中华人民共和国野生动物保护法》，下列（ ）属于该法规定保护的野生动物范畴。

A. 珍贵、濒危的陆生野生动物

B. 珍贵、濒危的水生野生动物

C. 有重要生态、科学、社会价值的陆生野生动物

D. 有重要生态、科学、社会价值的水生野生动物

146. 根据《中华人民共和国野生动物保护法》，野生动物及其栖息地状况调查、监测和评估内容包括（ ）。

A. 野生动物野外分布区域、种群数量及结构

B. 野生动物栖息地的面积、生态状况

C. 野生动物及其栖息地的主要威胁因素

D. 野生动物人工繁育情况等其他需要调查、监测和评估的内容

147. 某拟建公路项目选线时，有可能涉及某省级自然保护区，且该区域有迁徙的野生动物，根据《中华人民共和国野生动物保护法》，下列做法中正确的是（ ）。

A. 避让该省级自然保护区

B. 尽可能少占用该省级自然保护区的面积

C. 按最短路径穿越该省级自然保护区

D. 无法避让的，应当采取修建野生动物通道，消除或者减少对野生动物的不利

影响

148．根据《中华人民共和国野生动物保护法》，下列建设项目的选址选线，应当避让相关自然保护区域、野生动物迁徙洄游通道的是（　　）。

A．机场　　B．水利水电　　C．铁路　　D．围堰

149．根据《中华人民共和国野生动物保护法》，下列建设项目的选址选线，应当避让相关自然保护区域、野生动物迁徙洄游通道的是（　　）。

A．公路　　B．医疗服务业　　C．围填海　　D．房地产

150．《中华人民共和国河道管理条例》的适用范围包括（　　）。

A．太湖　　B．京杭大运河

C．河道内的航道　　D．洪水泛滥可能淹没的地区

151．《中华人民共和国河道管理条例》适用于中华人民共和国领域内的河道包括（　　）。

A．湖泊　　B．人工水道　　C．行洪区　　D．蓄洪区　　E．滞洪区

152．根据《中华人民共和国河道管理条例》，不得在河道管理范围内的河道滩地（　　）。

A．改造城镇居民小区　　B．挖筑鱼塘

C．开采地下资源　　D．存放防洪物资

153．根据《中华人民共和国自然保护区条例》，关于自然保护区的核心区的保护要求，下列说法中正确的是（　　）。

A．允许进入从事参观考察　　B．允许进入从事科学研究观测活动

C．禁止任何单位和个人进入　　D．不允许进入从事科学研究活动

154．根据《中华人民共和国自然保护区条例》，在自然保护区的实验区，可以进入从事（　　）等活动。

A．教学实习　　B．科学试验　　C．参观考察

D．驯化、繁殖珍稀、濒危野生动植物　　E．旅游

155．根据《中华人民共和国自然保护区条例》，自然保护区内的（　　）应划分为核心区。

A．珍稀动植物的集中分布地　　B．保存完好的天然状态的生态系统

C．濒危动植物的集中分布地　　D．保存完好的人工种植的生态系统

156．根据《中华人民共和国自然保护区条例》，可以在自然保护区实验区从事的活动有（　　）。

A．采药　　B．捕捞鱼虾　　C．教学实验

D．科学试验　　E．驯化濒危野生动物

157．某高校因科研需要，拟在一省级自然保护区缓冲区内采集标本，根据《中

华人民共和国自然保护区条例》，该高校的下列做法中，正确的是（　　）。

A. 经批准后采集标本，并将标本采集成果副本提交该自然保护区管理机构

B. 事先向该自然保护区管理机构提交申请和活动计划，经批准后即可进行标本采集

C. 事先向该省人民政府自然保护区行政主管部门申报申请和活动计划，经批准后即可进行标本采集

D. 事先向该自然保护区管理机构提交申请和活动计划，并报该省人民政府自然保护区行政主管部门批准后，即可进行标本采集

158. 根据《中华人民共和国自然保护区条例》，在内部未分区的自然保护区内，禁止的活动有（　　）。

A. 参观旅游　　B. 教学实习

C. 采挖草药　　D. 繁殖珍稀野生植物

159. 根据《中华人民共和国自然保护区条例》，某自然保护区内部没有进行分区，下列关于该自然保护区的说法，正确的是（　　）。

A. 可以在该自然保护区内开展旅游和生产经营活动

B. 可以在该自然保护区内建设生产设施

C. 因教学科研的目的，需要进入该自然保护区从事非破坏性的科学研究、教学实习和标本采集活动的，应当经自然保护区管理机构批准

D. 禁止在该自然保护区内进行狩猎、采药、开垦、开矿等活动

160. 根据《中华人民共和国自然保护区条例》，下列关于自然保护区的说法，正确的是（　　）。

A. 禁止在自然保护区内进行砍伐、放牧、狩猎

B. 禁止在自然保护区内进行捕捞、采药、开垦

C. 禁止在自然保护区内进行烧荒、开矿、采石、挖沙

D. 禁止在自然保护区内进行工厂建设

E. 因科学研究的需要，必须进入国家级自然保护区核心区的，必须经省级以上有关自然保护区行政主管部门批准

161. 根据《中华人民共和国自然保护区条例》，下列关于自然保护区的说法，正确的是（　　）。

A. 禁止在自然保护区的核心区开展旅游和生产经营活动

B. 禁止在自然保护区的缓冲区开展旅游和生产经营活动

C. 禁止任何人进入自然保护区的缓冲区

D. 在自然保护区的核心区和缓冲区内，不得建设任何生产设施

E. 在自然保护区的实验区内，可以建设污染环境、破坏资源或者景观的生产设施

162. 根据《风景名胜区条例》，下列关于风景名胜区的说法，正确的是（ ）。

A. 游人集中的游览区内，不得建设宾馆、招待所以及休养、疗养机构

B. 风景名胜区内的一切景物和自然环境，必须严格保护，不得破坏或随意改变

C. 在风景名胜区及其外围保护地带内的各项建设，都应当与景观相协调，不得建设破坏景观、污染环境、妨碍游览的设施

D. 风景名胜区的土地，任何单位和个人都不得侵占

E. 在珍贵景物周围和重要景点上，除必需的保护和附属设施外，不得增建其他工程设施

163. 根据《风景名胜区条例》，下列关于风景名胜区的说法，错误的是（ ）。

A. 游人集中的游览区内，可以建设休养、疗养机构

B. 风景名胜区的土地，任何个人都不得侵占，单位可以侵占

C. 在风景名胜区及其外围保护地带内，都应当与景观相协调

D. 在风景名胜区及其外围保护地带内可以建设破坏景观、污染环境、妨碍游览的设施

E. 在珍贵景物周围和重要景点上，除必需的保护和附属设施外，不得增建其他工程设施

164. 根据《风景名胜区条例》，下列关于风景名胜区的说法，正确的是（ ）。

A. 风景名胜区的古树名木严禁砍伐

B. 风景名胜区及其外围保护地带内的林木，不分权属都不得砍伐

C. 风景名胜区需进行更新、抚育性采伐林木的，须经地方林业主管部门批准

D. 在风景名胜区内采集标本、野生药材必须经管理机构同意

E. 在风景名胜区内采集其他林副产品不必经管理机构同意，但应限定数量

165. 根据《土地复垦条例》，下列关于生产建设活动损毁土地复垦的原则，说法正确的是（ ）。

A. 生产建设活动损毁的土地，由生产建设单位或者个人负责复垦

B. 历史遗留损毁土地，由未来土地使用者负责组织复垦

C. 自然灾害损毁的土地，由县级以上人民政府负责组织复垦

D. 历史遗留损毁土地，由县级以上人民政府负责组织复垦

166. 根据《土地复垦条例》，下列（ ）由土地复垦义务人负责复垦。

A. 地下采矿等造成地表塌陷的土地　B. 烧制砖瓦地表挖掘所损毁的土地

C. 露天采矿地表挖掘所损毁的土地　D. 挖沙取土地表挖掘所损毁的土地

167. 根据《土地复垦条例》，下列（ ）由土地复垦义务人负责复垦。

A. 历史遗留损毁的土地

B. 能源、交通、水利等基础设施建设临时占用所损毁的土地

C. 自然灾害损毁的土地

D. 堆放采矿剥离物、废石、矿渣、粉煤灰等固体废弃物压占的土地

168. 根据《土地复垦条例》，土地复垦义务人应当建立土地复垦质量控制制度，遵守（　　），保护土壤质量与生态环境，避免污染土壤和地下水。

A. 土地复垦标准　　B. 土地评价标准

C. 土地安全标准　　D. 环境保护标准

169. 根据《土地复垦条例》，土地复垦时，为了保护土壤质量与生态环境、避免污染土壤和地下水，下列说法中正确的是（　　）。

A. 禁止将重金属污染物用作回填或者充填材料

B. 禁止将有毒有害物质用作回填或者充填材料

C. 受重金属污染物的土地复垦后，不得用于种植食用农作物

D. 受有毒有害物质污染的土地复垦后，达到国家有关标准后，可以用于种植食用农作物

170. 根据《医疗废物管理条例》，医疗废物集中处置单位的贮存、处置设施，应当远离（　　）。

A. 交通干道　　B. 水源保护区

C. 工厂　　D. 居（村）民居住区

171. 根据《医疗废物管理条例》，关于医疗废物集中贮存、处置设施，下列说法中正确的是（　　）。

A. 应当远离居（村）民居住区、水源保护区和交通干道

B. 应当远离工厂、企业等工作场所

C. 与工厂、企业等工作场所有适当的安全防护距离

D. 与居（村）民居住区、水源保护区和交通干道有适当的安全防护距离

172. 根据《危险化学品安全管理条例》，下列（　　）属于危险化学品。

A. 爆炸品　　B. 压缩气体

C. 液化气体　　D. 易燃液体

E. 氧化剂和有机过氧化物

173. 根据《危险化学品安全管理条例》，下列（　　）属于危险化学品。

A. 易燃固体　　B. 自燃物品　　C. 遇湿易燃物品

D. 有毒品　　E. 腐蚀品

174. 根据《危险化学品安全管理条例》，国家对危险化学品的生产和储存实行（　　）。

A. 统一规划　　B. 合理布局　　C. 严格控制　　D. 审批制度

175. 根据《危险化学品安全管理条例》，下列关于危险化学品的生产、储存和

使用，错误的是（　　）。

A．国家对危险化学品的生产、储存、使用实行统一规划、合理布局和严格控制

B．国家对危险化学品的生产和储存实行审批制度

C．未经审批，任何单位和个人都不得生产、储存危险化学品

D．未经审批，任何单位和个人都不得生产、储存、使用危险化学品

176．根据《危险化学品安全管理条例》，危险化学品的生产装置和储存数量构成重大危险源的储存设施，与（　　）的距离必须符合国家标准或者国家有关规定（运输工具加油站、加气站除外）。

A．居民区、商业中心、公园等人口密集区域

B．学校、医院、影剧院、体育场（馆）等公共设施

C．供水水源、水厂及水源保护区

D．车站、机场以及公路、铁路、水路交通干线、地铁风亭及出入口

E．基本农田保护区，畜牧区，渔业水域和种子、种畜、水产苗种生产基地

177．根据《危险化学品安全管理条例》，危险化学品的生产装置和储存数量构成重大危险源的储存设施，与（　　）的距离必须符合国家标准或者国家有关规定（运输工具加油站、加气站除外）。

A．经批准，专门从事危险化学品装卸作业的码头

B．河流、湖泊　　C．工业区　　D．军事禁区、军事管理区

E．风景名胜区和自然保护区

178．根据《危险化学品安全管理条例》，危险化学品的生产装置和储存数量构成重大危险源的储存设施，与（　　）的距离必须符合国家标准或者国家有关规定。

A．车站　　B．河流

C．基本农田　　D．运输工具加油站

179．禁止在（　　）内建设畜禽养殖场、养殖小区。

A．饮用水水源保护区、风景名胜区　　B．人口集中区

C．山区　　D．自然保护区的核心区和缓冲区

180．根据《畜禽规模养殖污染防治条例》，下列对于畜禽粪便、污水综合利用的有关规定，正确的是（　　）。

A．国家鼓励和支持采取粪肥还田、制取沼气、制造有机肥等方法

B．国家鼓励和支持采取种植和养殖相结合的方式消纳利用畜禽养殖废弃物

C．国家鼓励和支持沼气制取、有机肥生产等废弃物综合利用

D．建设沼渣沼液输送和施用、沼气发电等相关配套设施

181．根据《畜禽规模养殖污染防治条例》，下列对于畜禽养殖废弃物处理的有关做法，正确的是（　　）。

A．从事畜禽养殖活动和畜禽养殖废弃物处理活动，应当及时对畜禽粪便、畜禽尸体、污水等进行收集、贮存、清运，防止恶臭和畜禽养殖废弃物渗出、泄漏

B．向环境排放经过处理的畜禽养殖废弃物，应当符合国家和地方规定的污染物排放标准和总量控制指标。畜禽养殖废弃物未经处理，不得直接向环境排放

C．染疫畜禽以及染疫畜禽排泄物、染疫畜禽产品、病死或者死因不明的畜禽尸体等病害畜禽养殖废弃物，应当按照有关法律、法规和国务院农牧主管部门的规定，进行深埋、化制、焚烧等无害化处理，不得随意处置

D．畜禽养殖场、养殖小区应当定期将畜禽养殖品种、规模以及畜禽养殖废弃物的产生、排放和综合利用等情况，报县级人民政府环境保护主管部门备案

182．根据《城镇排水与污水处理条例》，下列关于禁止从事危及城镇排水与污水处理设施安全活动的有关规定，正确的是（　　）。

A．禁止向城镇排水与污水处理设施排放、倾倒剧毒、易燃易爆、腐蚀性废液和废渣

B．禁止向城镇排水与污水处理设施倾倒垃圾、渣土、施工泥浆等废物

C．禁止建设占压城镇排水与污水处理设施的建筑物、构筑物或者其他设施

D．禁止穿凿、堵塞城镇排水与污水处理设施

183．根据《防治船舶污染海洋环境管理条例》，船舶不得向依法划定的（　　）排放船舶污染物。

A．海洋自然保护区

B．海滨风景名胜区

C．重要渔业水域

D．其他需要特别保护的海域

184．根据《防治船舶污染海洋环境管理条例》，下列关于船舶拆解管理的选项，正确的是（　　）。

A．船舶修造、水上拆解的地点应当符合环境功能区划和海洋功能区划

B．从事船舶拆解的单位在船舶拆解作业，应当对船舶上的残余物和废弃物进行处置，将油舱（柜）中的存油驳出，进行船舶清舱、洗舱、测爆等工作

C．从事船舶拆解的单位应当及时清理船舶拆解现场，并按照国家有关规定处理船舶拆解产生的污染物

D．允许采取冲滩方式进行船舶拆解作业

185．根据《防治船舶污染海洋环境管理条例》，船舶修造、水上拆解的地点应当符合（　　）和（　　）。

A．环境功能区划

B．海洋功能区划

C．主体功能区划

D．经济区域发展

186．根据《消耗臭氧层物质管理条例》，对于消耗臭氧层物质的生产、使用单位防止或者减少消耗臭氧层物质的泄漏和排放的有关规定，下列选项中，正确的是（　　）。

A. 从事含消耗臭氧层物质的制冷设备、制冷系统或者灭火系统的维修、报废处理等经营活动的单位，应当按照国务院环境保护主管部门的规定对消耗臭氧层物质进行回收、循环利用或者交由从事消耗臭氧层物质回收、再生利用、销毁等经营活动的单位进行无害化处置

B. 从事消耗臭氧层物质回收、再生利用、销毁等经营活动的单位，应当按照国务院环境保护主管部门的规定对消耗臭氧层物质进行无害化处置，允许直接排放

C. 从事消耗臭氧层物质的生产、销售、使用、回收、再生利用、销毁等经营活动的单位，应当完整保存有关生产经营活动的原始资料至少 3 年，并按照国务院环境保护主管部门的规定报送相关数据

D. 专门从事消耗臭氧层物质回收、再生利用或者销毁等经营活动的单位，应当向所在地省、自治区、直辖市人民政府环境保护主管部门备案

187. 根据《消耗臭氧层物质管理条例》，县级以上人民政府环境保护主管部门和其他有关部门进行监督检查，有权采取措施，包括（　　）。

A. 要求被检查单位提供有关资料

B. 进入被检查单位的生产、经营、储存场所进行调查和取证

C. 责令被检查单位停止违反本条例规定的行为，履行法定义务

D. 扣押、查封违法生产、销售、使用、进出口的消耗臭氧层物质及其生产设备、设施、原料及产品

188. 根据《中华人民共和国固体废物污染环境防治法》，（　　）应当将污泥处理设施纳入城镇排水与污水处理规划，推动同步建设污泥处理设施与污水处理设施，鼓励协同处理，污水处理费征收标准和补偿范围应当覆盖污泥处理成本和污水处理设施正常运营成本。

A. 县级以上人民政府城镇排水主管部门

B. 县级以上人民政府

C. 县级以上人民政府城镇主管部门

D. 县级以上地方人民政府环境保护行政主管部门

189. 根据《中华人民共和国长江保护法》，国务院有关部门和长江流域地方各级人民政府应当采取措施（　　），开展河道泥沙观测和河势调查，建立与经济社会发展相适应的防洪减灾工程和非工程体系，提高防御水旱灾害的整体能力。

A. 加快病险水库除险加固　　B. 推进堤防和蓄滞洪区建设

C. 提升洪涝灾害防御工程标准　　D. 加强水工程联合调度

190. 根据《中华人民共和国长江保护法》，长江流域县级以上地方人民政府应当加强对长江流域草原资源的保护，对具有（　　）等特殊作用的基本草原实施严格管理。

A．调节气候　　B．涵养水源　　C．保持水土　　D．防风固沙

191．根据《中华人民共和国长江保护法》，国务院有关部门和长江流域地方各级人民政府应当按照（　　）的要求，调整产业结构，优化产业布局，推进长江流域绿色发展。

A．专项规划、区域规划　　B．长江流域发展规划

C．国土空间规划　　D．长江流域水资源规划

192．根据《中华人民共和国长江保护法》，长江流域省级人民政府根据本行政区域的生态环境和资源利用状况，制定（　　）和（　　），报国务院生态环境主管部门备案后实施。

A．重点污染物排放总量控制指标　　B．生态环境分区管控方案

C．国土空间规划　　D．生态环境准入清单

193．根据《中华人民共和国长江保护法》，长江流域县级以上地方人民政府及其有关部门应当定期调查评估地下水资源状况，监测（　　），并采取相应风险防范措施，保障地下水资源安全。

A．地下水水量　　B．水位　　C．水环境质量　　D．地下水水质

194．根据《中华人民共和国长江保护法》，长江流域县级以上地方人民政府及其有关部门应当合理布局饮用水水源取水口，（　　）。

A．制定饮用水安全突发事件应急预案

B．加强饮用水备用应急水源建设

C．对饮用水水源的水环境质量进行实时监测

D．建立健全应急响应机制

195．根据《地下水管理条例》，取用地下水的单位和个人应当遵守取水总量控制和定额管理要求，使用先进节约用水技术、工艺和设备，采取循环用水、综合利用及废水处理回用等措施，实施技术改造，降低用水消耗。对下列（　　）工艺、设备和产品，应当在规定的期限内停止生产、销售、进口或者使用。

A．列入淘汰落后的、耗水量高的工艺、设备和产品名录的

B．列入淘汰落后的、耗水量高的工艺名录的

C．列入限期禁止采用的严重污染水环境的工艺名录和限期禁止生产、销售、进口、使用的严重污染水环境的设备名录的

D．列入限期禁止采用的严重污染水环境的工艺名录的

196．根据《地下水管理条例》，以地下水为灌溉水源的地区，县级以上地方人民政府应当采取保障建设投入、加大对企业信贷支持力度、建立健全基层水利服务体系等措施，鼓励发展节水农业，推广应用（　　）等节水灌溉技术，以及先进的农机、农艺和生物技术等，提高农业用水效率，节约农业用水。

A．喷灌　　B．微灌　　C．管道输水灌溉　　D．渠道防渗输水灌溉

197．根据《地下水管理条例》，有下列情形之一的，对取用地下水的取水许可申请不予批准：（　　）。

A．不符合地下水取水总量控制、地下水水位控制要求

B．不符合限制开采区取用水规定

C．不符合行业用水定额和节水规定

D．水资源紧缺或者生态脆弱地区高耗水项目

198．根据《地下水管理条例》，有下列情形之一的，应当划为地下水禁止开采区：（　　）。

A．已发生严重的地面沉降、地裂缝、海（咸）水入侵、植被退化等地质灾害或者生态损害的区域

B. 地下水超采区内公共供水管网覆盖或者通过替代水源已经解决供水需求的区域

C．法律、法规规定禁止开采地下水的其他区域

D．地下水开采量接近可开采量的区域

199．根据《地下水管理条例》，有下列情形之一的，应当划为地下水限制开采区：（　　）。

A．开采地下水可能引发地质灾害或者生态损害的区域

B．地下水开采量接近可开采量的区域

C．地下水位逐年下降的区域

D．法律、法规规定限制开采地下水的其他区域

200．根据《地下水管理条例》，地下水超采区的县级以上地方人民政府应当加强节水型社会建设，通过（　　）措施，逐步实现地下水采补平衡。

A．控制用水总量

B．加大海绵城市建设力度

C．推广节水农业、调整种植结构、加强工业节水

D．实施河湖地下水回补

201. 根据《地下水管理条例》，企业事业单位和其他生产经营者应当采取（　　）措施，防止地下水污染。

A．兴建地下工程设施或者进行地下勘探、采矿等活动，依法编制的环境影响评价文件中，应当包括地下水污染防治的内容，并采取防护性措施

B．化学品生产企业以及工业集聚区、矿山开采区、尾矿库、危险废物处置场、垃圾填埋场等的运营、管理单位，应当采取防渗漏等措施，并建设地下水水质监测井进行监测

C．加油站等的地下油罐应当使用双层罐或者采取建造防渗池等其他有效措施，并

进行防渗漏监测

D．存放可溶性剧毒废渣的场所，应当采取防水、防渗漏、防流失的措施

202．根据《中华人民共和国湿地保护法》，国家对湿地实行分级管理，按照生态区位、面积以及维护生态功能、生物多样性的重要程度，将湿地分为（　　）。

A．重要湿地　　B．非重要湿地

C．一般湿地　　D．普通湿地

203．根据《中华人民共和国湿地保护法》，国务院林业草原主管部门应当会同国务院有关部门，依据（　　）编制全国湿地保护规划，报国务院或者其授权的部门批准后组织实施。

A．生态环境保护规划　　B．国民经济和社会发展规划

C．国土空间规划　　D．湿地名录

204．根据《中华人民共和国湿地保护法》，办理自然资源权属登记涉及湿地的，应当按照规定记载湿地的（　　）等信息。

A．地理坐标　　B．空间范围　　C．类型　　D．面积

205．根据《中华人民共和国湿地保护法》，省级以上人民政府及其有关部门根据湿地保护规划和湿地保护需要，依法将湿地纳入（　　）。

A．国家公园　　B．生态红线　　C．自然保护区　　D．自然公园

206．根据《中华人民共和国湿地保护法》，国务院水行政主管部门和地方各级人民政府应当加强对河流、湖泊范围内湿地的管理和保护，因地制宜采取（　　）治理修复措施，严格控制河流源头和蓄滞洪区、水土流失严重区等区域的湿地开发利用活动，减轻对湿地及其生物多样性的不利影响。

A．水系连通　　B．清淤疏浚　　C．水源涵养　　D．水土保持

207．根据《中华人民共和国湿地保护法》，县级以上人民政府林业草原、自然资源、水行政、住房城乡建设、生态环境、农业农村主管部门进行监督检查，有权采取（　　）措施。

A．询问被检查单位或者个人，要求其对与监督检查事项有关的情况做出说明

B．进行现场检查

C．查阅、复制有关文件、资料，对可能被转移、销毁、隐匿或者篡改的文件、资料予以封存

D．查封、扣押涉嫌违法活动的场所、设施或者财物

208．根据《中华人民共和国黄河保护法》，黄河流域生态保护和高质量发展，坚持中国共产党的领导，落实重在保护、要在治理的要求，加强污染防治，贯彻生态优先、绿色发展，量水而行、节水为重，（　　）的原则。

A．因地制宜　　B．分类施策

C．统筹谋划　　D．协同推进

209．根据《中华人民共和国黄河保护法》，国家在黄河流域实行水资源刚性约束制度，坚持（　　），优化国土空间开发保护格局，促进人口和城市科学合理布局，构建与水资源承载能力相适应的现代产业体系。

A．以水定城　　B．以水定地

C．以水定人　　D．以水定产

210．根据《中华人民共和国野生动物保护法》，国家加强重要生态系统保护和修复，对野生动物实行（　　）的原则，鼓励和支持开展野生动物科学研究与应用，秉持生态文明理念，推动绿色发展。

A．保护优先　　B．合理利用

C．规范利用　　D．严格监管

211．根据《中华人民共和国野生动物保护法》，禁止违法（　　）野生动物，禁止破坏野生动物栖息地。

A．猎捕　　B．运输　　C．交易　　D．食用

212．根据《中华人民共和国固体废物污染环境防治法》，城镇污水处理设施维护运营单位或者污泥处理单位应当对污泥的（　　）等进行跟踪、记录，并报告城镇排水主管部门、生态环境主管部门。

A．流向　　B．用途　　C．来源　　D．用量

213．根据《中华人民共和国固体废物污染环境防治法》，禁止擅自（　　）城镇污水处理设施产生的污泥和处理后的污泥。

A．倾倒　　B．堆放　　C．丢弃　　D．遗撒

214．根据《中华人民共和国黄河保护法》，应按照（　　）的要求，制定生态环境分区管控方案和生态环境准入清单，报国务院生态环境主管部门备案后实施。

A．生态保护红线　　B．生态环境状况

C．环境质量底线　　D．资源利用上线

215．根据《中华人民共和国黄河保护法》，禁止在黄河干支流岸线管控范围内（　　）化工园区和化工项目。

A．新建　　B．改建　　C．扩建　　D．重建

216．根据《中华人民共和国黄河保护法》，黄河流域水电开发，应当进行科学论证，符合（　　）要求。

A．国家发展规划　　B．流域综合规划

C．流域专项规划　　D．生态保护

217．根据《中华人民共和国黄河保护法》，国家加强对黄河水源涵养区的保护，加大对黄河干流和支流源头、水源涵养区的（　　）、湿地、荒漠、泉域等的保护

力度。

A．雪山冰川　B．高原冻土　C．高寒草甸　D．草原

218．根据《中华人民共和国黄河保护法》，黄河流域（　　）等行业应当开展清洁生产，依法实施强制性清洁生产审核。

A．煤炭　B．火电　C．钢铁　D．焦化

219．根据《中华人民共和国黄河保护法》，国家加强黄河流域农业面源污染、工业污染、城乡生活污染等的（　　），推进重点河湖环境综合整治。

A．综合治理　B．系统治理　C．源头治理　D．专项治理

220．《中华人民共和国黑土地保护法》中所称黑土地，是指（　　）的相关区域范围内具有黑色或者暗黑色腐殖质表土层，性状好、肥力高的耕地。

A．黑龙江省　B．吉林省　C．辽宁省　D．内蒙古自治区

221．根据《中华人民共和国黑土地保护法》，建设项目占用黑土地的，应当按照规定的标准对耕作层的土壤进行剥离。剥离的黑土应当就近用于新开垦耕地和（　　）。

A．劣质耕地改良　B．被污染耕地的治理

C．高标准农田建设　D．土地复垦

222．根据《中华人民共和国青藏高原生态保护法》，青藏高原是指西藏自治区、青海省的全部行政区域和（　　）的相关县级行政区域。

A．新疆维吾尔自治区　B．甘肃省

C．四川省　D．云南省

223．根据《中华人民共和国青藏高原生态保护法》，国家加强青藏高原生态保护修复，坚持山水林田湖草沙冰一体化保护修复，实行（　　）的治理思路。

A．自然恢复为主　B．人工修复为主

C．自然恢复与人工修复相结合　D．专项治理

224．根据《中华人民共和国青藏高原生态保护法》，任何单位和个人未经批准，不得擅自（　　）外来物种。

A．引进　B．释放　C．丢弃　D．携带

225．根据《排污许可管理条例》，申请材料不齐全或者不符合法定形式的，应当（　　）内出具告知单，一次性告知排污单位需要补正的全部材料；逾期不告知的，自收到申请材料之日起即视为受理。

A．当场　B．3 日　C．5 日　D．一周

226．根据《排污许可管理条例》，排污许可证申请表应当（　　）事项。

A．排污单位名称、住所、法定代表人或者主要负责人、生产经营场所所在地、统一社会信用代码等信息

B．建设项目环境影响报告书（表）批准文件或者环境影响登记表备案材料

C．按照污染物排放口、主要生产设施或者车间、厂界申请的污染物排放种类、排放浓度和排放量，执行的污染物排放标准和重点污染物排放总量控制指标

D．污染防治设施、污染物排放口位置和数量，污染物排放方式、排放去向、自行监测方案等信息；主要生产设施、主要产品及产能、主要原辅材料、产生和排放污染物环节等信息，及其是否涉及商业秘密等不宜公开情形的情况说明

227．在排污许可证有效期内，排污单位有下列情形中，应当重新申请取得排污许可证的是（　　）。

A．排污单位新建、改建、扩建排放污染物的项目

B．排污单位适用的污染物排放标准发生变化

C．排污单位重点污染物总量控制要求发生变化

D．排污单位变更名称、法定代表人或者主要负责人的

228．根据《排污许可管理条例》，审批部门对具备（　　）条件的排污单位，颁发排污许可证。

A．依法取得建设项目环境影响报告书（表）批准文件，或者已经办理环境影响登记表备案手续

B．污染物排放符合污染物排放标准要求，重点污染物排放符合排污许可证申请与核发技术规范、环境影响报告书（表）批准文件、重点污染物排放总量控制要求；其中，排污单位生产经营场所位于未达到国家环境质量标准的重点区域、流域的，还应当符合有关地方人民政府关于改善生态环境质量的特别要求

C．采用污染防治设施可以达到许可排放浓度要求或者符合污染防治可行技术

D．自行监测方案的监测点位、指标、频次等符合国家自行监测规范

229．排污单位有下列行为之一的，由生态环境主管部门责令改正或者限制生产、停产整治，处20万元以上100万元以下的罚款；情节严重的，报经有批准权的人民政府批准，责令停业、关闭（　　）。

A．污染物排放口位置或者数量不符合排污许可证规定

B．排污许可证有效期届满未申请延续或者延续申请未经批准排放污染物

C．被依法撤销、注销、吊销排污许可证后排放污染物

D．未建立环境管理台账记录制度，或者未按照排污许可证规定记录

参考答案

一、单项选择题

1．A 【解析】省、自治区、直辖市人民政府可以制定大气污染物排放标准。

2．A 3．C

4．A 【解析】省、自治区、直辖市人民政府应当按照国务院下达的总量控制目标，控制或者削减本行政区域的重点大气污染物排放总量。

5．A

6．B 【解析】选项B的正确说法是：地方各级人民政府应当采取措施，加强民用散煤的管理，禁止销售不符合民用散煤质量标准的煤炭，鼓励居民燃用优质煤炭和洁净型煤，推广节能环保型炉灶。

7．D 【解析】选项A的正确说法是：城市人民政府可以划定并公布高污染燃料禁燃区，并根据大气环境质量改善要求，逐步扩大高污染燃料禁燃区范围。其余选项关于禁燃区内的说法正确的是：在禁燃区内，禁止销售、燃用高污染燃料；禁止新建、扩建燃用高污染燃料的设施，已建成的，应当在城市人民政府规定的期限内改用天然气、页岩气、液化石，油气、电或者其他清洁能源。

8．C 【解析】城市建设应当统筹规划，在燃煤供热地区，推进热电联产和集中供热。在集中供热管网覆盖地区，禁止新建、扩建分散燃煤供热锅炉；已建成的不能达标排放的燃煤供热锅炉，应当在城市人民政府规定的期限内拆除。

9．B 【解析】选项A的正确说法是：国家鼓励生产、进口、销售和使用低毒、低挥发性有机溶剂；选项C和D的正确说法是：储油储气库、加油加气站、原油成品油码头、原油成品油运输船舶和油罐车、气罐车等，应当按照国家有关规定安装油气回收装置并保持正常使用。

10．A 【解析】工业涂装企业应当使用低挥发性有机物含量的涂料，并建立台账，记录生产原料、辅料的使用量、废弃量、去向以及挥发性有机物含量。台账保存期限不得少于三年。含挥发性有机物废气的生产和服务活动，应当在密闭空间或者设备中进行，并按照规定安装、使用污染防治设施；无法密闭的，应当采取措施减少废气排放。

11．B 【解析】选项A是旧大气污染防治法的内容，新法没有这个规定。选项C和D的正确说法是：可燃性气体回收利用装置不能正常作业的，应当及时修复或者更新。在回收利用装置不能正常作业期间确需排放可燃性气体的，应当将排放的可燃性气体充分燃烧或者采取其他控制大气污染物排放的措施，并向当地生态环境主管部门报告，按照要求限期修复或者更新。

12．B　【解析】地方各级人民政府应当加强对建设施工和运输的管理，保持道路清洁，控制料堆和渣土堆放，扩大绿地、水面、湿地和地面铺装面积，防治扬尘污染。

13．C　【解析】选项 A 的正确说法是：建设单位应当将防治扬尘污染的费用列入工程造价，并在施工承包合同中明确施工单位扬尘污染防治责任。施工单位应当制定具体的施工扬尘污染防治实施方案。选项 B 的正确说法是：暂时不能开工的建设用地，建设单位应当对裸露地面进行覆盖；超过三个月的，应当进行绿化、铺装或者遮盖。选项 D 的正确说法是：运输煤炭、垃圾、渣土、砂石、土方、灰浆等散装、流体物料的车辆应当采取密闭或者其他措施防止物料遗撒造成扬尘污染，并按照规定路线行驶。

14．B　【解析】地方各级人民政府应当推动转变农业生产方式，发展农业循环经济，加大对废弃物综合处理的支持力度，加强对农业生产经营活动排放大气污染物的控制。

15．C

16．A　【解析】省、自治区、直辖市人民政府应当划定区域，禁止露天焚烧秸秆、落叶等产生烟尘污染的物质。

17．C　【解析】选项 A、B 的正确说法是：企业事业单位和其他生产经营者在生产经营活动中产生恶臭气体的，应当科学选址，设置合理的防护距离，并安装净化装置或者采取其他措施，防止排放恶臭气体。这里的“防护距离”并没有明确是卫生防护距离还是大气环境防护距离。选项 D 的正确说法是：禁止在人口集中地区和其他依法需要特殊保护的区域内焚烧沥青、油毡、橡胶、塑料、皮革、垃圾以及其他产生有毒有害烟尘和恶臭气体的物质。

18．A　【解析】并不是所有的餐饮服务业经营者都应当安装油烟净化设施，如一些经营甜点、炖品的餐饮服务单位，只有排放油烟的餐饮服务业经营者才需安装。

19．D　【解析】禁止在人口集中地区和其他依法需要特殊保护的区域内焚烧沥青、油毡、橡胶、塑料、皮革、垃圾以及其他产生有毒有害烟尘和恶臭气体的物质。

20．D　21．B　22．D　23．B

24．D　【解析】《中华人民共和国水污染防治法》适用于中华人民共和国领域内江河、湖泊、运河、渠道、水库等地表水体以及地下水水体的污染防治。海洋污染防治适用《中华人民共和国海洋环境保护法》。

25．C　26．C　27．B　28．B　29．C

30. B 【解析】选项 B 是旧法的内容，新法对水污染防治设施的验收有了新的规定，不是由环境保护行政主管部门验收，结合其他相关规定，是由企业自主验收。

31. B 【解析】约谈情况应当向社会公开。

32. B 33. D

34. D 【解析】选项 A 和 B 都是旧法的内容。

35. A 36. B

37. D 【解析】《中华人民共和国水污染防治法》第七十五条：在风景名胜区水体、重要渔业水体和其他具有特殊经济文化价值的水体的保护区内，不得新建排污口。在保护区附近新建排污口，应当保证保护区水体不受污染。

38. A 【解析】船舶排放含油污水、生活污水，应当符合船舶污染物排放标准。从事海洋航运的船舶进入内河和港口的，应当遵守内河的船舶污染物排放标准。进入中华人民共和国内河的国际航线船舶排放压载水的，应当采用压载水处理装置或者采取其他等效措施，对压载水进行灭活等处理。禁止排放不符合规定的船舶压载水。

39. A 【解析】城镇污水集中处理设施的运营单位，应当对城镇污水集中处理设施的出水水质负责。

40. C 【解析】船舶排放含油污水、生活污水，应当符合船舶污染物排放标准；船舶的残油、废油应当回收，禁止排入水体；禁止向水体倾倒船舶垃圾。

41. A 【解析】禁止在江河、湖泊、运河、渠道、水库最高水位线以下的滩地和岸坡堆放、存贮固体废弃物和其他污染物。

42. C 【解析】禁止向水体排放油类、酸液、碱液或者剧毒废液；《中华人民共和国水污染防治法》第三十四条：禁止向水体排放、倾倒放射性固体废物或者含有高放射性和中放射性物质的废水。

43. C 【解析】禁止向农田灌溉渠道排放工业废水或者医疗污水。向农田灌溉渠道排放城镇污水以及未综合利用的畜禽养殖废水、农产品加工废水的，应当保证其下游最近的灌溉取水点的水质符合农田灌溉水质标准。

44. D 45. D 46. D 47. C 48. A 49. D 50. B 51. D 52. B 53. A 54. D 55. A 56. D

57. C 【解析】噪声污染有两方面的定义：一是要超标或者未依法采取防控措施产生噪声；二是要干扰他人正常生活、工作和学习，二者缺一不可。此题也可出多项选择题。

58. C 59. A 60. D 61. C 62. B 63. A

64. C 【解析】《中华人民共和国噪声污染防治法》第二十五条：建设项目

的噪声污染防治设施应当与主体工程同时设计、同时施工、同时投产使用。建设项目在投入生产或者使用之前，建设单位应当依照有关法律法规的规定，对配套建设的噪声污染防治设施进行验收，编制验收报告，并向社会公开。未经验收或者验收不合格的，该建设项目不得投入生产或者使用。

65. B 【解析】《中华人民共和国噪声污染防治法》第二十条：未达到国家声环境质量标准的区域所在的设区的市、县级人民政府，应当及时编制声环境质量改善规划及其实施方案，采取有效措施，改善声环境质量。

66. B 67. A 68. A 69. C 70. D

71. A 【解析】违反《中华人民共和国噪声污染防治法》第十四条的规定，建设项目中需要配套建设的环境噪声污染防治设施没有建成或者没有达到国家规定的要求，擅自投入生产或者使用的，由县级以上生态环境主管部门责令限期改正，并对单位和个人处以罚款；造成重大环境污染或者生态破坏的，责令停止生产或者使用，或者报经有批准权的人民政府批准，责令关闭。

72. C 【解析】《中华人民共和国噪声污染防治法》第五十七条：因民用航空器起降排放噪声造成严重污染的，民用机场所在地人民政府应当组织有关部门和其他有关单位对噪声污染情况进行调查，综合考虑经济、技术和管理措施，制定噪声污染综合治理方案。

73. A 74. C 75. B 76. A 77. B 78. C 79. C 80. C

81. A 【解析】《中华人民共和国固体废物污染环境防治法》第二十条：产生、收集、贮存、运输、利用、处置固体废物的单位和其他生产经营者，应当采取防扬散、防流失、防渗漏或者其他防止污染环境的措施，不得擅自倾倒、堆放、丢弃、遗撒固体废物。

82. B 83. C 84. B

85. D 【解析】选项 ABC 都属于“危险废物管理计划”的内容，因是单项选择题，最合适的选项应是 D。《中华人民共和国固体废物污染环境防治法》中规定的危险废物管理计划应当包括减少危险废物产生量和降低危险废物危害性的措施以及危险废物贮存、利用、处置措施。危险废物管理计划应当报产生危险废物的单位所在地生态环境主管部门备案。

86. B 87. C 88. B 89. B 90. D 91. D 92. A

93. A 【解析】《中华人民共和国固体废物污染环境防治法》第六十四条：县级以上人民政府农业农村主管部门负责指导农业固体废物回收利用体系建设，鼓励和引导有关单位和其他生产经营者依法收集、贮存、运输、利用、处置农业固体废物，加强监督管理，防止污染环境。

94. D 95. B 96. A

97．A 【解析】《中华人民共和国土壤污染防治法》第二条：本法所称土壤污染，是指因人为因素导致某种物质进入陆地表层土壤，引起土壤化学、物理、生物等方面特性的改变，影响土壤功能和有效利用，危害公众健康或者破坏生态环境的现象。

98．B

99．B 【解析】《中华人民共和国土壤污染防治法》第二十五条：地方人民政府生态环境主管部门应当定期对污水集中处理设施、固体废物处置设施周边土壤进行监测；对不符合法律法规和相关标准要求的，应当根据监测结果，要求污水集中处理设施、固体废物处置设施运营单位采取相应改进措施。

100．C 【解析】《中华人民共和国土壤污染防治法》第二十三条：各级人民政府生态环境、自然资源主管部门应当依法加强对矿产资源开发区域土壤污染防治的监督管理，按照相关标准和总量控制的要求，严格控制可能造成土壤污染的重点污染物排放。

101．D 【解析】《中华人民共和国土壤污染防治法》第五十三条：对安全利用类农用地地块，地方人民政府农业农村、林业草原主管部门，应当结合主要作物品种和种植习惯等情况，制定并实施安全利用方案。

102．D 103．A 104．A 105．D

106．A 【解析】《中华人民共和国土壤污染防治法》第五十九条：对土壤污染状况普查、详查和监测、现场检查表明有土壤污染风险的建设用地地块，地方人民政府生态环境主管部门应当要求土地使用权人按照规定进行土壤污染状况调查。用途变更为住宅、公共管理与公共服务用地的，变更前应当按照规定进行土壤污染状况调查。

107．B 108．D 109．A 110．C

111．D 【解析】《中华人民共和国海洋环境保护法》第五十一条：禁止向海域排放油类、酸液、碱液、剧毒废液。禁止向海域排放污染海洋环境、破坏海洋生态的放射性废水。严格控制向海域排放含有不易降解的有机物和重金属的废水。

112．D 113．A 114．C 115．D 116．A 117．C

118．C 【解析】《中华人民共和国海洋环境保护法》第八十四条：交付船舶载运污染危害性货物的，托运人应当将货物的正式名称、污染危害性以及应当采取的防护措施如实告知承运人。污染危害性货物的单证、包装、标志、数量限制等，应当符合对所交付货物的有关规定。

119．C 【解析】《中华人民共和国放射性污染防治法》第十八条：核设施选址，应当进行科学论证，并按照国家有关规定办理审批手续。在办理核设施选址审批手续前，应当编制环境影响报告书，报国务院环境保护行政主管部门审查批准；

未经批准，有关部门不得办理核设施选址批准文件。

120．C 121．C

122．C 【解析】此题对“了解产生放射性废液的单位排放或处理、贮存放射性废液的有关规定”的内容全部涵盖。这类题的出现增加了难度，要求考生复习要很仔细。

123．B 124．C 125．C 126．B 127．A

128．A 【解析】开发、利用水资源，应当首先满足城乡居民生活用水，并兼顾农业、工业、生态环境用水以及航运等需要。

129．D

130．B 【解析】此题较综合，有一定的迷惑性。此题对“了解禁止围湖造地、围垦河道的规定”内容全部涵盖。

131．B 132．A 133．C

134．D 【解析】《中华人民共和国水法》第三十四条：禁止在饮用水水源保护区内设置排污口。在江河、湖泊新建、改建或者扩大排污口，应当经过有管辖权的水行政主管部门或者流域管理机构同意，由环境保护行政主管部门负责对该建设项目的环境影响报告书进行审批。

135．C 136．A 137．D

138．B 【解析】选项C、D的说法有一定的迷惑性。选项C的正确说法是“沙化土地封禁保护区范围内尚未迁出的农牧民的生产生活，由沙化土地封禁保护区主管部门妥善安排”，选项D的正确说法是“对沙化土地封禁保护区范围内的农牧民，当地人民政府应当有计划地组织迁出”。修建铁路并不是禁止的行为。

139．D 140．D

141．A 【解析】《中华人民共和国草原法》第四十六条：禁止开垦草原。对水土流失严重、有沙化趋势、需要改善生态环境的已垦草原，应当有计划、有步骤地退耕还草；已造成沙化、盐碱化、石漠化的，应当限期治理。

142．D 143．D

144．D 【解析】《中华人民共和国文物保护法》第十七条：文物保护单位的保护范围内不得进行其他建设工程或者爆破、钻探、挖掘等作业。但是，因特殊情况需要在文物保护单位的保护范围内进行其他建设工程或者爆破、钻探、挖掘等作业的，必须保证文物保护单位的安全，并经核定公布该文物保护单位的人民政府批准，在批准前应当征得上一级人民政府文物行政部门同意；在全国重点文物保护单位的保护范围内进行其他建设工程或者爆破、钻探、挖掘等作业的，必须经省、自治区、直辖市人民政府批准，在批准前应当征得国务院文物行政部门同意。

145．D 【解析】此题内容为高频考点。在 2010 年的不定项选择题中也有此考点题目。全国重点文物保护单位不得拆除，选项 A 和 C 应排除。全国重点文物保护单位的迁移保护需国务院批准。

146. A 【解析】《中华人民共和国文物保护法》第二十条：建设工程选址，应当尽可能避开不可移动文物；因特殊情况不能避开的，对文物保护单位应当尽可能实施原址保护。

147. B 【解析】环境保护林为特种保护林。

148. A

149. B 【解析】《中华人民共和国森林法》第四条：地方人民政府可以根据本行政区域森林资源保护发展的需要，建立林长制。

150. A 【解析】《中华人民共和国森林法》第九条：国务院林业主管部门主管全国林业工作。县级以上地方人民政府林业主管部门，主管本行政区域的林业工作。乡镇人民政府可以确定相关机构或者设置专职、兼职人员承担林业相关工作。

151. D 【解析】《中华人民共和国森林法》第十八条：未实行承包经营的集体林地以及林地上的林木，由农村集体经济组织统一经营。经本集体经济组织成员的村民会议三分之二以上成员或者三分之二以上村民代表同意并公示，可以通过招标、拍卖、公开协商等方式依法流转林地经营权、林木所有权和使用权。

152. A 【解析】《中华人民共和国森林法》第三十六条：国家保护林地，严格控制林地转为非林地，实行占用林地总量控制，确保林地保有量不减少。

153. C 【解析】《中华人民共和国森林法》第三十八条：需要临时使用林地的，应当经县级以上人民政府林业主管部门批准；临时使用林地的期限一般不超过二年，并不得在临时使用的林地上修建永久性建筑物。

154. A 【解析】《中华人民共和国森林法》第三十八条：临时使用林地期满后一年内，用地单位或者个人应当恢复植被和林业生产条件。

155. D 【解析】《中华人民共和国森林法》第五十六条：农村居民采伐自留地和房前屋后个人所有的零星林木，不需要申请采伐许可证。

156. B 157. B

158. D 【解析】高频考点。关闭矿山时要提交环境保护的资料，但不一定是闭矿环境影响报告书。

159. B 【解析】选项 B 的正确说法是：矿山企业的开采回采率应当达到设计要求。

160. B 161. B 162. B 163. B 164. C

165. C 【解析】《中华人民共和国土地管理法》第三十条：国家实行占用耕地补偿制度。非农业建设经批准占用耕地的，按照“占多少，垦多少”的原则，由占用耕地的单位负责开垦与所占用耕地的数量和质量相当的耕地；没有条件开垦或者开垦的耕地不符合要求的，应当按照省、自治区、直辖市的规定缴纳耕地开垦费，专款用于开垦新的耕地。

166. C 167. D

168. B 【解析】珍贵、濒危的水生野生动物以外的其他水生野生动物的保护，适用《中华人民共和国渔业法》等有关法律的规定。

169. D 170. A 171. C 172. D 173. C 174. C 175. C

176. D 【解析】选项A的正确说法是：省级以上人民政府依法划定相关自然保护区域，保护野生动物及其重要栖息地，保护、恢复和改善野生动物生存环境。选项B的正确说法是：禁止或者限制在相关自然保护区域内引入外来物种、营造单一纯林、过量施洒农药等人为干扰、威胁野生动物生息繁衍的行为。选项C的正确说法是：国家或者地方重点保护野生动物受到自然灾害、重大环境污染事故等突发事件威胁时，当地人民政府应当及时采取应急救助措施。

177. A 178. B

179. D 【解析】《中华人民共和国河道管理条例》第二条：本条例适用于中华人民共和国领域内的河道（包括湖泊、人工水道、行洪区、蓄洪区、滞洪区）。

180. C 181. C 182. C

183. A 【解析】教材中没有原文，但在《中华人民共和国河道管理条例》中有。《中华人民共和国河道管理条例》第二十四条：在河道管理范围内，禁止修建围堤、阻水渠道、阻水道路；种植高秆农作物、芦苇、杞柳、荻柴和树木（堤防防护林除外）；设置拦河渔具；弃置矿渣、石渣、煤灰、泥土、垃圾等。

在堤防和护堤地，禁止建房、放牧、开渠、打井、挖窖、葬坟、晒粮、存放物料、开采地下资源、进行考古发掘以及开展集市贸易活动。

184. B 185. C

186. C 【解析】选项A说法太绝对了；选项B对自然保护区的划分错误。选项D的正确说法是：自然保护区核心区内的原有居民确有必要迁出的，由自然保护区所在地的地方人民政府予以妥善安置。此题为单项选择题，但考了四个知识点。

187. D 【解析】此考点为高频考点，每年有题，单选和不定项选择题都可以出题。

188. B 【解析】《中华人民共和国自然保护区条例》第三十二条：在自然保护区的核心区和缓冲区内，不得建设任何生产设施。在自然保护区的实验区内，不得建设污染环境、破坏资源或者景观的生产设施；建设其他项目，其污染物排放不得超过国家和地方规定的污染物排放标准。在自然保护区的实验区内已经建成的设施，其污染物排放超过国家和地方规定的排放标准的，应当限期治理；造成损害的，必须采取补救措施。在自然保护区的外围保护地带建设的项目，不得损害自然保护区的环境质量；已造成损害的，应当限期治理。所以选项 ADE 都是正确的。

189．C　190．B　191．D

192．C　【解析】选项 C 的正确说法是：风景名胜区管理机构应当对风景名胜区的重要景观进行调查、鉴定，并制定相应的保护措施。

193．D　194．B　195．C　196．D　197．C　198．A

199．C　【解析】《医疗废物管理条例》第十二条：医疗卫生机构和医疗废物集中处置单位，应当对医疗废物进行登记，登记内容应当包括医疗废物的来源、种类、重量或者数量、交接时间、处置方法、最终去向以及经办人签名等项目。登记资料至少保存 3 年。

200．D　201．C　202．A　203．B

204．D　【解析】《畜禽规模养殖污染防治条例》第十一条：禁止在下列区域内建设畜禽养殖场、养殖小区：（一）饮用水水源保护区，风景名胜区；（二）自然保护区的核心区和缓冲区；（三）城镇居民区、文化教育科学研究区等人口集中区域；（四）法律、法规规定的其他禁止养殖区域。

205．A　【解析】《畜禽规模养殖污染防治条例》第二十三条：县级以上人民政府环境保护主管部门应当依据职责对畜禽养殖污染防治情况进行监督检查，并加强对畜禽养殖环境污染的监测。

206．A　【解析】《畜禽规模养殖污染防治条例》第二十二条：畜禽养殖场、养殖小区应当定期将畜禽养殖品种、规模以及畜禽养殖废弃物的产生、排放和综合利用等情况，报县级人民政府环境保护主管部门备案。环境保护主管部门应当定期将备案情况抄送同级农牧主管部门。

207．C　【解析】《防治船舶污染海洋环境管理条例》第三十一条：禁止船舶经过中华人民共和国内水、领海转移危险废物。经过中华人民共和国管辖的其他海域转移危险废物的，应当事先取得国务院环境保护主管部门的书面同意，并按照海事管理机构指定的航线航行，定时报告船舶所处的位置。

208．D　【解析】《消耗臭氧层物质管理条例》第二条：本条例所称消耗臭氧层物质，是指对臭氧层有破坏作用并列入《中国受控消耗臭氧层物质清单》的化学品。《中国受控消耗臭氧层物质清单》由国务院环境保护主管部门会同国务院有关部门制定、调整和公布。

209．A　【解析】《消耗臭氧层物质管理条例》中第十条：消耗臭氧层物质的生产、使用单位，应当依照本条例的规定申请领取生产或者使用配额许可证。但是，使用单位有下列情形之一的，不需要申请领取使用配额许可证：（一）维修单位为了维修制冷设备、制冷系统或者灭火系统使用消耗臭氧层物质的；（二）实验室为了实验分析少量使用消耗臭氧层物质的；（三）出入境检验检疫机构为了防止有害生物传入传出使用消耗臭氧层物质实施检疫的；（四）国务院环境保护主管部门规定的不需要申请领取使用配额许可证的其他情形。第十四条：消耗臭氧层物质的生产、使用单位需要调整其配额的，应当向国务院环境保护主管部门申请办理配额变更手续。第十五条：禁止无生产配额许可证生产消耗臭氧层物质。第十七条：消耗臭氧层物质的销售单位，应当按照国务院环境保护主管部门的规定办理备案手续。

210. B 【解析】《消耗臭氧层物质管理条例》第五条：国家逐步削减并最终淘汰作为制冷剂、发泡剂、灭火剂、溶剂、清洗剂、加工助剂、杀虫剂、气雾剂、膨胀剂等用途的消耗臭氧层物质。

211. B 【解析】B选项的正确说法是：在中华人民共和国境内从事消耗臭氧层物质的生产、销售、使用和进出口等活动，适用本条例。前款所称生产，是指制造消耗臭氧层物质的活动。前款所称使用，是指利用消耗臭氧层物质进行的生产经营等活动，不包括使用含消耗臭氧层物质的产品的活动。

212. B 【解析】《消耗臭氧层物质管理条例》第二十七条：县级以上人民政府环境保护主管部门和其他有关部门进行监督检查，监督检查人员不得少于2人，并应当出示有效的行政执法证件。

213. A 【解析】《消耗臭氧层物质管理条例》第二十七条：从事消耗臭氧层物质的生产、销售、使用、回收、再生利用、销毁等经营活动的单位，以及从事含消耗臭氧层物质的制冷设备、制冷系统或者灭火系统的维修、报废处理等经营活动的单位，应当完整保存有关生产经营活动的原始资料至少3年，并按照国务院环境保护主管部门的规定报送相关数据。

214. C 【解析】C选项的正确说法是：禁止在人口集中地区、机场周围、交通干线附近以及当地人民政府划定的其他区域露天焚烧秸秆。

215. D

216. D 【解析】《中华人民共和国长江保护法》第三条：长江流域经济社会发展，应当坚持生态优先、绿色发展，共抓大保护、不搞大开发。

217. A 【解析】《中华人民共和国长江保护法》第二十六条：国家对长江流域河湖岸线实施特殊管制。国家长江流域协调机制统筹协调国务院自然资源、水行政、生态环境、住房和城乡建设、农业农村、交通运输、林业和草原等部门和长江流域省级人民政府划定河湖岸线保护范围，制定河湖岸线保护规划，严格控制岸线开发建设，促进岸线合理高效利用。

218. B 【解析】《中华人民共和国长江保护法》第三十一条：国家加强长江流域生态用水保障。国务院水行政主管部门会同国务院有关部门提出长江干流、重要支流和重要湖泊控制断面的生态流量管控指标。

219. C 【解析】《中华人民共和国长江保护法》第四十三条：国务院生态环

境主管部门和长江流域地方各级人民政府应当采取有效措施，加大对长江流域的水污染防治、监管力度，预防、控制和减少水环境污染。

220. A 【解析】《中华人民共和国长江保护法》第二十三条：国家加强对长江流域水能资源开发利用的管理。因国家发展战略和国计民生需要，在长江流域新建大中型水电工程，应当经科学论证，并报国务院或者国务院授权的部门批准。

221. C 【解析】《中华人民共和国长江保护法》第二十六条：禁止在长江干支流岸线一公里范围内新建、扩建化工园区和化工项目。禁止在长江干流岸线三公里范围内和重要支流岸线一公里范围内新建、改建、扩建尾矿库；但是以提升安全、生态环境保护水平为目的的改建除外。

222. D 【解析】《中华人民共和国长江保护法》第四十五条：长江流域省级人民政府应当对没有国家水污染物排放标准的特色产业、特有污染物，或者国家有明确要求的特定水污染源或者水污染物，补充制定地方水污染物排放标准，报国务院生态环境主管部门备案。

有下列情形之一的，长江流域省级人民政府应当制定严于国家水污染物排放标准的地方水污染物排放标准，报国务院生态环境主管部门备案：（一）产业密集、水环境问题突出的；（二）现有水污染物排放标准不能满足所辖长江流域水环境质量要求的；（三）流域或者区域水环境形势复杂，无法适用统一的水污染物排放标准的。

223. C 【解析】《中华人民共和国长江保护法》第二十三条：对长江流域已建小水电工程，不符合生态保护要求的，县级以上地方人民政府应当组织分类整改或者采取措施逐步退出。

224. A 【解析】《地下水管理条例》第五条：县级以上地方人民政府对本行政区域内的地下水管理负责，应当将地下水管理纳入本级国民经济和社会发展规划，并采取控制开采量、防治污染等措施，维持地下水合理水位，保护地下水水质。

225. D 【解析】《地下水管理条例》第十六条：国家实行地下水取水总量控制制度。国务院水行政主管部门会同国务院自然资源主管部门，根据各省、自治区、直辖市地下水可开采量和地表水水资源状况，制定并下达各省、自治区、直辖市地下水取水总量控制指标。

226. A 【解析】《地下水管理条例》第十九条：县级以上地方人民政府应当根据地下水取水总量控制指标、地下水水位控制指标和国家相关技术标准，合理确定本行政区域内地下水取水工程布局。

227. D 【解析】《地下水管理条例》第四十六条：县级以上人民政府水行政、自然资源、生态环境等主管部门应当依照职责加强监督管理，完善协作配合机制。

国务院水行政、自然资源、生态环境等主管部门建立统一的国家地下水监测站网和地下水监测信息共享机制，对地下水进行动态监测。

县级以上地方人民政府水行政、自然资源、生态环境等主管部门根据需要完善地下水监测工作体系，加强地下水监测。

228. C　【解析】《地下水管理条例》第五十条：县级以上地方人民政府应当组织水行政、自然资源、生态环境等主管部门，划定集中式地下水饮用水水源地并公布名录，定期组织开展地下水饮用水水源地安全评估。

229. C　【解析】《中华人民共和国湿地保护法》第二条：国家对湿地实行分级管理及名录制度。

230. D　【解析】《中华人民共和国湿地保护法》第四条：县级以上人民政府应当将湿地保护纳入国民经济和社会发展规划，并将开展湿地保护工作所需经费按照事权划分原则列入预算。

231. C　【解析】《中华人民共和国湿地保护法》第五条：国务院林业草原主管部门负责湿地资源的监督管理，负责湿地保护规划和相关国家标准拟定、湿地开发利用的监督管理、湿地生态保护修复工作。国务院自然资源、水行政、住房城乡建设、生态环境、农业农村等其他有关部门，按照职责分工承担湿地保护、修复、管理有关工作。

232. B　【解析】《中华人民共和国湿地保护法》第十五条：县级以上地方人民政府林业草原主管部门应当会同有关部门，依据本级国土空间规划和上一级湿地保护规划编制本行政区域内的湿地保护规划，报同级人民政府批准后组织实施。

233. C　【解析】《中华人民共和国湿地保护法》第二十条：临时占用湿地的期限一般不得超过二年，并不得在临时占用的湿地上修建永久性建筑物。

234. A　【解析】《中华人民共和国湿地保护法》第二十条：临时占用湿地期满后一年内，用地单位或者个人应当恢复湿地面积和生态条件。

235. A　【解析】《中华人民共和国湿地保护法》第三十四条：红树林湿地应当列入重要湿地名录。

236. A　【解析】《中华人民共和国黄河保护法》第六条：黄河流域县级以上地方人民政府负责本行政区域黄河流域生态保护和高质量发展工作。

237. B　【解析】《中华人民共和国黄河保护法》第十一条：国务院野生动物保护主管部门应当定期组织开展黄河流域野生动物及其栖息地状况普查，或者根据需要组织开展专项调查，建立野生动物资源档案，并向社会公布黄河流域野生动物资源状况。

238. A　【解析】《中华人民共和国野生动物保护法》中提出；有重要生态、科学、社会价值的陆生野生动物名录，由国务院野生动物保护主管部门征求国务院农业农村、自然资源、科学技术、生态环境、卫生健康等部门意见，组织科学论证评估后制定并公布。

239．C 【解析】《中华人民共和国野生动物保护法》中提出：禁止在自然保护地建设法律法规规定不得建设的项目。

240．B 【解析】《中华人民共和国固体废物污染环境防治法》中提出：禁止重金属或者其他有毒有害物质含量超标的污泥进入农用地。

241．D 242．D 243．C 244．D 245．D 246．A 247．D

二、不定项选择题

1．ABD 2．BC

3．BD 【解析】选项 A 的正确说法是：确定总量控制目标和分解总量控制指标的具体办法，由国务院生态环境主管部门会同国务院有关部门规定。选项 C 的正确说法是：国家逐步推行重点大气污染物排污权交易。

4．AC 【解析】选项 A 的正确说法是：县级以上地方人民政府生态环境主管部门负责组织建设与管理本行政区域大气环境质量和大气污染源监测网，开展大气环境质量和大气污染源监测，统一发布本行政区域大气环境质量状况信息。选项 C 的正确说法是：重点排污单位应当安装、使用大气污染物排放自动监测设备，与生态环境主管部门的监控设备联网，保证监测设备正常运行并依法公开排放信息。

5．BD 【解析】选项 A 的正确说法是：限制高硫分、高灰分煤炭的开采。选项 C 的正确说法是：禁止开采含放射性和砷等有毒有害物质超过规定标准的煤炭。

6．BCD 7．ABCD

8．B 【解析】燃煤电厂和其他燃煤单位应当采用清洁生产工艺，配套建设除尘、脱硫、脱硝等装置，或者采取技术改造等其他控制大气污染物排放的措施。

9．ABD 【解析】钢铁、建材、有色金属、石油、化工等企业生产过程中排放粉尘、硫化物和氮氧化物的，应当采用清洁生产工艺，配套建设除尘、脱硫、脱硝等装置，或者采取技术改造等其他控制大气污染物排放的措施。

10．ABCD 【解析】除了上述单位，《中华人民共和国大气污染防治法》规定：储油储气库、加油加气站、原油成品油码头、原油成品油运输船舶和油罐车、气罐车等，应当按照国家有关规定安装油气回收装置并保持正常使用。

11．AD 【解析】选项 B 的正确说法是：工业生产企业应当采取密闭、围挡、遮盖、清扫、洒水等措施，减少内部物料的堆存、传输、装卸等环节产生的粉尘和气态污染物的排放。选项 C 的正确说法是：国家鼓励生产、进口、销售和使用低毒、低挥发性有机溶剂。

12．AC 【解析】选项 A、C 的正确说法是：贮存煤炭、煤矸石、煤渣、煤灰、水泥、石灰、石膏、砂土等易产生扬尘的物料应当密闭；不能密闭的，应当设置不低于堆放物高度的严密围挡，并采取有效覆盖措施防治扬尘污染。

13．AB

14．AB　【解析】选项 A 的正确说法是：县级以上地方人民政府应当依据重污染天气的预警等级，及时启动应急预案。选项 B 的正确说法是：生态环境主管部门应当及时对突发环境事件产生的大气污染物进行监测，并向社会公布监测信息。

15．BC　【解析】持久性有机污染物指人类合成的能持久存在于环境中，通过生物食物链（网）累积，并对人类健康造成有害影响的化学物质。它具备四种特性：高毒、持久、生物积累性、亲脂憎水性。而位于生物链顶端的人类，则把这些毒性放大到了 7 万倍，如二噁英。向大气排放持久性有机污染物的企业事业单位和其他生产经营者以及废弃物焚烧设施的运营单位，应当按照国家有关规定，采取有利于减少持久性有机污染物排放的技术方法和工艺，配备有效的净化装置，实现达标排放。

16．ABC　【解析】禁止在人口集中地区和其他依法需要特殊保护的区域内焚烧沥青、油毡、橡胶、塑料、皮革、垃圾以及其他产生有毒有害烟尘和恶臭气体的物质。这里的“其他依法需要特殊保护的区域”包括自然保护区、风景名胜区等。

17．ABC　【解析】禁止在居民住宅楼、未配套设立专用烟道的商住综合楼以及商住综合楼内与居住层相邻的商业楼层内新建、改建、扩建产生油烟、异味、废气的餐饮服务项目。

18．ABD　【解析】国务院生态环境主管部门根据主体功能区划、区域大气环境质量状况和大气污染传输扩散规律，划定国家大气污染防治重点区域，报国务院批准。

19．ABCD　20．AD

21．ACDE　【解析】海洋污染防治不适用于本法，在《中华人民共和国海洋环境保护法》中另有规定。

22．ABD

23．ACD　【解析】选项 B 的正确说法是：严格控制工业污染、城镇生活污染，防治农业面源污染，积极推进生态治理工程建设。

24．AD

25．BD　【解析】《中华人民共和国水污染防治法》第十一条：省、自治区、直辖市人民政府可以对国家水环境质量标准中未作规定的项目，制定地方标准，并报国务院环境保护主管部门备案。该条并未说可以制定严于国家水环境质量标准的地方水环境质量标准。

26．AC

27．AD　【解析】《中华人民共和国水污染防治法》第二十一条：直接或者间接向水体排放工业废水和医疗污水以及其他按照规定应当取得排污许可证方可排放的废水、污水的企业事业单位和其他生产经营者，应当取得排污许可证；城镇污水集中处理设施的运营单位，也应当取得排污许可证。排污许可证应当明确排放水污染物的种类、浓度、总量和排放去向等要求。排污许可的具体办法由国务院规定。禁止企业事业单位和其他生产经营者无排污许可证或者违反排污许可证的规定向水体排放前款规定的废水、污水。

28．BC　【解析】《中华人民共和国水污染防治法》第二十四条：实行排污许可管理的企业事业单位和其他生产经营者应当对监测数据的真实性和准确性负责。环境保护主管部门发现重点排污单位的水污染物排放自动监测设备传输数据异常，应当及时进行调查。第二十八条：国务院环境保护主管部门应当会同国务院水行政等部门和有关省、自治区、直辖市人民政府，建立重要江河、湖泊的流域水环境保护联合协调机制，实行统一规划、统一标准、统一监测、统一的防治措施。

29．AB　【解析】《中华人民共和国水污染防治法》第三十二条：国务院环境保护主管部门应当会同国务院卫生主管部门，根据对公众健康和生态环境的危害和影响程度，公布有毒有害水污染物名录，实行风险管理。排放前款规定名录中所列有毒有害水污染物的企业事业单位和其他生产经营者，应当对排污口和周边环境进行监测，评估环境风险，排查环境安全隐患，并公开有毒有害水污染物信息，采取有效措施防范环境风险。

30．ABCD　【解析】《中华人民共和国水污染防治法》第三十九条：禁止利用渗井、渗坑、裂隙、溶洞，私设暗管，篡改、伪造监测数据，或者不正常运行水污染防治设施等逃避监管的方式排放水污染物。

31．AD　32．AC　33．ABCD

34．ACD　【解析】《中华人民共和国水污染防治法》第四十条：化学品生产企业以及工业集聚区、矿山开采区、尾矿库、危险废物处置场、垃圾填埋场等的运营、管理单位，应当采取防渗漏等措施，并建设地下水水质监测井进行监测，防止地下水污染。加油站等的地下油罐应当使用双层罐或者采取建造防渗池等其他有效措施，并进行防渗漏监测，防止地下水污染。

禁止利用无防渗漏措施的沟渠、坑塘等输送或者存贮含有毒污染物的废水、含病原体的污水和其他废弃物。

35．ABD　【解析】人工回灌补给地下水，不得恶化地下水质。

36．BCD　【解析】《中华人民共和国水污染防治法》第四十五条：排放工业废水的企业应当采取有效措施，收集和处理产生的全部废水，防止污染环境。含有毒有害水污染物的工业废水应当分类收集和处理，不得稀释排放。工业集聚区应当配套建设相应的污水集中处理设施，安装自动监测设备，与环境保护主管部门的监控设备联网，并保证监测设备正常运行。

37．AC

38．ABCD　【解析】选项 A 的正确说法是“县级以上地方人民政府组织建设、经济综合宏观调控、环境保护、水行政等部门编制本行政区域的城镇污水处理设施建设规划”。选项 B 和 C 属于旧法的内容，新法已删除。选项 D 的正确说法是“城镇污水集中处理设施的运营单位，应当对城镇污水集中处理设施的出水水质负责。环境保护主管部门应当对城镇污水集中处理设施的出水水质和水量进行监督检查”。

39．CD　【解析】选项 A 和 B 属于旧法的内容。

40．CD　【解析】《中华人民共和国水污染防治法》第五十二条：国家支持农村污水、垃圾处理设施的建设，推进农村污水、垃圾集中处理。地方各级人民政府应当统筹规划建设农村污水、垃圾处理设施，并保障其正常运行。

41．AC　42．ABD

43．CD　【解析】选项 A 的正确说法是：有关地方人民政府应当在饮用水水源保护区的边界设立明确的地理界标和明显的警示标志。选项 B 的正确说法是：在饮用水水源保护区内，禁止设置排污口。

44．BC　【解析】《中华人民共和国水污染防治法》第六十九条：县级以上地方人民政府应当组织环境保护等部门，对饮用水水源保护区、地下水型饮用水水源的补给区及供水单位周边区域的环境状况和污染风险进行调查评估，筛查可能存在的污染风险因素，并采取相应的风险防范措施。选项 D 的正确说法是：县级以上地方人民政府应当合理安排、布局农村饮用水水源，有条件的地区可以采取城镇供水管网延伸或者建设跨村、跨乡镇联片集中供水工程等方式，发展规模集中供水。

45．AC　【解析】《中华人民共和国水污染防治法》第七十一条：饮用水供水单位应当做好取水口和出水口的水质检测工作。发现取水口水质不符合饮用水水源水质标准或者出水口水质不符合饮用水卫生标准的，应当及时采取相应措施，并向所在地市、县级人民政府供水主管部门报告。供水主管部门接到报告后，应当通报环境保护、卫生、水行政等部门。饮用水供水单位应当对供水水质负责，确保供水设施安全可靠运行，保证供水水质符合国家有关标准。第七十二条：县级以上地方人民政府应当组织有关部门监测、评估本行政区域内饮用水水源、供水单位供水和用户水龙头出水的水质等饮用水安全状况。县级以上地方人民政府有关部门应当至少每季度向社会公开一次饮用水安全状况信息。

46．ABD　【解析】《中华人民共和国水污染防治法》第七十三条：国务院和省、自治区、直辖市人民政府根据水环境保护的需要，可以规定在饮用水水源保护区内，采取禁止或者限制使用含磷洗涤剂、化肥、农药以及限制种植养殖等措施。第七十五条：在风景名胜区水体、重要渔业水体和其他具有特殊经济文化价值的水体的保护区内，不得新建排污口。在保护区附近新建排污口，应当保证保护区水体不受污染。

47．ABCD　48．ABC

49．AD　【解析】禁止在饮用水水源准保护区内新建、扩建对水体污染严重的建设项目；改建建设项目，不得增加排污量。注意区别三句话："与供水设施和保护水源无关的建设项目""排放污染物的建设项目""排放污染物严重的建设项目"。这三句话在一级、二级、准保护区的应用是不同的。

50．ABD

51．ABCE　【解析】噪声敏感建筑物是指医院、学校、机关、科研单位、住宅等需要保持安静的建筑物。

52．BCDE　【解析】噪声敏感建筑物集中区域是指医疗区、文教科研区和机关或者居民住宅为主的区域。

53．BD　【解析】《中华人民共和国噪声污染防治法》第五条：县级以上人民政府应当将噪声污染防治工作纳入国民经济和社会发展规划、生态环境保护规划，将噪声污染防治工作经费纳入本级政府预算。

54．ABC　【解析】《中华人民共和国噪声污染防治法》第十七条：声环境质量标准、噪声排放标准和其他噪声污染防治相关标准应当定期评估，并根据评估结果适时修订。

55．BCD　【解析】《中华人民共和国噪声污染防治法》第二十一条：编制声环境质量改善规划及其实施方案，制定、修订噪声污染防治相关标准，应当征求有关行业协会、企业事业单位、专家和公众等的意见。

56．BCD　【解析】根据《中华人民共和国噪声污染防治法》第三十五条，选项A的正确说法是：工业企业选址应当符合国土空间规划以及相关规划要求，县级以上地方人民政府应当按照规划要求优化工业企业布局，防止工业噪声污染。

57．ABC　58．BCD

59．ACD　【解析】根据《中华人民共和国噪声污染防治法》第四十九条，选项B的正确说法是：地方人民政府生态环境主管部门会同公安机关根据声环境保护的需要，可以划定禁止机动车行驶和使用喇叭等声响装置的路段和时间，向社会公告，并由公安机关交通管理部门依法设置相关标志、标线。

60．ABD　【解析】《中华人民共和国噪声污染防治法》第七十条：对噪声敏感建筑物集中区域的社会生活噪声扰民行为，基层群众性自治组织、业主委员会、物业服务人应当及时劝阻、调解；劝阻、调解无效的，可以向负有社会生活噪声污染防治监督管理职责的部门或者地方人民政府指定的部门报告或者投诉，接到报告或者投诉的部门应当依法处理。

61．AD

62．BD　【解析】选项 A 的正确说法是：禁止在商业经营活动中使用高声广播喇叭或者采用其他发出高噪声的方法招揽顾客。选项 C 的正确说法是：禁止任何单位、个人在城市市区噪声敏感建筑物集中区域内使用高音广播喇叭。

63．ABC　【解析】没有半液态这种说法。

64．BD　【解析】选项 A、C 虽然是危险废物的特点，但作为危险废物的定义不够严密。

65．ABD

66．CE　【解析】《中华人民共和国固体废物污染环境防治法》第一百二十五条：液态废物的污染防治，适用本法；但是，排入水体的废水的污染防治适用有关法律，不适用本法。第二条：固体废物污染海洋环境的防治和放射性固体废物污染环境的防治不适用本法。

67．ABD　【解析】《中华人民共和国固体废物污染环境防治法》第四条：固体废物污染环境防治坚持减量化、资源化和无害化的原则。

68．ABC

69．ABC　【解析】因题中有“对暂时不利用或者不能利用的工业固体废物”定义，选项 D 不适合。

70．ABD　71．ABCD　72．BC

73．DE　【解析】产生危险废物的单位，不处置的，由所在地县级以上地方人民政府环境保护行政主管部门责令限期改正。

74．BCD　【解析】《中华人民共和国固体废物污染环境防治法》第八十一条：收集、贮存危险废物，应当按照危险废物特性分类进行。禁止混合收集、贮存、运输、处置性质不相容而未经安全性处置的危险废物。

75．ABD　【解析】高频考点。《中华人民共和国固体废物污染环境防治法》第八十一条：收集、贮存危险废物，应当按照危险废物特性分类进行。禁止混合收集、贮存、运输、处置性质不相容而未经安全性处置的危险废物。

贮存危险废物应当采取符合国家环境保护标准的防护措施。禁止将危险废物混入非危险废物中贮存。

76．ABCD　【解析】从事收集、贮存、利用、处置危险废物经营活动的单位，应当按照国家有关规定申请取得许可证。许可证的具体管理办法由国务院制定。

77．ABCD　78．ABCD

79．CD　【解析】《中华人民共和国固体废物污染环境防治法》第八十五条：产生、收集、贮存、运输、利用、处置危险废物的单位，应当依法制定意外事故的防范措施和应急预案，并向所在地生态环境主管部门和其他负有固体废物污染环境防治监督管理职责的部门备案；生态环境主管部门和其他负有固体废物污染环境防治监督管理职责的部门应当进行检查。选项 B 中，应急预案只需备案，无须审批。

80．BCD

81．BD 【解析】《中华人民共和国固体废物污染环境防治法》第八十七条：在发生或者有证据证明可能发生危险废物严重污染环境、威胁居民生命财产安全时，生态环境主管部门或者其他负有固体废物污染环境防治监督管理职责的部门应当立即向本级人民政府和上一级人民政府有关部门报告，由人民政府采取防止或者减轻危害的有效措施。有关人民政府可以根据需要责令停止导致或者可能导致环境污染事故的作业。

82．ABC 【解析】《中华人民共和国固体废物污染环境防治法》第二十一条：在生态保护红线区域、永久基本农田集中区域和其他需要特别保护的区域内，禁止建设工业固体废物、危险废物集中贮存、利用、处置的设施、场所和生活垃圾填埋场。

83．A

84．ABC 【解析】《中华人民共和国固体废物污染环境防治法》第七十二条：禁止擅自倾倒、堆放、丢弃、遗撒城镇污水处理设施产生的污泥和处理后的污泥；禁止重金属或者其他有毒有害物质含量超标的污泥进入农用地；从事水体清淤疏浚应当按照国家有关规定处理清淤疏浚过程中产生的底泥，防止污染环境。

85．ABCD 【解析】《中华人民共和国土壤污染防治法》第十七条：地方人民政府生态环境主管部门应当会同自然资源主管部门对下列建设用地地块进行重点监测：（一）曾用于生产、使用、贮存、回收、处置有毒有害物质的；（二）曾用于固体废物堆放、填埋的；（三）曾发生过重大、特大污染事故的；（四）国务院生态环境、自然资源主管部门规定的其他情形。

86．AB 【解析】《中华人民共和国土壤污染防治法》第十八条：各类涉及土地利用的规划和可能造成土壤污染的建设项目，应当依法进行环境影响评价。环境影响评价文件应当包括对土壤可能造成的不良影响及应当采取的相应预防措施等内容。

87．ABCD【解析】《中华人民共和国土壤污染防治法》第五十条：在永久基本农田集中区域，不得新建可能造成土壤污染的建设项目；已经建成的，应当限期关闭拆除。第二十二条：土壤污染重点监管单位拆除设施、设备或者建筑物、构筑物的，应当制定包括应急措施在内的土壤污染防治工作方案，报地方人民政府生态环境、工业和信息化主管部门备案并实施。第四十条：实施风险管控、修复活动中产生的固体废物以及拆除的设施、设备或者建筑物、构筑物属于危险废物的，应当依照法律法规和相关标准的要求进行处置。第八十六条：违反本法规定，有下列行为之一的，由地方人民政府生态环境主管部门或者其他负有土壤污染防治监督管理职责的部门责令改正，处以罚款；拒不改正的，责令停产整治：（四）拆除设施、设备或者建筑物、构筑物，企业事业单位未采取相应的土壤污染防治措施或者土壤污染重点监管单位未制定、实施土壤污染防治工作方案的。

88．ABCD　【解析】尾矿库运营、管理单位应当按照规定，加强尾矿库的安全管理，采取措施防止土壤污染。危库、险库、病库以及其他需要重点监管的尾矿库的运营、管理单位应当按照规定，进行土壤污染状况监测和定期评估。

89．ABCD　90．ABCD　91．AD　92．ABCD

93．BCD　【解析】选项A的正确说法是：禁止毁坏海岸防护设施、沿海防护林、沿海城镇园林和绿地。

94．ABCDE　95．ABCD　96．BCD　97．ABCD

98．ABCD　【解析】《中华人民共和国海洋环境保护法》第三十三条：禁止向海域排放油类、酸液、碱液、剧毒废液和高、中水平放射性废水。“向海域排放低水平放射性废水”在《中华人民共和国海洋环境保护法》中属于“严格限制”，但“高、中水平放射性废水”属于禁止行为。

99．BD　100．ACE　101．AD　102．ABCD　103．ABCD　104．ABD

105．ABCD　【解析】《中华人民共和国海洋环境保护法》第七十九条：在中华人民共和国管辖海域，任何船舶及相关作业不得违法向海洋排放船舶垃圾、生活污水、含油污水、含有毒有害物质污水、废气等污染物，废弃物，压载水和沉积物及其他有害物质。

106．ABDE　107．ABCD　108．AB　109．ABCD　110．CD

111．CD　【解析】《中华人民共和国放射性污染防治法》第四十三条：低、中水平放射性固体废物在符合国家规定的区域实行近地表处置。高水平放射性固体废物实行集中的深地质处置。α放射性固体废物依照前款规定处置。禁止在内河水域和海洋上处置放射性固体废物。

112．ABCD

113．BCD　【解析】《中华人民共和国水法》第三十三条：国家建立饮用水水源保护区制度。省、自治区、直辖市人民政府应当划定饮用水水源保护区，并采取措施，防止水源枯竭和水体污染，保证城乡居民饮用水安全。

114．BCD　115．ABC　116．ABCD　117．AD

118．C　【解析】禁止在饮用水水源保护区内设置排污口。

119．ABCD

120．AD　【解析】在地下水严重超采地区，经省、自治区、直辖市人民政府批准，可以划定地下水禁止开采或者限制开采区。

121．ABD　122．BD

123．AC　【解析】《中华人民共和国防沙治沙法》第二十二条：在沙化土地封禁保护区范围内，禁止一切破坏植被的活动。禁止在沙化土地封禁保护区范围内安置移民。未经国务院或者国务院指定的部门同意，不得在沙化土地封禁保护区范围内进行修建铁路、公路等建设活动。

124．BD

125．AB　【解析】《中华人民共和国草原法》高频考点。本法第四十六条：禁止开垦草原。对水土流失严重、有沙化趋势、需要改善生态环境的已垦草原，应当有计划、有步骤地退耕还草；已造成沙化、盐碱化、石漠化的，应当限期治理。

126．ABCDE　127．ABCDE

128．ABCD　【解析】《中华人民共和国文物保护法》第十七条：文物保护单位的保护范围内不得进行其他建设工程或者爆破、钻探、挖掘等作业。

129．ABD

130．AB　【解析】历年高频考点。全国重点文物保护单位不得拆除，因此，选项 D 是错误的。

131．CDE　【解析】选项 A、B 是特种用途林。

132．ABCE　【解析】选项 D 是防护林。

133．ABCD　【解析】《中华人民共和国森林法》第三十九条：禁止毁林开垦、采石、采砂、采土以及其他毁坏林木和林地的行为；禁止向林地排放重金属或者其他有毒有害物质含量超标的污水、污泥，以及可能造成林地污染的清淤底泥、尾矿、矿渣等；禁止在幼林地砍柴、毁苗、放牧；禁止擅自移动或者损坏森林保护标志。

134．ABCD　【解析】《中华人民共和国森林法》第五十条：国家鼓励发展下列商品林：（一）以生产木材为主要目的的森林；（二）以生产果品、油料、饮料、调料、工业原料和药材等林产品为主要目的的森林；（三）以生产燃料和其他生物质能源为主要目的的森林；（四）其他以发挥经济效益为主要目的的森林。

135．ABCD　【解析】《中华人民共和国森林法》第六十七条：县级以上人民政府林业主管部门履行森林资源保护监督检查职责，有权采取下列措施：（一）进入生产经营场所进行现场检查；（二）查阅、复制有关文件、资料，对可能被转移、销毁、隐匿或者篡改的文件、资料予以封存；（三）查封、扣押有证据证明来源非法的林木以及从事破坏森林资源活动的工具、设备或者财物；（四）查封与破坏森林资源活动有关的场所。

136．AC　【解析】选项 B 的审核部门应是县级以上人民政府林业主管部门。选项 D 中进行植树造林恢复森林植被应由林业主管部门统一安排，因为建设单位已缴纳森林植被恢复费。具体原文见第十八条。

137．ABCE

138．ABC　【解析】《中华人民共和国森林法》第六十条：有下列情形之一的，不得核发采伐许可证：（一）采伐封山育林期、封山育林区内的林木；（二）上年度采伐后未按照规定完成更新造林任务；（三）上年度发生重大滥伐案件、森林火灾或者林业有害生物灾害，未采取预防和改进措施；（四）法律法规和国务院林业主管部门规定的禁止采伐的其他情形。

139．ABCD　【解析】《中华人民共和国森林法》第七十七条：违反本法规定，伪造、变造、买卖、租借采伐许可证的，由县级以上人民政府林业主管部门没收证件和违法所得，并处违法所得一倍以上三倍以下的罚款；没有违法所得的，可以处二万元以下的罚款。

140．ABCD

141．ACD　【解析】此题把几个法的适用范围放在一起进行比较，有利于考生加强记忆。

《中华人民共和国渔业法》第二条：在中华人民共和国的内水、滩涂、领海、专属经济区以及中华人民共和国管辖的一切其他海域从事养殖和捕捞水生动物、水生植物等渔业生产活动，都必须遵守本法。

《中华人民共和国海洋环境保护法》第二条：本法适用于中华人民共和国内水、领海、毗连区、专属经济区、大陆架以及中华人民共和国管辖的其他海域。

《中华人民共和国河道管理条例》第二条：本条例适用于中华人民共和国领域内的河道（包括湖泊、人工水道、行洪区、蓄洪区、滞洪区）。

《中华人民共和国水污染防治法》第二条：本法适用于中华人民共和国领域内的江河、湖泊、运河、渠道、水库等地表水体以及地下水体的污染防治。

142．ABD　【解析】“大型水利工程设施附近一定距离以内”不得开采矿产资源，但“小型水利工程设施附近一定距离以内”在本法没有明确界定。

143．ABCD

144．AB　【解析】《中华人民共和国土地管理法》规定：各省、自治区、直辖市划定的永久基本农田应当占本行政区域内耕地的 80%以上。《中华人民共和国土地管理法》没有对县、地级市做出上述规定，因此选项 C、E 是错误的。选项 D 错误在于征用永久基本农田必须经国务院批准。

145．ABC　【解析】本法规定保护的野生动物，是指珍贵、濒危的陆生、水生野生动物和有重要生态、科学、社会价值的陆生野生动物。

146．ABCD

147．AD　【解析】禁止在相关自然保护区域建设法律法规规定不得建设的项目。机场、铁路、公路、水利水电、围堰、围填海等建设项目的选址选线，应当避让相关自然保护区域、野生动物迁徙洄游通道；无法避让的，应当采取修建野生动物通道、过鱼设施等措施，消除或者减少对野生动物的不利影响。

148. ABCD 【解析】禁止在相关自然保护区域建设法律法规规定不得建设的项目。机场、铁路、公路、水利水电、围堰、围填海等建设项目的选址选线，应当避让相关自然保护区域、野生动物迁徙洄游通道；无法避让的，应当采取修建野生动物通道、过鱼设施等措施，消除或者减少对野生动物的不利影响。

149. AC

150. ABC 【解析】“洪水泛滥可能淹没的地区”指防洪区，防洪区是《中华人民共和国防洪法》的内容。河道内的航道适用《中华人民共和国航道管理条例》。

151. ABCDE

152. A 【解析】《中华人民共和国河道管理条例》第十六条：城镇建设和发展不得占用河道滩地。从《中华人民共和国河道管理条例》的第二十五条内容看，其他选项的活动必须报经河道主管机关批准。

153. CD 154. ABCDE 155. ABC 156. CDE

157. AB 【解析】选项 D 是核心区所要求的。

158. ABCD 【解析】内部未分区的自然保护区按核心区和缓冲区的规定管理。“采挖草药”是自然保护区内禁止的行为，选项 A、B、D 仅是实验区允许的活动。

159. CD 【解析】《中华人民共和国自然保护区条例》第三十条：自然保护区的内部未分区的，依照本条例有关核心区和缓冲区的规定管理。

160. ABC 【解析】选项 E 的法律原文是《中华人民共和国自然保护区条例》第二十七条：禁止任何人进入自然保护区的核心区。因科学研究的需要，必须进入核心区从事科学研究观测、调查活动的，应当事先向自然保护区管理机构提交申请和活动计划，并经省级以上人民政府有关自然保护区行政主管部门批准；其中，进入国家级自然保护区核心区的，必须经国务院有关自然保护区行政主管部门批准。

161. ABD 【解析】《中华人民共和国自然保护区条例》第二十七条：禁止任何人进入自然保护区的核心区。当然，也不能开展旅游和生产经营活动，因此，选项 A 是正确的。第二十八条规定：禁止在自然保护区的缓冲区开展旅游和生产经营活动。第三十二条规定：在自然保护区的核心区和缓冲区内，不得建设任何生产设施。在自然保护区的实验区内，不得建设污染环境、破坏资源或者景观的生产设施。

162. ABCDE 163. ABD

164. ABD 【解析】《风景名胜区条例》第九条：风景名胜区及其外围保护地带内的林木，不分权属都应当按照规划进行抚育管理，不得砍伐。确需进行更新、抚育性采伐的，须经地方主管部门批准。在风景名胜区内采集标本、野生药材和其他林副产品，必须经管理机构同意，并应限定数量，在指定的范围内进行。

165．ACD　166．ABCD　167．BD　168．AD

169．ABD　【解析】《土地复垦条例》第十六条：受重金属污染物或者其他有毒有害物质污染的土地复垦后，达不到国家有关标准的，不得用于种植食用农作物。也就是说土地复垦后如能达到国家有关标准，还是可以用于种植食用农作物的。

170．ABD　171．AC　172．ABCDE　173．ABCDE　174．ABCD　175．AD　176．ABCDE

177．BDE　【解析】选项 A 在《危险化学品安全管理条例》第十条中特别注明。

178．ABC

179．ABD　【解析】《畜禽规模养殖污染防治条例》第十一条：禁止在下列区域内建设畜禽养殖场、养殖小区：（一）饮用水水源保护区，风景名胜区；（二）自然保护区的核心区和缓冲区；（三）城镇居民区、文化教育科学研究区等人口集中区域；（四）法律、法规规定的其他禁止养殖区域。

180．ABCD　181．ABCD

182．ABCD　【解析】《城镇排水与污水处理条例》第四十二条：禁止从事下列危及城镇排水与污水处理设施安全的活动：（一）损毁、盗窃城镇排水与污水处理设施；（二）穿凿、堵塞城镇排水与污水处理设施；（三）向城镇排水与污水处理设施排放、倾倒剧毒、易燃易爆、腐蚀性废液和废渣；（四）向城镇排水与污水处理设施倾倒垃圾、渣土、施工泥浆等废弃物；（五）建设占压城镇排水与污水处理设施的建筑物、构筑物或者其他设施；（六）其他危及城镇排水与污水处理设施安全的活动。

183．ABCD　【解析】《防治船舶污染海洋环境管理条例》第十五条：船舶不得向依法划定的海洋自然保护区、海滨风景名胜区、重要渔业水域以及其他需要特别保护的海域排放船舶污染物。

184．AC　【解析】选项 B 的正确说法是：从事船舶拆解的单位在船舶拆解作业前，应当对船舶上的残余物和废弃物进行处置，将油舱（柜）中的存油驳出，进行船舶清舱、洗舱、测爆等工作；选项 D 的正确说法是：禁止采取冲滩方式进行船舶拆解作业。

185．AB　【解析】《防治船舶污染海洋环境管理条例》第二十九条：船舶修造、水上拆解的地点应当符合环境功能区划和海洋功能区划。

186．ACD　【解析】《消耗臭氧层物质管理条例》第二十条：消耗臭氧层物质的生产、使用单位，应当按照国务院环境保护主管部门的规定采取必要的措施，防止或者减少消耗臭氧层物质的泄漏和排放；从事含消耗臭氧层物质的制冷设备、制冷系统或者灭火系统的维修、报废处理等经营活动的单位，应当按照国务院环境保护主管部门的规定对消耗臭氧层物质进行回收、循环利用或者交由从事消耗臭氧层物质回收、再生利用、销毁等经营活动的单位进行无害化处置；从事消耗臭氧层物质回收、再生利用、销毁等经营活动的单位，应当按照国务院环境保护主管部门的规定对消耗臭氧层物质进行无害化处置，不得直接排放。第二十一条：从事消耗臭氧层物质的生产、销售、使用、回收、再生利用、销毁等经营活动的单位，以及从事含消耗臭氧层物质的制冷设备、制冷系统或者灭火系统的维修、报废处理等经营活动的单位，应当完整保存有关生产经营活动的原始资料至少3年，并按照国务院环境保护主管部门的规定报送相关数据。

187. ABCD 【解析】《消耗臭氧层物质管理条例》第二十六条：县级以上人民政府环境保护主管部门和其他有关部门进行监督检查，有权采取下列措施：（一）要求被检查单位提供有关资料；（二）要求被检查单位就执行本条例规定的有关情况做出说明；（三）进入被检查单位的生产、经营、储存场所进行调查和取证；（四）责令被检查单位停止违反本条例规定的行为，履行法定义务；（五）扣押、查封违法生产、销售、使用、进出口的消耗臭氧层物质及其生产设备、设施、原料及产品。

188. A

189. ABCD 【解析】《中华人民共和国长江保护法》第三十二条：国务院有关部门和长江流域地方各级人民政府应当采取措施，加快病险水库除险加固，推进堤防和蓄滞洪区建设，提升洪涝灾害防御工程标准，加强水工程联合调度，开展河道泥沙观测和河势调查，建立与经济社会发展相适应的防洪减灾工程和非工程体系，提高防御水旱灾害的整体能力。

190. ABCD 【解析】《中华人民共和国长江保护法》第四十条：长江流域县级以上地方人民政府应当加强对长江流域草原资源的保护，对具有调节气候、涵养水源、保持水土、防风固沙等特殊作用的基本草原实施严格管理。

191. BC 【解析】《中华人民共和国长江保护法》第六十四条：国务院有关部门和长江流域地方各级人民政府应当按照长江流域发展规划、国土空间规划的要求，调整产业结构，优化产业布局，推进长江流域绿色发展。

192. BD 【解析】《中华人民共和国长江保护法》第二十二条：长江流域省级人民政府根据本行政区域的生态环境和资源利用状况，制定生态环境分区管控方案和生态环境准入清单，报国务院生态环境主管部门备案后实施。生态环境分区管控方案和生态环境准入清单应当与国土空间规划相衔接。

193. ABC 【解析】《中华人民共和国长江保护法》第三十七条：长江流域县级以上地方人民政府及其有关部门应当定期调查评估地下水资源状况，监测地下水水量、水位、水环境质量，并采取相应风险防范措施，保障地下水资源安全。

194. ABCD 【解析】《中华人民共和国长江保护法》第三十五条：长江流域

县级以上地方人民政府及其有关部门应当合理布局饮用水水源取水口，制定饮用水安全突发事件应急预案，加强饮用水备用应急水源建设，对饮用水水源的水环境质量进行实时监测。

195．AC　【解析】《地下水管理条例》第二十一条：取用地下水的单位和个人应当遵守取水总量控制和定额管理要求，使用先进节约用水技术、工艺和设备，采取循环用水、综合利用及废水处理回用等措施，实施技术改造，降低用水消耗。对下列工艺、设备和产品，应当在规定的期限内停止生产、销售、进口或者使用：（一）列入淘汰落后的、耗水量高的工艺、设备和产品名录的；（二）列入限期禁止采用的严重污染水环境的工艺名录和限期禁止生产、销售、进口、使用的严重污染水环境的设备名录的。

196．ABCD　【解析】《地下水管理条例》第二十三条：以地下水为灌溉水源的地区，县级以上地方人民政府应当采取保障建设投入、加大对企业信贷支持力度、建立健全基层水利服务体系等措施，鼓励发展节水农业，推广应用喷灌、微灌、管道输水灌溉、渠道防渗输水灌溉等节水灌溉技术，以及先进的农机、农艺和生物技术等，提高农业用水效率，节约农业用水。

197．ABC　【解析】《地下水管理条例》第二十五条：有下列情形之一的，对取用地下水的取水许可申请不予批准：（一）不符合地下水取水总量控制、地下水水位控制要求；（二）不符合限制开采区取用水规定；（三）不符合行业用水定额和节水规定；（四）不符合强制性国家标准；（五）水资源紧缺或者生态脆弱地区新建、改建、扩建高耗水项目；（六）违反法律、法规的规定开垦种植而取用地下水。

198．ABC　【解析】《地下水管理条例》第三十三条：有下列情形之一的，应当划为地下水禁止开采区：（一）已发生严重的地面沉降、地裂缝、海（咸）水入侵、植被退化等地质灾害或者生态损害的区域；（二）地下水超采区内公共供水管网覆盖或者通过替代水源已经解决供水需求的区域；（三）法律、法规规定禁止开采地下水的其他区域。

199．ABD　【解析】《地下水管理条例》第三十四条：有下列情形之一的，应当划为地下水限制开采区：（一）地下水开采量接近可开采量的区域；（二）开采地下水可能引发地质灾害或者生态损害的区域；（三）法律、法规规定限制开采地下水的其他区域。

200．BCD　【解析】《地下水管理条例》第三十七条：地下水超采区的县级以上地方人民政府应当加强节水型社会建设，通过加大海绵城市建设力度、调整种植结构、推广节水农业、加强工业节水、实施河湖地下水回补等措施，逐步实现地下水采补平衡。

201．ABCD 【解析】《地下水管理条例》第四十一条：企业事业单位和其他生产经营者应当采取下列措施，防止地下水污染：（一）兴建地下工程设施或者进行地下勘探、采矿等活动，依法编制的环境影响评价文件中，应当包括地下水污染防治的内容，并采取防护性措施；（二）化学品生产企业以及工业集聚区、矿山开采区、尾矿库、危险废物处置场、垃圾填埋场等的运营、管理单位，应当采取防渗漏等措施，并建设地下水水质监测井进行监测；（三）加油站等的地下油罐应当使用双层罐或者采取建造防渗池等其他有效措施，并进行防渗漏监测；（四）存放可溶性剧毒废渣的场所，应当采取防水、防渗漏、防流失的措施；（五）法律、法规规定应当采取的其他防止地下水污染的措施。

202．AC 【解析】《中华人民共和国湿地保护法》第十四条：国家对湿地实行分级管理，按照生态区位、面积以及维护生态功能、生物多样性的重要程度，将湿地分为重要湿地和一般湿地。重要湿地包括国家重要湿地和省级重要湿地，重要湿地以外的湿地为一般湿地。重要湿地依法划入生态保护红线。

203．ABC 【解析】《中华人民共和国湿地保护法》第十五条：国务院林业草原主管部门应当会同国务院有关部门，依据国民经济和社会发展规划、国土空间规划和生态环境保护规划编制全国湿地保护规划，报国务院或者其授权的部门批准后组织实施。

204．ABCD 【解析】《中华人民共和国湿地保护法》第十八条：办理自然资源权属登记涉及湿地的，应当按照规定记载湿地的地理坐标、空间范围、类型、面积等信息。

205．ACD 【解析】《中华人民共和国湿地保护法》第二十四条：省级以上人民政府及其有关部门根据湿地保护规划和湿地保护需要，依法将湿地纳入国家公园、自然保护区或者自然公园。

206．ABCD 【解析】《中华人民共和国湿地保护法》第三十一条：国务院水行政主管部门和地方各级人民政府应当加强对河流、湖泊范围内湿地的管理和保护，因地制宜采取水系连通、清淤疏浚、水源涵养与水土保持等治理修复措施，严格控制河流源头和蓄滞洪区、水土流失严重区等区域的湿地开发利用活动，减轻对湿地及其生物多样性的不利影响。

207．ABCD 【解析】《中华人民共和国湿地保护法》第四十六条：县级以上人民政府林业草原、自然资源、水行政、住房城乡建设、生态环境、农业农村主管部门进行监督检查，有权采取下列措施：（一）询问被检查单位或者个人，要求其对与监督检查事项有关的情况做出说明；（二）进行现场检查；（三）查阅、复制有关文件、资料，对可能被转移、销毁、隐匿或者篡改的文件、资料予以封存；（四）查封、扣押涉嫌违法活动的场所、设施或者财物。

208．ABCD 【解析】《中华人民共和国黄河保护法》第三条：黄河流域生态保护和高质量发展，坚持中国共产党的领导，落实重在保护、要在治理的要求，加强污染防治，贯彻生态优先、绿色发展，量水而行、节水为重，因地制宜、分类施策，统筹谋划、协同推进的原则。

209．ABCD 【解析】《中华人民共和国黄河保护法》第八条：国家在黄河流域实行水资源刚性约束制度，坚持以水定城、以水定地、以水定人、以水定产，优化国土空间开发保护格局，促进人口和城市科学合理布局，构建与水资源承载能力相适应的现代产业体系。

210．ACD 【解析】《中华人民共和国野生动物保护法》第四条：国家加强重要生态系统保护和修复，对野生动物实行保护优先、规范利用、严格监管的原则，鼓励和支持开展野生动物科学研究与应用，秉持生态文明理念，推动绿色发展。

211．ABC 【解析】《中华人民共和国野生动物保护法》中规定：禁止违法猎捕、运输、交易野生动物，禁止破坏野生动物栖息地。

212．ABD 【解析】《中华人民共和国固体废物污染环境防治法》中规定：城镇污水处理设施维护运营单位或者污泥处理单位应当安全处理污泥，保证处理后的污泥符合国家有关标准，对污泥的流向、用途、用量等进行跟踪、记录，并报告城镇排水主管部门、生态环境主管部门。

213．ABCD 【解析】《中华人民共和国固体废物污染环境防治法》中规定：禁止擅自倾倒、堆放、丢弃、遗撒城镇污水处理设施产生的污泥和处理后的污泥。

214．ACD 215．AC 216．ABD 217．ABCD 218．ABCD 219．ABC 220．ABCD 221．ABCD 222．ABCD 223．AC 224．ABC 225．AB

226．ABCD 【解析】《排污许可管理条例》第七条：申请取得排污许可证，可以通过全国排污许可证管理信息平台提交排污许可证申请表，也可以通过信函等方式提交。排污许可证申请表应当包括下列事项：（一）排污单位名称、住所、法定代表人或者主要负责人、生产经营场所所在地、统一社会信用代码等信息；（二）建设项目环境影响报告书（表）批准文件或者环境影响登记表备案材料；（三）按照污染物排放口、主要生产设施或者车间、厂界申请的污染物排放种类、排放浓度和排放量，执行的污染物排放标准和重点污染物排放总量控制指标；（四）污染防治设施、污染物排放口位置和数量，污染物排放方式、排放去向、自行监测方案等信息；（五）主要生产设施、主要产品及产能、主要原辅材料、产生和排放污染物环节等信息，及其是否涉及商业秘密等不宜公开情形的情况说明。

227．ABCD 228．ABCD 229．BC

第六章　环境政策

一、单项选择题（每题的备选选项中，只有一个最符合题意）

1．《生态保护红线生态环境监督办法（试行）》中所称的生态保护红线，是指经国务院批准，由（　　）发布实施的生态保护红线。

A．市级人民政府　　B．省级人民政府

C．市级生态环境主管部门　　D．省级生态环境主管部门

2．根据《生态保护红线生态环境监督办法（试行）》，生态保护红线内，自然保护地（　　）原则上禁止人为活动。

A．核心保护区　　B．核心区

C．缓冲区　　D．实验区

3．根据《国家公园管理暂行办法》，下列（　　）不属于各国家公园管理机构所负责的内容。

A．自然资源资产管理　　B．国家公园的监督管理

C．生态保护修复　　D．社会参与管理

4．根据《国家公园管理暂行办法》，国家公园内退化自然生态系统修复、生态廊道连通、重要栖息地恢复等生态修复活动应当坚持（　　）。

A．自然恢复　　B．人工修复

C．自然恢复为主　　D．人工修复为主

5．根据《尾矿污染环境防治管理办法》，尾矿污染防治坚持（　　）原则。

A．预防为主、防治结合　　B．预防为主、污染担责

C．预防为主、综合治理　　D．预防为主，防消结合

6．尾矿库污染防治实行（　　）环境监督管理。

A．依照划定等级　　B．依照敏感程度

C．分类分项　　D．分类分级

7．根据《尾矿污染环境防治管理办法》，关于尾矿库运营、管理单位，以下说法正确的是（　　）。

A．尾矿库运营、管理单位应当建立尾矿环境管理台账

B．尾矿库运营、管理单位应当建立健全尾矿产生、贮存、运输、综合利用等全

过程的污染防治责任制度

C．尾矿库运营、管理单位应当在尾矿环境管理台账中如实记录生产运营中产生尾矿的种类、数量、流向、贮存、综合利用等信息

D．尾矿库运营、管理单位的环境管理台账信息保存期限不得少于五年

8．根据《尾矿污染环境防治管理办法》，尾矿环境管理台账保存期限（　　），尾矿库运营、管理单位的环境管理台账信息保存期限（　　）。

A．永久保存；五年　　B．不少于五年；永久保存

C．永久保存；永久保存　　D．五年；永久保存

9．新建尾矿库的排尾管道、回水管道应当避免穿越农田、河流、湖泊；确需穿越的，应当（　　），防止渗漏造成环境污染。

A．进行渗漏性能检查　　B．建设管沟、套管等设施

C．加强防水层保护　　D．设置收集管道和排水管道

10．尾矿库运营、管理单位应当按照国家有关规定开展（　　）和评估。

A．地下水环境监测和地表水污染状况监测

B．地下水环境监测和土壤污染状况监测

C．地表水环境监测和地下水环境监测

D．地表水环境监测和土壤污染状况监测

11．尾矿库运营、管理单位应当建立健全尾矿库（　　）制度，尾矿库运营、管理单位应当于每年汛期前至少开展一次全面的（　　）。

A．环境风险排查治理；环境风险排查

B．污染隐患排查治理；污染隐患排查

C．环境安全排查治理；环境安全排查

D．安全隐患排查治理；安全隐患排查

12．尾矿库运营、管理单位在环境监测等活动中发现尾矿库周边土壤和地下水存在污染物渗漏或者含量升高等污染迹象的，应当及时查明原因，采取措施及时阻止污染物泄漏，并按照国家有关规定开展（　　），根据评估结果采取相应措施。

A．风险排查、污染评估　　B．隐患排查、影响评估

C．隐患调查、污染评估　　D．环境调查、风险评估

13．尾矿库运营、管理单位应当在尾矿库封场期间及封场后，采取措施保证（　　）继续正常运行，确保污染物排放符合国家和地方排放标准。

A．尾矿水收集、渗滤液排放处理设施

B．渗滤液收集、尾矿水排放处理设施

C．渗滤液收集、尾矿水排放监测设施

D．尾矿水收集、渗滤液排放处理设施

14．违反《尾矿污染环境防治管理办法》向环境排放尾矿水，未按照国家有关规定设置污染物排放口标志的，拒不改正的，（　　）：

A．处三万元以下的罚款　　B．处五万元以下的罚款

C．处五万元—十万元罚款　　D．处十万元以下的罚款

15．下列关于《全国主体功能区规划》中的开发理念，错误的是（　　）。

A．限制开发，特指限制大规模高强度的工业化城镇化开发

B．对农产品主产区，要鼓励农业开发

C．限制开发区域是为了更好地保护这类区域的农业生产力和生态产品生产力，实现科学发展

D．对重点生态功能区，要限制能源和矿产资源开发

16．下列关于《全国主体功能区规划》中禁止开发区域的管制原则，正确的是（　　）。

A．实现污染物减排，提高环境质量

B．严禁限制不符合主体功能定位的各类开发活动

C．控制人口增加规模

D．严格控制人为因素对自然生态和文化自然遗产原真性、完整性的干扰

17．根据《全国主体功能区规划》，按开发方式，该规划将我国国土空间分为（　　）主体功能区。

A．国家和省级

B．城市化地区、农产品主产区和重点生态功能区

C．优化开发区域、重点开发区域、限制开发区域和禁止开发区域

D．优化开发区域、限制开发区域和禁止开发区域

18．根据《全国主体功能区规划》，按开发内容，该规划将我国国土空间分为（　　）主体功能区。

A．国家和省级

B．城市化地区、农产品主产区和重点生态功能区

C．优化开发区域、重点开发区域、限制开发区域和禁止开发区域

D．城市化地区、农村地区和重点生态功能区

19．根据《全国主体功能区规划》，全国主体功能区规划开发原则中，要按照建设环境友好型社会的要求，根据国土空间的不同特点，以保护自然生态为前提、以（　　）为基础进行有度有序开发，走人与自然和谐的发展道路。

A．区域资源环境承载能力和环境容量　　B．水土资源承载能力和环境容量

C．水资源承载能力和环境容量　　D．可持续发展和环境容量

20．根据《全国主体功能区规划》，全国主体功能区规划开发原则中，关于保

护自然的有关规定，工业化城镇化开发必须建立在对所在区域资源环境承载能力综合评价的基础上，严格控制在（　　）允许的范围内。

A．区域资源环境承载能力和环境容量　B．水土资源承载能力和环境容量

C．水资源承载能力和环境容量　D．可持续发展和环境容量

21．根据《全国主体功能区规划》，国家优化开发区域的功能定位是（　　）。

A．支撑全国经济增长的重要增长极，落实区域发展总体战略、促进区域协调发展的重要支撑点，全国重要的人口和经济密集区

B．提升国家竞争力的重要区域，带动全国经济社会发展的龙头，全国重要的创新区域，我国在更高层次上参与国际分工及有全球影响力的经济区，全国重要的人口和经济密集区

C．保障国家生态安全的重要区域，人与自然和谐相处的示范区

D．我国保护自然文化资源的重要区域，珍稀动植物基因资源保护地

22．根据《全国主体功能区规划》，国家重点开发区域的功能定位是（　　）。

A．支撑全国经济增长的重要增长极，落实区域发展总体战略、促进区域协调发展的重要支撑点，全国重要的人口和经济密集区

B．提升国家竞争力的重要区域，带动全国经济社会发展的龙头，全国重要的创新区域，我国在更高层次上参与国际分工及有全球影响力的经济区，全国重要的人口和经济密集区

C．保障国家生态安全的重要区域，人与自然和谐相处的示范区

D．我国保护自然文化资源的重要区域，珍稀动植物基因资源保护地

23．根据《全国主体功能区规划》，国家重点生态功能区的功能定位是（　　）。

A．支撑全国经济增长的重要增长极，落实区域发展总体战略、促进区域协调发展的重要支撑点，全国重要的人口和经济密集区

B．提升国家竞争力的重要区域，带动全国经济社会发展的龙头，全国重要的创新区域，我国在更高层次上参与国际分工及有全球影响力的经济区，全国重要的人口和经济密集区

C．保障国家生态安全的重要区域，人与自然和谐相处的示范区

D．我国保护自然文化资源的重要区域，珍稀动植物基因资源保护地

24．根据《全国主体功能区规划》，国家层面主体功能区中禁止开发区域的功能定位是（　　）。

A．支撑全国经济增长的重要增长极，落实区域发展总体战略、促进区域协调发展的重要支撑点，全国重要的人口和经济密集区

B．保障农产品供给安全的重要区域，农村居民安居乐业的美好家园，社会主义新农村建设的示范区

C．保障国家生态安全的重要区域，人与自然和谐相处的示范区

D．我国保护自然文化资源的重要区域，珍稀动植物基因资源保护地

25．根据《全国主体功能区划》，下列关于国家主体功能区划环境政策的说法中，错误的是（　　）。

A．优化开发区域要实行更严格的污染物排放和环保标准，大幅度减少污染排放

B．重点开发区域要保持环境承载能力，做到增产不增污

C．限制开发区域要坚持保护优先，确保生态功能的恢复和保育

D．禁止开发区域要依法严格保护

26．根据《工矿用地土壤环境管理办法（试行）》，下列关于工矿用地土壤环境重点监管单位污染防控的有关规定，错误的是（　　）。

A．重点单位新、改、扩建项目，应当在开展建设项目环境影响评价时，按照国家有关技术规范开展工矿用地土壤和地下水环境现状调查，编制调查报告，并按规定上报环境影响评价基础数据库

B．重点单位新、改、扩建项目用地应当符合国家或者地方有关建设用地土壤污染风险管控标准

C．重点单位通过新、改、扩建项目的土壤和地下水环境现状调查，发现项目用地污染物含量超过国家或者地方有关建设用地土壤污染风险筛选标准的，土地使用权人或者污染责任人应当参照污染地块土壤环境管理有关规定开展详细调查、风险评估、风险管控、治理与修复等活动

D．重点单位建设涉及有毒有害物质的生产装置、储罐和管道，或者建设污水处理池、应急池等存在土壤污染风险的设施，应当按照国家有关标准和规范的要求，设计、建设和安装有关防腐蚀、防泄漏设施和泄漏监测装置，防止有毒有害物质污染土壤和地下水

27．根据《工矿用地土壤环境管理办法（试行）》，下列关于工矿用地土壤环境重点监管单位污染防控的有关规定，错误的是（　　）。

A．重点单位应当建立土壤和地下水污染隐患排查治理制度，定期对重点区域、重点设施开展隐患排查。发现污染隐患的，应当及时制定整改方案，及时采取技术、管理措施消除隐患。隐患排查、治理情况应当如实记录并建立档案

B．重点单位应当按照相关技术规范要求，自行或者委托第三方定期开展土壤和地下水监测，重点监测存在污染隐患的区域和设施周边的土壤、地下水，并按照规定公开相关信息

C．重点单位在隐患排查、监测等活动中发现工矿用地土壤和地下水存在污染迹象的，应当排查污染源，查明污染原因，采取措施防止新增污染，并参照污染地块土壤环境管理有关规定及时开展土壤和地下水环境调查与风险评估，

根据调查与风险评估结果采取风险管控或者治理与修复等措施

D．重点单位拆除涉及有毒有害物质的生产设施设备、构筑物和污染治理设施的，应当按照有关规定，事先制定企业拆除活动污染防治方案，并在拆除活动前十个工作日报所在地县级生态环境主管部门备案

28．根据《污染地块土壤环境管理办法》，下列说法中错误的是（　　）。

A．按照国家技术规范确认超过有关土壤环境标准的疑似污染地块，称为污染地块

B．疑似污染地块，是指从事过有色金属冶炼、石油加工、化工、焦化、电镀、制革等行业生产经营活动，以及从事过危险废物贮存、利用、处置活动的用地

C．疑似污染地块和污染地块相关活动，是指对疑似污染地块开展的土壤环境初步调查活动，以及对污染地块开展的土壤环境详细调查、风险评估、风险管控、治理与修复及其效果评估等活动

D．地方各级政府负责本行政区域内的疑似污染地块和污染地块相关活动的监督管理

29．根据《污染地块土壤环境管理办法》，污染地块（　　）应当根据风险评估结果，并结合污染地块相关开发利用计划，有针对性地实施风险管控。

A．土壤污染责任人　　B．第三方机构

C．土地使用权人　　D．所在地县级人民政府

30．根据《污染地块土壤环境管理办法》，对拟开发利用为居住用地和商业、学校、医疗、养老机构等公共设施用地的污染地块，实施以（　　）为目的的风险管控。

A．安全利用　　B．防止污染扩散　　C．污染治理与修复　　D．预防

31．根据《污染地块土壤环境管理办法》，下列关于污染地块土壤环境管理中风险管控的说法，正确的是（　　）。

A．对暂不开发利用的污染地块，实施以安全利用为目的的风险管控

B．对拟开发利用为居住用地和商业、学校、医疗、养老机构等公共设施用地的污染地块，实施以防止污染扩散为目的的风险管控

C．污染地块土地使用权人应当根据风险评估结果，并结合污染地块相关开发利用计划，有针对性地实施风险管控

D．所在地县级人民政府应当按照国家有关环境标准和技术规范，编制风险管控方案，及时上传污染地块信息系统，并将方案主要内容通过其网站等便于公众知晓的方式向社会公开

32．根据《污染地块土壤环境管理办法》，污染地块土地使用权人应当按照国

家有关环境标准和技术规范，编制风险管控方案，及时上传污染地块信息系统，同时抄送（　　），并将方案主要内容通过其网站等便于公众知晓的方式向社会公开。

A．所在地环境保护主管部门　　B．所在地县级人民政府

C．所在地土地主管部门　　D．所在地镇级以上人民政府

33．根据《污染地块土壤环境管理办法》，下列关于土地使用权人按照风险管控方案要求采取的措施，错误的是（　　）。

A．及时移除或者清理污染源

B．发现污染扩散的，及时采取有效补救措施

C．采取污染隔离、阻断等措施，防止污染扩散

D．开展土壤环境监测

34. 根据《污染地块土壤环境管理办法》，对暂不开发利用的污染地块，由（　　）配合有关部门提出划定管控区域的建议，报（　　）批准后设立标识、发布公告，并组织开展土壤、地表水、地下水、空气环境监测。

A．土地使用权人　所在地县级环境保护主管部门

B．土地使用权人　同级人民政府

C．所在地县级环境保护主管部门　同级人民政府

D．所在地环境保护主管部门　同级人民政府

35．根据《农用地土壤环境管理办法》，下列农用地土壤污染预防的有关做法，错误的是（　　）。

A．排放污染物的企业事业单位和其他生产经营者应当采取有效措施，确保废水、废气排放和固体废物处理、处置符合国家有关规定要求，防止对周边农用地土壤造成污染

B．从事固体废物和化学品储存、运输、处置的企业，应当采取措施防止固体废物和化学品的泄露、渗漏、遗撒、扬散污染农用地

C. 县级以上地方环境保护主管部门应当加强对企业事业单位和其他生产经营者排污行为的监管，将土壤污染防治作为环境执法的重要内容

D．县级以上地方环境保护主管部门应当根据本行政区域内工矿企业分布和污染排放情况，确定土壤环境重点监管企业名单，上传农用地环境信息系统，实行动态更新，并向社会公布

36．根据《农用地土壤环境管理办法》，下列农用地土壤污染预防的有关做法，错误的是（　　）。

A．从事规模化畜禽养殖和农产品加工的单位和个人，应当按照相关规范要求，确定废物无害化处理方式和消纳场地

B．县级以上地方农业主管部门应当依据法定职责加强畜禽养殖污染防治工作，指

导畜禽养殖废弃物综合利用，防止畜禽养殖活动对农用地土壤环境造成污染

C. 县级以上地方农业主管部门应当加强农用地土壤污染防治知识宣传，提高农业生产者的农用地土壤环境保护意识，引导农业生产者合理使用肥料、农药、兽药、农用薄膜等农业投入品，根据科学的测土配方进行合理施肥，鼓励采取种养结合、轮作等良好农业生产措施

D. 禁止在农用地排放、倾倒、使用污泥、清淤底泥、尾矿（渣）等可能对土壤造成污染的固体废物。

37. 违反《尾矿污染环境防治管理办法》规定，（　　）由设区的市级以上地方生态环境主管部门责令改正，给予警告；拒不改正的，处三万元以下的罚款。

A. 未按要求组织开展污染隐患排查治理的

B. 向环境排放尾矿水，未按照国家有关规定设置污染物排放口标志的

C. 未按要求组织开展环境调查与风险评估的

D. 未按时通过全国固体废物污染环境防治信息平台填报上一年度产生的相关信息的

38. 根据《关于做好生物多样性保护优先区域有关工作的通知》，关于加强优先区域监管的说法，错误的是（　　）。

A. 优先区域内新增规划和项目的环境影响评价要将生物多样性影响评价作为重要内容

B. 新增项目选址要尽可能避开生态敏感区及重要物种栖息地，针对可能对生物多样性造成的不利影响，提出相关保护与恢复措施

C. 优先区域内要优化城镇开发建设活动的规模、结构和布局，禁止高耗能、高排放行业发展

D. 城镇绿化应优先选用本地物种资源，科学规范外来物种引进，防止外来物种入侵

39. 《产业结构调整指导目录（2024 年本）》的分类类别不包括（　　）。

A. 鼓励类　　B. 禁止类　　C. 限制类　　D. 淘汰类

40. 根据《国家危险废物名录》（2021 年版），下列（　　）的固体废物不列入本名录。

A. 腐蚀性　　B. 反应性　　C. 易燃性　　D. 易爆性

41. 根据《国家危险废物名录》（2021 年版），下列关于危险废物范围的原则规定，正确的是（　　）。

A. 医疗废物不属于危险废物

B. 国家危险废物名录仅包括具有危险特性的固体废物

C. 家庭日常生活中产生的废镍镉电池和氧化汞电池应按照危险废物全程进行管

理

D．危险废物和非危险废物混合物的性质判定，按照国家危险废物鉴别标准执行

42．未被列入《国家危险废物名录》（2021 年版）的废物有（　　）。

A．电站锅炉粉煤灰　　B．生活垃圾焚烧飞灰

C．废矿物油　　D．医疗废物

43．根据《国家危险废物名录》（2021 年版），下列关于危险废物豁免的说法，错误的是（　　）。

A．列入名录中《危险废物豁免管理清单》中的危险废物不属于危险废物

B．列入名录中《危险废物豁免管理清单》的危险废物，在所列的豁免环节，且满足相应的豁免条件时，可以按照豁免内容的规定实行豁免管理

C．生活垃圾焚烧飞灰在满足《生活垃圾填埋场污染控制标准》（GB 16889—2008）要求进入生活垃圾填埋场填埋，填埋处置过程不按危险废物管理

D．废弃的含油抹布、劳保用品混入生活垃圾时，全过程不按危险废物管理

44．根据《国家危险废物名录》（2021 年版），对不明确是否具有危险特性的固体废物，应当（　　）予以认定。

A．由国家环境保护主管部门

B．按照国家规定的危险废物鉴别标准和鉴别方法予以认定

C．由省级以上环境保护主管部门

D．由省级以上环境保护检测机构

45．根据《国家危险废物名录》（2021 年版），危险废物代码为（　　）位数字。

A．6　　B．7　　C．9　　D．8

46．尾矿库是指（　　）。

A．贮存金属矿山开采矿石的场所

B．贮存非金属矿山开采矿石的场所

C．贮存金属、非金属矿山开采产生固体废物的场所

D．贮存选矿后产生固体废物的场所

47．到 2025 年，基本消除重度及以上污染天气，全国重度及以上污染天数比率控制在（　　）以内，（　　）以上的地级及以上城市全面消除重污染天气。

A．1%　80%　　B．1%　70%

C．2%　80%　　D．2%　70%

48．各地全面梳理 VOCs 治理设施台账，分析治理技术、处理能力与 VOCs 废气排放特征、组分等匹配性，对（　　）且无法稳定达标的，加快推进升级改造，严把工程质量，确保达标排放。

A．生物净化　　B．低温等离子

C．光催化氧化　　D．RTO

49．到 2025 年，运输结构、车船结构清洁低碳程度明显提高，燃油质量持续改善，机动车船、工程机械及重点区域铁路内燃机车超标冒黑烟现象基本消除，全国柴油货车排放检测合格率超过 90%，全国柴油货车氮氧化物排放量下降 12%，新能源和国六排放标准货车保有量占比力争超过（　　）。

A．50%　　B．40%　　C．60%　　D．70%

50．根据《关于完整准确全面贯彻新发展理念做好碳达峰碳中和工作的意见》，主要目标中，下列说法中错误的是（　　）。

A．到 2030 年，绿色低碳循环发展的经济体系初步形成，重点行业能源利用效率大幅提升

B．到 2030 年，经济社会发展全面绿色转型取得显著成效，重点耗能行业能源利用效率达到国际先进水平

C．到 2060 年，绿色低碳循环发展的经济体系和清洁低碳安全高效的能源体系全面建立，能源利用效率达到国际先进水平，非化石能源消费比重达到 80%以上，碳中和目标顺利实现，生态文明建设取得丰硕成果，开创人与自然和谐共生新境界

D．到 2025 年，单位国内生产总值能耗比 2020 年下降 13.5%；单位国内生产总值二氧化碳排放比 2020 年下降 18%；非化石能源消费比重达到 20%左右；森林覆盖率达到 24.1%，森林蓄积量达到 180 亿 m^3，为实现碳达峰、碳中和奠定坚实基础

51．根据《关于完整准确全面贯彻新发展理念做好碳达峰碳中和工作的意见》，“深度调整产业结构”的有关内容错误的是（　　）。

A．加快推进农业绿色发展，促进农业固碳增效。制定能源、钢铁、有色金属、石化化工、建材、交通、建筑等行业和领域碳达峰实施方案

B．新建、扩建钢铁、水泥、平板玻璃、电解铝等高耗能高排放项目严格落实产能等量或减量置换，出台煤电、石化、煤化工等产能控制政策

C．加快发展新一代信息技术、生物技术、新能源、新材料、高端装备、新能源汽车、绿色环保以及航空航天、海洋装备等战略性新兴产业。建设绿色制造体系。推动互联网、大数据、人工智能、第五代移动通信（5G）等新兴技术与绿色低碳产业深度融合

D．坚持节能优先的能源发展战略，严格控制能耗和二氧化碳排放强度，合理控制能源消费总量，统筹建立二氧化碳排放总量控制制度

52．《2030 年前碳达峰行动方案》中提到，到 2025 年，非化石能源消费比重

达到 20%左右，单位国内生产总值能源消耗比 2020 年下降 13.5%，单位国内生产总值二氧化碳排放比 2020 年下降 18%，为实现碳达峰奠定坚实基础。到 2030 年，非化石能源消费比重达到（　　）左右，单位国内生产总值二氧化碳排放比 2005 年下降（　　）以上，顺利实现 2030 年前碳达峰目标。

A．20%　60%　　B．30%　60%
C．25%　65%　　D．20%　65%

53．根据《2030 年前碳达峰行动方案》，碳达峰十大行动中“能源绿色低碳转型行动”不包括（　　）。

A．推进煤炭消费替代和转型升级　　B．大力发展新能源
C．因地制宜开发水电　　D．推进重点用能设备节能增效

54．根据《“十四五”节能减排综合工作方案》，总体要求中提出，立足新发展阶段，完整、准确、全面贯彻新发展理念，构建新发展格局，推动高质量发展，完善实施能源消费强度和总量双控、主要污染物排放总量控制制度，组织实施节能减排重点工程，进一步健全节能减排政策机制，推动能源利用效率大幅（　　）、主要污染物排放总量持续（　　），实现节能降碳减污协同增效、生态环境质量持续改善，确保完成“十四五”节能减排目标，为实现碳达峰、碳中和目标奠定坚实基础。

A．提升　增加　　B．提高　减少
C．提升　减少　　D．提高　增加

55．《“十四五”节能减排综合工作方案》主要目标中提出，到 2025 年，全国单位国内生产总值能源消耗比 2020 年下降 13.5%，能源消费总量得到合理控制，化学需氧量、氨氮、氮氧化物、挥发性有机物排放总量比 2020 年分别下降（　　）、（　　）、（　　）、（　　）。

A．7%　7%　9%以上　9%以上　　B．7%　7%　10%　10%
C．8%　8%　10%以上　10%以上　　D．8%　8%　10%　10%

56．在国家统一规划的前提下，支持有条件的地方和重点行业、重点企业率先达峰。统筹建立（　　）排放总量控制制度。

A．二氧化碳　　B．温室气体　　C．二氧化硫　　D．污染物

57．强化京津冀协同发展生态环境联建联防联治，打造（　　）绿色高质量发展“样板之城”。

A．北京　　B．天津　　C．河北　　D．雄安新区

58．“十四五”时期，严控煤炭消费增长，非化石能源消费比重提高到（　　）左右，京津冀及周边地区、长三角地区煤炭消费量分别下降 10%、5%左右，汾渭平原煤炭消费量实现负增长。

A．10% B．15% C．20% D．25%

59．聚焦秋冬季（ ）污染，加大重点区域、重点行业结构调整和污染治理力度。

A．颗粒物 B．可吸入颗粒物 C．臭氧 D．细颗粒物

60．科学调整大气污染防治重点区域范围，构建省市县三级重污染天气应急预案体系，实施重点行业企业绩效分级管理，依法严厉打击不落实应急减排措施行为。到2025年，全国重度及以上污染天数比率控制在（ ）以内。

A．2% B．1.5% C．1% D．0.5%

61．加强（ ）和工业企业污染防治，有效控制入河污染物排放。强化溯源整治，杜绝污水直接排入雨水管网。

A．城市 B．生活污水 C．农业农村 D．城镇居民

62．到2025年，农村生活污水治理率达到（ ），化肥农药利用率达到43%，全国畜禽粪污综合利用率达到80%以上。

A．20% B．30% C．40% D．50%

63．"十四五"时期，推进（ ）个左右地级及以上城市开展"无废城市"建设，鼓励有条件的省份全域推进"无废城市"建设。

A．50 B．60 C．80 D．100

64．到2025年，持续推进生物多样性保护优先区域和国家战略区域的本底调查与评估，构建国家生物多样性监测网络和相对稳定的生物多样性保护空间格局，以国家公园为主体的自然保护地占陆域国土面积的（ ）左右。

A．14% B．16% C．18% D．20%

65．到2035年，生物多样性保护政策、法规、制度、标准和监测体系（ ）完善。

A．基本 B．全面 C．部分 D．进一步

66．在国土空间规划中统筹划定（ ），优化调整自然保护地，加强对生物多样性保护优先区域的保护监管，明确重点生态功能区生物多样性保护和管控政策。

A．生态保护红线 B．环境质量底线

C．城镇开发边界 D．资源利用上线

67．持续推进各级各类（ ）、城市绿地等保护空间标准化、规范化建设。

A．自然保护区 B．森林公园 C．自然保护地 D．风景名胜区

68．持续推进农作物和畜禽、水产、林草植物、药用植物、菌种等生物遗传资源和种质资源调查、编目及数据库建设。每（ ）年更新《中国生物多样性红色名录》。

A．2 B．5 C．8 D．10

69．建立反映生态环境质量的（　　）指示物种清单，开展长期监测，鼓励具备条件的地区开展周期性调查。

A．指示物种　　B．旗舰物种　　C．濒危物种　　D．先锋物种

70．严格落实生物安全法，建立健全生物技术环境安全评估与监管技术支撑体系，充分整合现有监测基础，合理布局（　　），快速识别感知生物技术安全风险。

A．监测网络　　B．监测站点　　C．生物观测站　　D．检疫站

71．根据《危险废物转移管理办法》，（　　）应当依法制定突发环境事件的防范措施和应急预案，并报有关部门备案；发生危险废物突发环境事件时，应当立即采取有效措施消除或者减轻对环境的污染危害，并按相关规定向事故发生地有关部门报告，接受调查处理。

A．移出人　　B．承运人　　C．接收人　　D．以上都是

72．根据《危险废物转移管理办法》，危险废物转移联单实行全国统一编号，编号由（　　）位阿拉伯数字组成。

A．12　　B．13　　C．14　　D．15

73．根据《危险废物转移管理办法》，危险废物电子转移联单数据应当在信息系统中至少保存（　　）年。

A．9　　B．10　　C．11　　D．12

74．根据《危险废物转移管理办法》，跨省转移危险废物的，应当向危险废物移出地（　　）提出申请。

A．省级生态环境主管部门　　B．生态环境主管部门

C．人民政府　　D．自然资源主管部门

75．根据关于贯彻落实《国务院办公厅关于加强入河入海排污口监督管理工作的实施意见》的通知，各省份要于（　　）年年底前，完成流域干流及重要支流（水体）、重点湖泊、重点海湾排污口排查，完成80%溯源和30%整治任务。

A．2022　　B．2023　　C．2024　　D．2025

76．根据《“十四五”噪声污染防治行动计划》，“十四五”噪声污染防治的主要目标是到2025年，全国声环境功能区夜间达标率达到（　　）。

A．70%　　B．75%　　C．80%　　D．85%

77．根据国务院办公厅关于印发《新污染物治理行动方案》的通知，建立国家和地方联动的监督执法机制，按照（　　）原则，将新化学物质环境管理事项纳入环境执法年度工作计划，加大对违法企业的处罚力度。

A．科学评估　　B．双随机、一公开

C．精准施策　　D．协同推进

78．优化产业结构，促进产业产品绿色升级；坚决遏制（　　）项目盲目上马。

A．高耗水、高耗能、低环保　　B．高耗能、高排放、低水平

C．高排放、高耗煤、低环保　　D．高耗水、高耗煤、低水平

79．到 2025 年，细颗粒物（$PM_{2.5}$）和臭氧协同控制取得积极成效，全国臭氧浓度增长趋势得到有效遏制，全国空气质量优良天数比率达到（　　），挥发性有机物（VOCs）、氮氧化物排放总量比 2020 年分别下降（　　）以上。

A．70%　20%　　B．87.5%　10%

C．87.5%　20%　　D．70%　10%

80．对重点区域城市铁路场站进行适货化改造。新建及迁建大宗货物年运量 150 万吨以上的物流园区、工矿企业和储煤基地，原则上（　　）。

A．采用新能源车船　　B．采用公铁联运

C．规划建设铁路　　D．接入铁路专用线或管道

81．以下关于“强化面源污染治理，提升精细化管理水平”中表述正确的是（　　）。

A．到 2025 年，对限期整改仍不达标的矿山，根据安全生产、水土保持、生态环境等要求依法处罚

B．新建矿山原则上要同步建设铁路专用线或采用其他清洁运输方式。到 2025 年，原则上不再新建露天矿山

C．完善网格化监管体系，充分发挥基层组织作用，开展重点区域秸秆焚烧重点时段专项巡查。

D．城市大型煤炭、矿石等干散货码头物料堆场基本完成抑尘设施建设和物料输送系统封闭改造

82．下列关于《空气质量持续改善行动计划》中强化多污染物减排，切实降低排放浓度中表述正确的是（　　）。

A．到 2025 年，京津冀及周边地区大型规模化畜禽养殖场大气氨排放总量比 2020 年下降 10%

B．生物质锅炉采用专用锅炉，掺烧煤炭、生活垃圾等其他物料时，务必配套布袋等高效除尘设施，确保污染物稳定达标排放

C．重点涉气企业逐步取消烟气和含 VOCs 废气旁路，因安全生产需要无法取消的，安装在线监控系统及备用处置设施

D．严禁居民楼附近布局餐饮服务单位。拟开设餐饮服务单位的建筑应设计建设专用烟道

83．地市级人民政府建立排污口整治销号制度，通过对排污口进行（　　），最终形成需要保留的排污口清单。

A．取缔、清理、整治　　B．取缔、合并、整治

C．取缔、清理、规范　　D．取缔、合并、规范

84．对入河入海排污口实施分类整治，以下表述正确的是（　　）。

A．对违反法律法规规定，在饮用水水源保护区、自然保护地及其他需要特殊保护区域内设置的排污口，由属地县级以上地方人民政府或生态环境部门依法采取责令拆除、责令关闭等措施予以清理

B．对于城镇污水收集管网覆盖范围内的生活污水散排口，原则上予以依法取缔，污水依法规范接入污水收集管网

C．工业及其他各类园区或各类开发区内企业现有排污口应规范整治，污水通过载污纳管由园区或开发区污水集中处理设施统一处理

D．对存在借道排污等情况的排污口，要组织清理违规接入排污管线的支管、支线，推动一个排污口只对应一个排污单位

85．工矿企业、工业及其他各类园区污水处理厂、城镇污水处理厂入河排污口的设置依法依规实行（　　）。

A．审批制　　B．审核制　　C．备案制　　D．核准制

86．所有入海排污口的设置实行（　　）。

A．审批制　　B．审核制　　C．备案制　　D．核准制

87．（　　）根据排污口类型、责任主体及部门职责等，落实排污口监督管理责任，（　　）统一行使排污口污染排放监督管理和行政执法职责。

A．市级以上地方环境保护主管部门；河道行政主管部门

B．地市级、县级人民政府；生态环境主管部门

C．市级以上地方环境保护主管部门；所在区域环境保护主管部门

D．地市级、县级人民政府；所在区域环境保护主管部门

二、不定项选择题（每题的备选项中至少有一个符合题意）

1．根据《生态保护红线生态环境监督办法（试行）》，应坚持生态优先、统筹兼顾、（　　）的原则，建立严格的监督体系。

A．绿色发展　　B．问题导向

C．分类监督　　D．公众参与

2．根据《生态保护红线生态环境监督办法（试行）》，对于生态保护红线，应确保其（　　）。

A．生态功能不降低　　B．质量不改变

C．面积不减少　　D．性质不改变

3．根据《生态保护红线生态环境监督办法（试行）》，生态环境部门生态保护红线生态环境监督工作包括（　　）内容。

A．生态保护红线调整对生态环境的影响

B．生态保护红线内人为活动对生态环境的影响

C．生态保护红线生态功能状况及其变化

D．生态保护红线内生态保护修复工程实施生态环境成效

4．根据《国家公园管理暂行办法》，国家公园的建设管理应当坚持（　　）的原则。

A．保护第一　　B．科学管理

C．合理利用　　D．多方参与

5．根据《国家公园管理暂行办法》，国家公园应当根据功能定位进行合理分区，划为（　　），实行分区管控。

A．核心保护区　　B．一般控制区

C．缓冲区　　D．实验区

6．根据《国家公园管理暂行办法》，国家公园范围内（　　）应当划为核心保护区。

A．自然生态系统保存完整　　B．核心资源集中分布

C．生态脆弱需要休养生息　　D．生态系统具有代表性

7．根据《国家公园管理暂行办法》，国家公园核心保护区内允许开展的活动有（　　）。

A．管护巡护、调查监测、防灾减灾、应急救援等活动

B．因有害生物防治、外来物种入侵等开展的生态修复活动

C．暂时不能搬迁的原住居民，在不扩大现有规模的前提下，开展生活必要的种植、放牧等生产活动

D．国防和军队建设需要修筑设施等相关活动

8．《尾矿污染环境防治管理办法》适用于中华人民共和国境内（　　）尾矿的污染环境防治及其监督管理。

A．铀（钍）系单个核素活度浓度超过 1 Bq/kg 的尾矿

B．铀（钍）系单个核素活度浓度超过 1 Bq/g 的尾矿

C．铀（钍）矿尾矿的污染防治

D．放射性尾矿的污染防治

9．根据《尾矿污染环境防治管理办法》，（　　）单位应当采取措施，防止或者减少尾矿对环境的污染，对所造成的环境污染依法承担责任。

A．尾矿库运营、管理单位

B．产生、贮存、运输尾矿的单位

C．综合利用尾矿的单位

D．尾矿库运营、管理单位实施控股的企业集团

10．产生尾矿的单位委托他人贮存、运输、综合利用尾矿，或者尾矿库运营、管理单位委托他人运输、综合利用尾矿的，应当对受托方的（　　）进行核实，依法签订书面合同，在合同中约定污染防治要求。

A．主体资格　　B．工作业绩

C．经营资格　　D．技术能力

11．关于新建、改建、扩建尾矿库，下列表述正确的是（　　）。

A．应当依法进行环境影响评价，落实尾矿污染防治的措施

B．禁止在生态保护红线区域、永久基本农田集中区域内建设尾矿库

C．在河道湖泊行洪区建设尾矿库以及其他贮存尾矿的场所，应征得河道行政主管部门的意见

D．应当配套建设防渗、渗滤液收集、废水处理、环境监测、环境应急等污染防治设施

12．以下关于尾矿水的排放，表述正确的是（　　）。

A．尾矿水与库外雨水混合排放时，应当符合国家和地方污染物排放标准

B．应按照有关规定设置污染物排放口，设立标志，依法安装流量计和视频监控

C．尾矿水应当优先返回选矿工艺使用

D．污染物排放口的流量计监测记录及视频监控记录保存期限均不得少于五年

13．尾矿库运营、管理单位应当按照国家有关标准和规范，在（　　）设置地下水水质监测井。

A．尾矿库上游　　B．尾矿库下游

C．周围环境敏感点　　D．可能出现污染扩散区

14．根据《全国主体功能区规划》，国家重点生态功能区的类型有（　　）。

A．水源涵养型　　B．水土保持型

C．防风固沙型　　D．生物多样性维护型

15．根据《全国主体功能区规划》，到 2020 年，全国主体功能区规划的主要目标为（　　）。

A．区域发展协调性增强　　B．空间利用效率提高

C．空间结构得到优化　　D．可持续发展能力提升

E．空间开发格局清晰

16．根据《全国主体功能区规划》，全国主体功能区规划开发原则中，关于保护自然的有关规定，把保护（　　）放到与保护耕地同等重要位置。

A．水面　　B．湿地　　C．林地　　D．草地

17．根据《全国主体功能区规划》，在水资源严重短缺、生态脆弱、生态系统

重要、环境容量小、地震和地质灾害等自然灾害危险性大的地区，要（　　），缓解开发活动对自然生态的压力。

A．严格控制工业化城镇化开发　　B．禁止工业化城镇化开发

C．适度控制其他开发活动　　D．严格控制其他开发活动

18．根据《全国主体功能区规划》，按照全国主体功能区规划开发原则中关于保护自然的有关规定，下列说法中正确的是（　　）。

A．严禁各类破坏生态环境的开发活动

B．禁止地下水超采，加强对超采的治理和对地下水源的涵养与保护

C．交通、输电等基础设施建设要尽量避免对重要自然景观和生态系统的分割，从严控制穿越禁止开发区域

D．在确保省域内耕地和基本农田面积不减少的前提下，继续在适宜的地区实行退耕还林、退牧还草、退田还湖、退耕还水

19．根据《全国主体功能区规划》，按照全国主体功能区规划开发原则中关于保护自然的有关规定，下列说法中正确的是（　　）。

A．在保护河流生态的基础上有序开发水能资源

B．严禁有损自然生态系统的开荒以及侵占水面、湿地、林地、草地等农业开发活动

C．生态遭到破坏的地区要尽快偿还生态欠账

D．保护天然草地、沼泽地、苇地、滩涂、冻土、冰川及永久积雪等自然空间

20．根据《全国主体功能区规划》，国家优化开发区域的发展方向是（　　）。

A．优化空间结构、城镇布局、生态系统格局

B．形成现代产业体系、提高发展质量

C．优化人口分布、优化基础设施布局

D．优化产业结构、优化发展方式

21．根据《全国主体功能区规划》，重点开发区域的发展方向是（　　）。

A．统筹规划国土空间、健全城市规模结构

B．形成现代产业体系、提高发展质量、促进人口加快集聚

C．完善基础设施、保护生态环境、把握开发时序

D．优化产业结构、城镇布局、生态系统格局

22．根据《全国主体功能区规划》，国家重点生态功能区的发展方向是（　　）。

A．引导人口逐步有序转移，实现污染物“零排放”，提高环境质量

B．以保护和修复生态环境、提供生态产品为首要任务

C．因地制宜地发展不影响主体功能定位的适宜产业

D．引导超载人口逐步有序转移

23．根据《全国主体功能区规划》，下列属于国家层面主体功能区中禁止开发区域的管制原则的是（　　）。

A．依据法律法规规定和相关规划实施强制性保护

B．严禁不符合主体功能定位的各类开发活动

C．严禁人为因素对自然生态和文化自然遗产原真性、完整性的干扰

D．引导人口逐步有序转移，实现污染物“零排放”，提高环境质量

24．根据《全国主体功能区划》，下列属于国家主体功能区环境政策的是（　　）。

A．根据不同主体功能区的环境承载能力，提出分类管理的环境保护政策。优化开发区域要实行更严格的污染物排放和环保标准，大幅度减少污染排放

B．重点开发区域要保持环境承载能力，做到增产减污

C．限制开发区域要坚持保护优先，确保生态功能的恢复和保育

D．禁止开发区域要依法严格保护

25．根据《工矿用地土壤环境管理办法》，关于工矿用地土壤环境污染重点监管单位污染防控的有关规定，下列说法中正确的是（　　）。

A．重点单位现有地下储罐储存有毒有害物质的，应当在本办法公布后一年之内，将地下储罐的信息报所在县区生态环境主管部门备案

B．重点单位新、改、扩建项目地下储罐储存有毒有害物质的，应当在项目投入生产或者使用之前，将地下储罐的信息报所在地设区的市级生态环境主管部门备案

C．重点区域包括涉及有毒有害物质的生产区，原材料及固体废物的堆存区、储放区和转运区等；重点设施包括涉及有毒有害物质的地下储罐、地下管线，以及污染治理设施等

D．重点单位突发环境事件造成或者可能造成土壤和地下水污染的，应当采取应急措施避免或者减少土壤和地下水污染；应急处置结束后，应当立即组织开展环境影响和损害评估工作，评估认为需要开展治理与修复的，应当制定并落实污染土壤和地下水治理与修复方案

26．根据《工矿用地土壤环境管理办法》，按照工矿用地土壤环境污染重点监管单位污染防控的有关规定，下列说法中正确的是（　　）。

A．重点单位拆除活动应当严格按照有关规定实施残留物料和污染物、污染设备和设施的安全处理处置，并做好拆除活动相关记录，防范拆除活动污染土壤和地下水。拆除活动相关记录应当长期保存

B．重点单位终止生产经营活动前，应当参照污染地块土壤环境管理有关规定，开展土壤和地下水环境初步调查，编制调查报告，及时上传全国污染地块土壤环境管理信息系统

C．重点单位应当将前款规定的调查报告主要内容通过其网站等便于公众知晓的方式向社会公开

D．土壤和地下水环境初步调查发现该重点单位用地污染物含量超过国家或者地方有关建设用地土壤污染风险管控标准的，应当参照污染地块土壤环境管理有关规定开展详细调查、风险评估、风险管控、治理与修复等活动

27．根据《农用地土壤环境管理办法》，按照农用地土壤污染预防的有关规定，下列说法中正确的是（　　）。

A．排放污染物的企业事业单位和其他生产经营者应当采取有效措施，确保废水、废气排放和固体废物处理、处置符合国家有关规定要求，防止对周边农用地土壤造成污染

B．从事固体废物和化学品储存、运输、处置的企业，应当采取措施防止固体废物和化学品的泄露、渗漏、遗撒、扬散污染农用地

C．设区的市级以上地方各级环境保护主管部门应当加强对企业事业单位和其他生产经营者排污行为的监管，将土壤污染防治作为环境执法的重要内容

D．设区的市级以上地方环境保护主管部门应当根据本行政区域内工矿企业分布和污染排放情况，确定土壤环境重点监管企业名单，上传农用地环境信息系统，实行动态更新，并向社会公布

28．尾矿库运营、管理单位按照国家有关规定开展环境监测的表述正确的是（　　）。

A．排放尾矿水的，尾矿库运营、管理单位应当在排放期间，每月至少开展一次受纳水体的环境监测

B．排放尾矿水的，尾矿库运营、管理单位应当在排放期间，每季度至少开展一次受纳水体的环境监测

C．应当按照国家有关规定开展地下水环境监测以及土壤污染状况监测和评估

D．应当依法公开污染物排放监测结果等相关信息

29．尾矿库发生突发环境事件时，以下表述正确的是（　　）。

A．尾矿库运营、管理单位应当立即启动尾矿库突发环境事件应急预案，采取应急措施，消除或者减轻事故影响

B．尾矿库运营、管理单位，应当按照有关规定做好应急处置、环境影响和损失调查、评估等工作

C．尾矿库运营、管理单位，应及时通报可能受到危害的单位和居民，并向本行政区域县级生态环境主管部门报告

D．县级以上生态环境主管部门在发现或者得知尾矿库突发环境事件信息后，应当立即向上级生态环境主管部门上报，并接受监督管理

30．尾矿库运营、管理单位应当在尾矿库封场后，采取措施保证地下水水质监测井继续正常运行，并按照国家有关规定持续进行地下水水质监测，直到（　　）。

A．下游地下水水质连续两年达到地下水环境质量标准要求

B．下游地下水水质连续两年不超出所在区域地下水水质本底水平

C．下游地下水水质连续两年不超出上游地下水水质

D．所在区域地下水水质监测连续两年达到地下水环境质量标准要求

31．关于尾矿库的渗滤液收集设施、尾矿水排放监测设施正常运行的时间期限，以下表述正确的是（　　）。

A．应当在尾矿库的服务年限内持续、正常、稳定的运行

B．应当正常运行至尾矿库封场后连续两年内没有渗滤液产生

C．应当正常运行至尾矿库封场后连续两年产生的渗滤液不经处理即可稳定达标排放

D．应当在尾矿库封场期间及封场后正常连续运行五年

32．产生尾矿的单位或者尾矿库运营、管理单位违反本办法规定，有下列行为之一的，法律法规的规定予以处罚：（　　）。

A．未依法报批建设项目环境影响评价文件，擅自开工建设

B．未按规定开展土壤和地下水环境监测的

C．未建立尾矿环境管理台账并如实记录的

D．未依法开展尾矿库突发环境事件应急处置

33．《产业结构调整指导目录（2019年本）》分类包括（　　）。

A．鼓励类　　B．限制类　　C．淘汰类　　D．禁止类

34．下列固体废物和液态废物应列入《国家危险废物名录》（2021年版）的危险废物类别的是（　　）。

A．具有腐蚀性、毒性、易燃性、反应性或者感染性等几种危险特性的

B．具有腐蚀性、毒性、易燃性、反应性或者感染性等一种危险特性的

C．医疗废物

D．不排除具有危险特性，可能对生态环境或者人体健康造成有害影响，需要按照危险废物进行管理的

35．根据《国家危险废物名录》（2021年版），危险废物包括（　　）。

A．医疗废物　　B．农药废物　　C．爆炸性废物　　D．焚烧处置残渣

36．关于列入《国家危险废物名录》（2021年版）危险废物范围的原则，下列说法中正确的是（　　）。

A．家庭日常生活中产生的废药品及其包装物、废杀虫剂和消毒剂及其包装物等，未分类收集时，全过程不按照危险废物进行管理

B. 家庭日常生活中产生的废胶片及废相纸、废荧光灯管、废温度计、废血压计、废镍镉电池和氧化汞电池以及电子类危险废物等，要按照危险废物进行管理

C. 从生活垃圾中分类收集后的废荧光灯管、废温度计等，其运输、贮存、利用或者处置，按照危险废物进行管理

D. 列入《危险化学品目录》的化学品废弃后属于危险废物

37. 根据《国家危险废物名录》（2021 年版），下列关于危险废物豁免的说法，正确的是（　　）。

A. 家庭日常生活中产生的废杀虫剂和消毒剂及其包装物，全过程不按危险废物管理

B. 村、镇农户分散产生的农药废弃包装物的收集活动，收集过程不按危险废物管理

C. 从事床位总数在 10 张的西医门诊，其产生的医疗废物仅收集过程可以不按危险废物管理

D. 家庭日常生活中产生的废油漆和溶剂及其包装物、废矿物油及其包装物，未分类收集时，全过程不按危险废物管理

38. 根据《国家危险废物名录》（2021 年版），关于危险废物代码的正确描述是（　　）。

A. 代码一共是 8 位数字
B. 第 1～3 位为危险废物产生行业代码
C. 第 4～6 位为危险废物顺序代码
D. 第 7～8 位为危险废物类别代码

39. 根据《关于完整准确全面贯彻新发展理念做好碳达峰碳中和工作的意见》，推进经济社会发展全面绿色转型，需要做到（　　）。

A. 强化绿色低碳发展规划引领
B. 优化绿色低碳发展区域布局
C. 加快形成绿色生产生活方式
D. 推动产业结构优化升级

40. 根据《关于完整准确全面贯彻新发展理念做好碳达峰碳中和工作的意见》，加快构建清洁低碳安全高效能源体系，需要做到（　　）。

A. 强化能源消费强度和总量双控，坚持节能优先的能源发展战略，严格控制能耗和二氧化碳排放强度，合理控制能源消费总量，统筹建立二氧化碳排放总量控制制度

B. 大幅提升能源利用效率，把节能贯穿于经济社会发展全过程和各领域，持续深化工业、建筑、交通运输、公共机构等重点领域节能，提升数据中心、新型通信等信息化基础设施能效水平

C. 严格控制化石能源消费。加快煤炭减量步伐，“十四五”时期严控煤炭消费增长，“十五五”时期逐步减少。石油消费“十五五”时期进入峰值平台期

D. 积极发展非化石能源。实施可再生能源替代行动，大力发展风能、太阳能、

生物质能、海洋能、地热能等，不断提高非化石能源消费比重

41．根据《关于完整准确全面贯彻新发展理念做好碳达峰碳中和工作的意见》，说法正确的是（　　）。

A．巩固生态系统碳汇能力。强化国土空间规划和用途管控，严守生态保护红线，严控生态空间占用，稳定现有森林、草原、湿地、海洋、土壤、冻土、岩溶等固碳作用

B．严格控制新增建设用地规模，推动城乡存量建设用地盘活利用。严格执行土地使用标准，加强节约集约用地评价，推广节地技术和节地模式

C．提升生态系统碳汇增量。实施生态保护修复重大工程，开展山水林田湖草沙一体化保护和修复。深入推进大规模国土绿化行动，巩固退耕还林还草成果，实施森林质量精准提升工程，持续增加森林面积和蓄积量

D．加强草原生态保护修复；强化湿地保护；整体推进海洋生态系统保护和修复，提升红树林、海草床、盐沼等固碳能力；开展耕地质量提升行动，实施国家黑土地保护工程，提升生态农业碳汇；积极推动岩溶碳汇开发利用

42．根据《2030 年前碳达峰行动方案》，“工业领域碳达峰行动”包括（　　）行业。

A．钢铁行业　　B．有色金属行业

C．建材行业　　D．石化化工行业

43．根据《2030 年前碳达峰行动方案》，针对“循环经济助力降碳行动”，说法正确的是（　　）。

A．推进产业园区循环化发展，以提升资源产出率和循环利用率为目标，优化园区空间布局，开展园区循环化改造

B．加强大宗固废综合利用，提高矿产资源综合开发利用水平和综合利用率，以煤矸石、粉煤灰、尾矿、共伴生矿、冶炼渣、工业副产石膏、建筑垃圾、农作物秸秆等大宗固废为重点，支持大掺量、规模化、高值化利用，鼓励应用于替代原生非金属矿、砂石等资源

C．健全资源循环利用体系，完善废旧物资回收网络，推行“互联网+”回收模式，实现再生资源应收尽收

D．大力推进生活垃圾减量化、资源化，扎实推进生活垃圾分类，加快建立覆盖全社会的生活垃圾收运处置体系，全面实现分类投放、分类收集、分类运输、分类处理

44．根据《“十四五”节能减排综合工作方案》，下列属于“实施节能减排重点工程”的是（　　）。

A．以钢铁、有色金属、建材、石化化工等行业为重点，推进节能改造和污染物

深度治理。推广高效精馏系统、高温高压干熄焦、富氧强化熔炼等节能技术，鼓励将高炉—转炉长流程炼钢转型为电炉短流程炼钢。

B. 引导工业企业向园区集聚，推动工业园区能源系统整体优化和污染综合整治，鼓励工业企业、园区优先利用可再生能源

C. 全面推进城镇绿色规划、绿色建设、绿色运行管理，推动低碳城市、韧性城市、海绵城市、“无废城市”建设。全面提高建筑节能标准，加快发展超低能耗建筑，积极推进既有建筑节能改造、建筑光伏一体化建设

D. 坚持精准治污、科学治污、依法治污，把污染物排放总量控制制度作为加快绿色低碳发展、推动结构优化调整、提升环境治理水平的重要抓手，推进实施重点减排工程，形成有效减排能力

45. 根据《“十四五”节能减排综合工作方案》，下列说法正确的是（　　）。

A. 推进存量煤电机组节煤降耗改造、供热改造、灵活性改造“三改联动”，持续推动煤电机组超低排放改造，推广大型燃煤电厂热电联产改造，充分挖掘供热潜力，推动淘汰供热管网覆盖范围内的燃煤锅炉和散煤

B. 推进原辅材料和产品源头替代工程，实施全过程污染物治理。以工业涂装、包装印刷等行业为重点，推动使用低挥发性有机物含量的涂料、油墨、胶粘剂、清洗剂

C. 推动制定修订资源综合利用法、节约能源法、循环经济促进法、清洁生产促进法等法律法规，完善固定资产投资项目节能审查、电力需求侧管理、非道路移动机械污染防治管理等办法。对标国内先进水平制定修订一批强制性节能标准，深入开展能效、水效领跑者引领行动

D. 深化用能权有偿使用和交易试点，加强用能权交易与碳排放权交易的统筹衔接，推动能源要素向优质项目、企业、产业及经济发展条件好的地区流动和集聚。培育和发展排污权交易市场，鼓励有条件的地区扩大排污权交易试点范围

46. 为落实2030年应对气候变化国家自主贡献目标，应以（　　）等领域和钢铁、有色金属、建材、石化化工等行业为重点，深入开展碳达峰行动。

A. 能源　　B. 工业　　C. 城乡建设　　D. 交通运输

47. 健全排放源（　　）制度，将温室气体管控纳入环评管理。

A. 统计调查　　B. 核算核查　　C. 监管　　D. 总量控制

48. 东北地区加强秸秆禁烧管控和采暖燃煤污染治理，天山北坡城市群加强兵地协作，（　　）等行业参照重点区域执行重污染天气应急减排措施。

A. 钢铁　　B. 有色金属　　C. 化工　　D. 交通运输

49. 以（　　）、包装印刷、油品储运销等行业领域为重点，安全高效推进挥

发性有机物综合治理，实施原辅材料和产品源头替代工程。

A．石化　　B．化工　　C．涂装　　D．医药

50．持续打好城市黑臭水体治理攻坚战，统筹好（　　），系统推进城市黑臭水体治理。

A．上下游　　B．左右岸　　C．干支流　　D．城市和乡村

51．建立健全长江流域水生态环境考核评价制度并抓好组织实施，加强（　　）等重要湖泊蓝藻水华防控，开展河湖水生植被恢复、氮磷通量监测等试点。

A．太湖　　B．巢湖　　C．滇池　　D．青海湖

52．着力打好黄河生态保护治理攻坚战，全面落实（　　）要求，实施深度节水控水行动．严控高耗水行业发展。

A．以水定城　　B．以水定地　　C．以水定人　　D．以水定产

53．持续打好农业农村污染治理攻坚战，注重统筹规划、有效衔接，因地制宜推进（　　），基本消除较大面积的农村黑臭水体．改善农村人居环境。

A．农村厕所革命　　B．生活污水治理　　C．生活垃圾治理　　D．垃圾分类

54．到 2025 年．初步形成生物多样性可持续利用机制，基本建立生物多样性保护相关（　　）和监测体系。

A．政策　　B．法规　　C．制度　　D．标准

55．到 2035 年，形成统一有序的全国生物多样性保护空间格局，全国（　　）等自然生态系统状况实现根本好转。

A．森林　　B．草原　　C．荒漠　　D．河湖

56．合理布局建设物种保护空间体系，重点加强（　　）保护管理，明确重点保护对象及其受威胁程度，对其栖息生境实施不同保护措施。

A．珍稀濒危动植物　　B．旗舰物种　　C．指示物种　　D．先锋物种

57．推进重要生态系统保护和修复，统筹考虑（　　），统筹推进山水林田湖草沙冰一体化保护和修复。

A．生态系统完整性　　B．物种多样性

C．经济社会发展可持续性　　D．自然地理单元连续性

58．完善生物多样性迁地保护体系，优化建设（　　）等各级各类抢救性迁地保护设施，填补重要区域和重要物种保护空缺，完善生物资源迁地保存繁育体系。

A．动植物园　　B．濒危植物扩繁和迁地保护中心

C．野生动物收容救护中心和保育救助站　　D．种质资源库（场、区、圃）

59．统筹衔接各类资源调查监测工作，全面推进生物多样性保护优先区域和（　　）等重点区域生态系统、重点生物物种及重要生物遗传资源调查。

A．黄河重点生态区　　B．长江重点生态区

C．京津冀　　D．近岸海域

60．完善生物多样性评估体系，建立健全（　　）等评估标准体系。

A．生物多样性保护恢复成效　　B．生态系统服务功能

C．物种资源经济价值　　D．生态保护红线保护成效

61．完善监测信息报告系统，建立（　　）等工作制度，制定风险防控计划和生物安全事件应急预案，强化过程管理，保障生物安全。

A．生物安全培训　B．跟踪检查　C．物种调查　D．定期报告

62．开展外来入侵物种普查，加强农田、渔业水域、森林、草原、湿地、近岸海域、海岛等重点区域外来入侵物种的（　　）等工作。

A．调查　B．监测　C．预警　D．评估

63．根据《危险废物转移管理办法》，移出人应当履行（　　）义务。

A．依法签订书面合同，并在合同中约定运输、贮存、利用、处置危险废物的污染防治要求及相关责任

B．制定危险废物管理计划，建立危险废物管理台账

C．填写、运行危险废物转移联单

D．及时核实接受人贮存、利用或者处置相关危险废物情况

64．根据《危险废物转移管理办法》，下列关于“危险废物转移联单的运行和管理”说法，正确的是（　　）。

A．移出人每转移一车（船或者其他运输工具）次同类危险废物，应当填写、运行一份危险废物转移联单

B．使用同一车（船或者其他运输工具）一次为多个移出人转移危险废物的，每个移出人应当分别填写、运行危险废物转移联单

C．接受人应当对运抵的危险废物进行核实验收，并在接受之日起十个工作日内通过信息系统确认接受

D．运抵的危险废物的名称、数量、特性、形态、包装方式与危险废物转移联单填写内容不符的，接受人应当及时告知移出人，视情况决定是否接受．同时向接受地生态环境主管部门报告

65．根据《危险废物转移管理办法》，申请跨省转移危险废物的，移出人应当填写危险废物跨省转移申请表．并提交（　　）材料。

A．接受人的危险废物经营许可证复印件

B．接受人提供的贮存、利用或者处置危险废物方式的说明

C．移出人与接受人签订的委托协议、意向或者合同

D．危险废物移出地的地方性法规规定的其他材料

66．根据《危险废物转移管理办法》，（　　）情况下，移出人应当重新提出

危险废物跨省转移申请。

A．转运车辆发生变化的

B．计划转移的危险废物的种类发生变化或者重量（数量）超过原批准重量（数量）的

C．计划转移的危险废物的贮存、利用、处置方式发生变化的

D．接受人发生变更或者接受人不再具备拟接受危险废物的贮存、利用或者处置条件的

67．根据关于贯彻落实《国务院办公厅关于加强入河入海排污口监督管理工作的实施意见》的通知，排污口整治要坚持（　　），以截污治污为重点，与城乡环境基础设施建设、污水管网配套建设、污水处理能力提升等统筹安排，解决污水管网混接、错接、漏接等难点、痛点问题。

A．问题导向　　B．系统治理　　C．统筹安排　　D．分步实施

68．根据《“十四五”噪声污染防治行动计划》，以（　　）为着力点，加快解决人民群众关心的突出噪声污染问题，持续推进“十四五”期间声环境质量改善。

A．打好技术基础　　B．补齐领域短板

C．强化机制弱项　　D．紧抓责任落实

69．根据国务院办公厅关于印发《新污染物治理行动方案》的通知，有毒有害化学物质的生产和使用是新污染物的主要来源。目前，国内外广泛关注的新污染物主要包括国际公约管控的（　　）等。

A．持久性有机污染物　　B．内分泌干扰物

C．抗生素　　D．微塑料

70．根据国务院办公厅关于印发《新污染物治理行动方案》的通知，依托现有生态环境监测网络，在（　　）开展新污染物环境调查监测试点。

A．重点地区　　B．典型工业园区

C．工业园区　　D．重点行业

71．臭氧污染防治攻坚行动，应坚持突出重点、分区施策，以5—9月为重点时段，以（　　）为国家臭氧污染防治攻坚的重点地区。

A．汾渭平原　　B．京津冀及周边地区

C．珠三角地区　　D．长三角地区

72．下列关于VOCs污染治理达标行动的表述，正确的是（　　）。

A．推进涉VOCs产业集群治理提升

B．开展简易低效VOCs治理设施清理整治

C．强化VOCs无组织排放整治

D．加强非正常工况废气排放管控

73．为持续深入打好蓝天保卫战，切实保障人民群众身体健康，以空气质量持续改善推动经济高质量发展，制定《空气质量持续改善行动计划》中的重点区域指（　　）。

A．长三角　　B．珠三角

C．京津冀及周边地区　　D．汾渭平原

74．修订《产业结构调整指导目录》，研究将（　　）的工艺和装备纳入淘汰类和限制类名单。

A．污染物排放明显高出行业平均水平

B．温室气体排放明显高出行业平均水平

C．能效低

D．清洁生产水平低

75．关于优化能源结构，加速能源清洁低碳高效发展中，下面论述正确的是（　　）。

A．大力发展新能源和清洁能源

B．严格合理控制煤炭消费总量

C．县级及以上城市建成区原则上不再新建35蒸吨/小时及以下燃煤锅炉，重点区域原则上不再新建除集中供暖外的燃煤锅炉

D．有序推进以电代煤，积极稳妥推进以气代煤，重点区域不再新增燃料类煤气发生炉

76．（　　），2024年年底前建立统一的泄漏检测与修复信息管理平台。

A．重点区域石化行业集中的城市　　B．重点区域化工行业集中的城市

C．重点工业园区　　D．石化、化工行业集中的城市

77．根据排污口责任主体所属行业及排放特征，将排污口分为（　　）。

A．工业排污口　　B．生活排污口

C．农业排口　　D．城镇污水处理厂排污口

E．其他排口

参考答案

一、单项选择题

1．B　2．A

3．B　【解析】国家林业和草原局（国家公园管理局）负责全国国家公园的监督管理工作。各国家公园管理机构负责国家公园自然资源资产管理、生态保护修复、社会参与管理、科普宣教等工作。

4．C

5．B　【解析】《尾矿污染环境防治管理办法》第三条，尾矿污染防治坚持预防为主、污染担责原则。

6．D　【解析】《尾矿污染环境防治管理办法》第五条，尾矿库污染防治实行分类分级环境监督管理。

7．A　【解析】《尾矿污染环境防治管理办法》第七条，产生尾矿的单位和尾矿库运营、管理单位应当建立尾矿环境管理台账，故A正确；第六条，建立健全尾矿产生、贮存、运输、综合利用等全过程的污染防治责任制度，应为产生尾矿的单位；故B错误；第七条，尾矿环境管理台账中如实记录生产运营中产生尾矿的种类、数量、流向、贮存、综合利用等信息应为产生尾矿的单位，故C错误；尾矿库运营、管理单位的环境管理台账信息应当永久保存，故D错误。

8．B　【解析】根据《尾矿污染环境防治管理办法》第七条，尾矿环境管理台账保存期限不得少于五年，其中尾矿库运营、管理单位的环境管理台账信息应当永久保存。

9．B　10．B　11．B　12．D　13．C　14．B　15．D　16．D　17．C　18．B　19．B　20．C　21．B　22．A　23．C　24．D

25．B　【解析】选项B中的正确说法是：重点开发区域要保持环境承载能力，做到增产减污。

26．C　【解析】选项C的正确说法是：发现项目用地污染物含量超过国家或者地方有关建设用地土壤污染风险管控标准的，土地使用权人或者污染责任人应当参照污染地块土壤环境管理有关规定开展详细调查、风险评估、风险管控、治理与修复等活动。

27．D　【解析】选项D的正确说法是：重点单位拆除涉及有毒有害物质的生产设施设备、构筑物和污染治理设施的，应当按照有关规定，事先制定企业拆除活动污染防治方案，并在拆除活动前十五个工作日报所在地县级生态环境、工业和信息化主管部门备案。

28．D　【解析】选项D的正确说法是：地方各级环境保护主管部门负责本行政区域内的疑似污染地块和污染地块相关活动的监督管理。

29．C　【解析】《污染地块土壤环境管理办法》第十八条：污染地块土地使用权人应当根据风险评估结果，并结合污染地块相关开发利用计划，有针对性地实施风险管控。

30．A　【解析】《污染地块土壤环境管理办法》第十八条：对拟开发利用为居住用地和商业、学校、医疗、养老机构等公共设施用地的污染地块，实施以安全利用为目的的风险管控。

31. C　【解析】选项 A 应为：对暂不开发利用的污染地块，实施以防止污染扩散为目的的风险管控。选项 B 应为：对拟开发利用为居住用地和商业、学校、医疗、养老机构等公共设施用地的污染地块，实施以安全利用为目的的风险管控。选项 D 应为：污染地块土地使用权人应当按照国家有关环境标准和技术规范，编制风险管控方案，及时上传污染地块信息系统，同时抄送所在地县级人民政府，并将方案主要内容通过其网站等便于公众知晓的方式向社会公开。

32. B

33. D　【解析】《污染地块土壤环境管理办法》第二十条：土地使用权人应当按照风险管控方案要求，采取以下主要措施：①及时移除或者清理污染源；②采取污染隔离、阻断等措施，防止污染扩散；③开展土壤、地表水、地下水、空气环境监测；④发现污染扩散的，及时采取有效补救措施。

34. C　【解析】《污染地块土壤环境管理办法》第二十二条：对暂不开发利用的污染地块，由所在地县级环境保护主管部门配合有关部门提出划定管控区域的建议，报同级人民政府批准后设立标识、发布公告，并组织开展土壤、地表水、地下水、空气环境监测。

35. D　【解析】选项 D 的正确说法是：设区的市级以上地方环境保护主管部门应当根据本行政区域内工矿企业分布和污染排放情况，确定土壤环境重点监管企业名单，上传农用地环境信息系统，实行动态更新，并向社会公布。

36. B　【解析】选项 B 的正确说法是：县级以上地方环境保护主管部门、农业主管部门应当依据法定职责加强畜禽养殖污染防治工作，指导畜禽养殖废弃物综合利用，防止畜禽养殖活动对农用地土壤环境造成污染。

37. D　【解析】《尾矿污染环境防治管理办法》第三十一条。

38. C　【解析】优先区域内严格控制高耗能、高排放行业发展，不是禁止。

39. B　40. D　41. D　42. A

43. A　【解析】《危险废物豁免管理清单》仅豁免了危险废物特定环节的部分管理要求，并没有豁免其危险废物的属性。另外，生活垃圾焚烧飞灰在满足《生活垃圾填埋场污染控制标准》（GB 16889—2008），填埋过程不按危险废物管理。

44. B　【解析】《国家危险废物名录》（2021 年版）第六条：对不明确是否具有危险特性的固体废物，应当按照国家规定的危险废物鉴别标准和鉴别方法予以认定。

45. D　46. D　47. B

48. B　【解析】依据《臭氧污染防治攻坚行动方案》中 VOCs 污染治理达标行动，各地全面梳理 VOCs 治理设施台账，分析治理技术、处理能力与 VOCs 废气排放特征、组分等匹配性，对采用单一低温等离子、光氧化、光催化以及非水溶性

VOCs 废气采用单一喷淋吸收等治理技术且无法稳定达标的，加快推进升级改造，严把工程质量，确保达标排放。

49. B 【解析】依据《柴油货车污染治理攻坚行动方案》：到 2025 年，运输结构、车船结构清洁低碳程度明显提高，燃油质量持续改善，机动车船、工程机械及重点区域铁路内燃机车超标冒黑烟现象基本消除，全国柴油货车排放检测合格率超过 90%，全国柴油货车氮氧化物排放量下降 12%，新能源和国六排放标准货车保有量占比力争超过 40%，铁路货运量占比提升 0.5 个百分点。

50. A 【解析】选项 A 的正确说法是：到 2025 年，绿色低碳循环发展的经济体系初步形成，重点行业能源利用效率大幅提升。

51. D 【解析】选项 D 属于“加快构建清洁低碳安全高效能源体系”中的主要内容。

52. C

53. D 【解析】《2030 年前碳达峰行动方案》选项 D 属于“节能降碳增效行动”内容。

54. B 55. C

56. A 【解析】《中共中央 国务院关于深入打好污染防治攻坚战的意见》关于深入推进碳达峰行动中提出：“在国家统一规划的前提下，支持有条件的地方和重点行业、重点企业率先达峰。统筹建立二氧化碳排放总量控制制度。”

57. D

58. C 【解析】《中共中央 国务院关于深入打好污染防治攻坚战的意见》关于推动能源清洁低碳转型中提出要在“十四五”时期，严控煤炭消费增长，非化石能源消费比重提高到 20%左右，京津冀及周边地区、长三角地区煤炭消费量分别下降 10%、5%左右，汾渭平原煤炭消费量实现负增长。

59. D 60. C 61. C 62. C 63. D

64. C 【解析】《关于进一步加强生物多样性保护的意见》总体目标中指出：“到 2025 年，持续推进生物多样性保护优先区域和国家战略区域的本底调查与评估，构建国家生物多样性监测网络和相对稳定的生物多样性保护空间格局，以国家公园为主体的自然保护地占陆域国土面积的 18%左右。”

65. B 66. A 67. C 68. B 69. A

70. B 【解析】《关于进一步加强生物多样性保护的意见》着力提升生物安全管理水平中指出：“严格落实生物安全法，建立健全生物技术环境安全评估与监管技术支撑体系，充分整合现有监测基础，合理布局监测站点，快速识别感知生物技术安全风险。”

71. D 【解析】《危险废物转移管理办法》第九条：移出人、承运人、接受人应当依法制定突发环境事件的防范措施和应急预案，并报有关部门备案。

72. C 【解析】《危险废物转移管理办法》第十五条：危险废物转移联单实行全国统一编号，编号由十四位阿拉伯数字组成。第一至四位数字为年份代码；第五、六位数字为移出地省级行政区划代码；第七、八位数字为移出地设区的市级行政区划代码；其余六位数字以移出地设区的市级行政区域为单位进行流水编号。

73. B

74. A 【解析】《危险废物转移管理办法》第二十一条：跨省转移危险废物的，应当向危险废物移出地省级生态环境主管部门提出申请。

75. B 【解析】关于贯彻落实《国务院办公厅关于加强入河入海排污口监督管理工作的实施意见》的通知中指出，各省份要于2023年年底前，完成流域干流及重要支流（水体）、重点湖泊、重点海湾排污口排查，完成80%溯源和30%整治任务。

76. D 【解析】《“十四五”噪声污染防治行动计划》的主要目标是：通过实施噪声污染防治行动，基本掌握重点噪声源污染状况，不断完善噪声污染防治管理体系，有效落实治污责任，稳步提高治理水平，持续改善声环境质量，逐步形成宁静和谐的文明意识和社会氛围。到2025年，全国声环境功能区夜间达标率达到85%。

77. B 【解析】国务院办公厅关于印发《新污染物治理行动方案》的通知中指出，建立国家和地方联动的监督执法机制，按照“双随机、一公开”原则，将新化学物质环境管理事项纳入环境执法年度工作计划，加大对违法企业的处罚力度。

78. B 79. B 80. D

81. D 【解析】根据《空气质量持续改善行动计划》十九条，到2025年，京津冀及周边地区原则上不再新建露天矿山（省级矿产资源规划确定的重点开采区或经安全论证不宜采用地下开采方式的除外）。对限期整改仍不达标的矿山，根据安全生产、水土保持、生态环境等要求依法关闭，故AB错误；二十条，重点区域禁止露天焚烧秸秆，故C错误。

82. C 【解析】根据《空气质量持续改善行动计划》十九条，到2025年，京津冀及周边地区原则上不再新建露天矿山（省级矿产资源规划确定的重点开采区或经安全论证不宜采用地下开采方式的除外）；对限期整改仍不达标的矿山，根据安全生产、水土保持、生态环境等要求依法关闭，故AB错误；二十条，重点区域禁止露天焚烧秸秆，故C错误。

83. D

84. D 【解析】依据《国务院办公厅关于加强入河入海排污口监督管理工作的实施意见》第八条，对违反法律法规规定，应予以取缔；第九条，对于城镇污水收集管网覆盖范围内的生活污水散排口，原则上予以清理合并，污水依法规范接入污水收集管网。工业及其他各类园区或各类开发区内企业现有排污口应尽可能清理合并，污水通过截污纳管由园区或开发区污水集中处理设施统一处理。故 ABC 错误。

85．B　86．C　87．B

二、不定项选择题

1．ABCD　2．ACD　3．ABCD　4．ABCD　5．AB　6．ABC　7．ABCD

8．BC　【解析】根据《尾矿污染环境防治管理办法》，适用范围：中华人民共和国境内尾矿的污染环境防治（以下简称污染防治）及其监督管理。其中包括伴生放射性矿开发利用活动中产生的铀（钍）系单个核素活度浓度超过 1Bq/g 的尾矿，以及铀（钍）矿尾矿的污染防治及其监督管理，放射性污染防治不适用。

9．ABC　【解析】根据《尾矿污染环境防治管理办法》第三条，产生、贮存、运输、综合利用尾矿的单位，以及尾矿库运营、管理单位，应当采取措施，防止或者减少尾矿对环境的污染，对所造成的环境污染依法承担责任。故 ABC 正确；尾矿库运营、管理单位实施控股管理的企业集团，应当加强对其下属企业的监督管理，督促、指导其履行尾矿污染防治主体责任，故 D 错误。

10．AD　【解析】根据《尾矿污染环境防治管理办法》第八条，产生尾矿的单位委托他人贮存、运输、综合利用尾矿，或者尾矿库运营、管理单位委托他人运输、综合利用尾矿的，应当对受托方的主体资格和技术能力进行核实，依法签订书面合同，在合同中约定污染防治要求。

11．ABD　【解析】《尾矿污染环境防治管理办法》第九条，尾矿库选址，应当符合生态环境保护有关法律法规和强制性标准要求。禁止在生态保护红线区域、永久基本农田集中区域、河道湖泊行洪区和其他需要特别保护的区域内建设尾矿库以及其他贮存尾矿的场所。故 C 错误。

12．BC　【解析】《尾矿污染环境防治管理办法》第十七条，尾矿水不得与尾矿库外的雨水混合排放，A 错误；视频监控记录保存期限不得少于三个月；D 错误。

13．ABD　【解析】《尾矿污染环境防治管理办法》第十八条，尾矿库上游、下游和可能出现污染扩散的尾矿库周边区域，应当设置地下水水质监测井。

14．ABCD　15．ABCDE　16．ABCD　17．AC

18．AC　【解析】选项 B 的正确说法是：严格控制地下水超采，加强对超采的治理和对地下水源的涵养与保护。选项 D 的正确说法是：在确保省域内耕地和基本农田面积不减少的前提下，继续在适宜的地区实行退耕还林、退牧还草、退田还湖，在农业用水严重超出区域水资源承载能力的地区实行退耕还水。

19．ABCD

20．ACD　【解析】国家优化开发区域的发展方向是：优化空间结构；优化城镇布局；优化人口分布；优化产业结构；优化发展方式；优化基础设施布局；优化生态系统格局。

21．ABC

22．BCD　【解析】选项 A 属于禁止开发区域的管制原则。

23．ABD　【解析】选项 C 的正确说法是：严格控制人为因素对自然生态和文化自然遗产原真性、完整性的干扰。

24．ABCD

25．BCD　【解析】选项 A 的正确说法是：重点单位现有地下储罐储存有毒有害物质的，应当在本办法公布后一年之内，将地下储罐的信息报所在地设区的市级生态环境主管部门备案。

26．ABCD

27．ABD　【解析】选项 C 的正确说法是：县级以上地方环境保护主管部门应当加强对企业事业单位和其他生产经营者排污行为的监管，将土壤污染防治作为环境执法的重要内容。

28．CD　【解析】《尾矿污染环境防治管理办法》第十九条，排放尾矿水的，尾矿库运营、管理单位应当在排放期间，每月至少开展一次水污染物排放监测；排放有毒有害水污染物的，还应当每季度对受纳水体等周边环境至少开展一次监测。故 AB 错误。

29．AC　【解析】《尾矿污染环境防治管理办法》第二十三条，县级以上生态环境主管部门在发现或者得知尾矿库突发环境事件信息后，应当按照有关规定做好应急处置、环境影响和损失调查、评估等工作，故 BD 错误。

30．BC

31．BC　【解析】《尾矿污染环境防治管理办法》第二十四条，尾矿库的渗滤液收集设施、尾矿水排放监测设施应当正常运行至尾矿库封场后连续两年内没有渗滤液产生或者产生的渗滤液不经处理即可稳定达标排放。

32．ABCD

33．ABC　【解析】《产业结构调整指导目录（2019 年本）》分类包括鼓励类、限制类、淘汰类。

34．ABCD　【解析】医疗废物属于危险废物。

35．ABCD

36．ACD　【解析】从生活垃圾中产生的废荧光灯管、废温度计等分类收集时，仅收集过程不按危险废物管理。

37．BCD　【解析】家庭日常生活中产生的废药品及其包装物、废杀虫剂和消毒剂及其包装物、废油漆和溶剂及其包装物、废矿物油及其包装物、废胶片及废相纸、废荧光灯管、废温度计、废血压计、废镍镉电池和氧化汞电池以及电子类危险废物等未分类收集时，全过程不按危险废物管理，但分类收集时，仅收集过程不按危险废物管理。从事床位总数在19张以下（含19张）的医疗机构产生的医疗废物的收集活动，收集过程不按危险废物管理。

38. ABCD 39. ABC 40. ABCD 41. ABCD 42. ABCD 43. ABCD

44. ABC 【解析】《“十四五”节能减排综合工作方案》，D选项属于政策机制内容，不属于节能减排重点工程。

45. ABD 【解析】《“十四五”节能减排综合工作方案》，C选项的正确说法是：对标国际先进水平制定修订一批强制性节能标准，深入开展能效、水效领跑者引领行动。

46. ABCD

47. ABC 【解析】《中共中央 国务院关于深入打好污染防治攻坚战的意见》关于深入推进碳达峰行动中提出：“大力推进低碳和适应气候变化试点工作。健全排放源统计调查、核算核查、监管制度，将温室气体管控纳入环评管理。”

48. ABC 【解析】《中共中央 国务院关于深入打好污染防治攻坚战的意见》关于着力打好重污染天气消除攻坚战中提出：“东北地区加强秸秆禁烧管控和采暖燃煤污染治理。天山北坡城市群加强兵地协作，钢铁、有色金属、化工等行业参照重点区域执行重污染天气应急减排措施。”

49. ABCD 【解析】《中共中央 国务院关于深入打好污染防治攻坚战的意见》关于着力打好臭氧污染防治攻坚战中提出：“聚焦夏秋季臭氧污染，大力推进挥发性有机物和氮氧化物协同减排。以石化、化工、涂装、医药、包装印刷、油品储运销等行业领域为重点，安全高效推进挥发性有机物综合治理，实施原辅材料和产品源头替代工程。”

50. ABCD 51. ABC 52. ABCD 53. ABC 54. ABCD

55. ABCD 【解析】《关于进一步加强生物多样性保护的意见》总体目标中指出：要到2035年，生物多样性保护政策、法规、制度、标准和监测体系全面完善，形成统一有序的全国生物多样性保护空间格局，全国森林、草原、荒漠、河湖、湿地、海洋等自然生态系统状况实现根本好转。

56. ABC 【解析】《关于进一步加强生物多样性保护的意见》持续优化生物多样性保护空间格局中指出：“合理布局建设物种保护空间体系，重点加强珍稀濒危动植物、旗舰物种和指示物种保护管理，明确重点保护对象及其受威胁程度，对其栖息生境实施不同保护措施。”

57. ACD 58. ABCD 59. ABCD 60. ABC 61. ABD 62. ABCD 63. ABCD

64．ABD 【解析】根据《危险废物转移管理办法》第十八条，C 选项的正确说法是：接受人应当对运抵的危险废物进行核实验收，并在接受之日起五个工作日内通过信息系统确认接受。

65．ABCD 66．BCD

67．AB 【解析】关于贯彻落实《国务院办公厅关于加强入河入海排污口监督管理工作的实施意见》的通知中指出：排污口整治要坚持问题导向、系统治理，以截污治污为重点，与城乡环境基础设施建设、污水管网配套建设、污水处理能力提升等统筹安排，解决污水管网混接、错接、漏接等难点、痛点问题。

68．ABCD 【解析】《“十四五”噪声污染防治行动计划》中指出：以“打好技术基础、补齐领域短板、强化机制弱项、紧抓责任落实”为着力点，加快解决人民群众关心的突出噪声污染问题，持续推进“十四五”期间声环境质量改善。

69．ABC 【解析】国务院办公厅关于印发《新污染物治理行动方案》的通知中指出：有毒有害化学物质的生产和使用是新污染物的主要来源。目前，国内外广泛关注的新污染物主要包括国际公约管控的持久性有机污染物、内分泌干扰物、抗生素等，针对列入优先控制化学品名录的化学物质以及抗生素、微塑料等其他重点新污染物。

70．ABD 【解析】国务院办公厅关于印发《新污染物治理行动方案》的通知中指出：依托现有生态环境监测网络，在重点地区、重点行业、典型工业园区开展新污染物环境调查监测试点。

71．ABD 【解析】根据《臭氧污染防治攻坚行动方案》，坚持突出重点、分区施策，以 5—9 月为重点时段，以京津冀及周边地区、长三角地区、汾渭平原为国家臭氧污染防治攻坚的重点地区，珠三角地区、成渝地区、长江中游城市群及其他臭氧超标城市在国家指导下开展攻坚。国务院办公厅关于印发《新污染物治理行动方案》的通知中指出：依托现有生态环境监测网络，在重点地区、重点行业、典型工业园区开展新污染物环境调查监测试点。

72．ABCD 【解析】依据《臭氧污染防治攻坚行动方案》，VOCs 污染治理达标行动共包含五方面内容：开展简易低效 VOCs 治理设施清理整治；强化 VOCs 无组织排放整治；加强非正常工况废气排放管控；推进涉 VOCs 产业集群治理提升；推进油品 VOCs 综合管控。

73．ACD

74．ABCD 【解析】根据《空气质量持续改善行动计划》，加快退出重点行业落后产能中，修订《产业结构调整指导目录》，研究将污染物或温室气体排放明显高出行业平均水平、能效和清洁生产水平低的工艺和装备纳入淘汰类和限制类名单。

75．ACD 【解析】根据《空气质量持续改善行动计划》在保障能源安全供应的前提下，重点区域继续实施煤炭消费总量控制。对支撑电力稳定供应、电网安全运行、清洁能源大规模并网消纳的煤电项目及其用煤量应予以合理保障。故应严格合理控制煤炭消费总量。B 错误。

76．ABC 77．ABCE